GESTÃO DA PRODUÇÃO

Uma abordagem introdutória

À Rita,

Se a vida é feita de pares que se completam mutuamente
– como o homem e a mulher, o sol e a lua, o norte e o sul,
o calor e o frio, o claro e o escuro, o côncavo e o convexo, a alegria e a tristeza –
então eu não tenho a menor dúvida: fomos feitos um para o outro.

Editor gestor: Walter Luiz Coutinho
Editora: Karin Gutz Inglez
Produção editorial: Cristiana Gonzaga S. Corrêa, Juliana Morais e Janicéia Pereira
Capa: Rafael Zemantauskas
Projeto gráfico e diagramação: Lira Editorial

Dados Internacionais de Catalogação na Publicação (CIP)
(Câmara Brasileira do Livro, SP, Brasil)

Chiavenato, Idalberto
Gestão da produção : uma abordagem introdutória /Idalberto Chiavenato. – 3. ed. – Barueri, SP : Manole, 2014.

Bibliografia.
ISBN 978-85-204-3909-8

1. Administração da produção 2. Gestão da produção 3. Produção - Planejamento I. Título.

14-03406 CDD-658.5

Índices para catálogo sistemático:
1. Administração da produção 658.5
2. Produção : Administração 658.5

3ª Edição – 2014
1ª Reimpressão – 2014

Direitos adquiridos pela:
Editora Manole Ltda.
Avenida Ceci, 672 – Tamboré
06460-120 – Barueri – SP – Brasil
Tel.: (11) 4196-6000 – Fax: (11) 4196-6021
www.manole.com.br
info@manole.com.br

Impresso no Brasil/*Printed in Brazil*

Este livro contempla as regras do Acordo Ortográfico da Língua Portuguesa de 1990, que entrou em vigor no Brasil em 2009.

Idalberto Chiavenato

Mestre (MSC) e Doutor (PhD) em Administração
de Empresas pela City University Los Angeles

GESTÃO DA PRODUÇÃO

Uma abordagem introdutória

3ª edição

Manole

Sumário

Prefácio

A Gestão da Produção é o núcleo de toda atividade empresarial e, sem exagero, a própria finalidade da existência de cada negócio. Em suas origens, toda empresa nasce para produzir algo – seja um produto seja um serviço –, e com isso obter o retorno de seu trabalho, garantir sua sobrevivência e criar condições para o seu sucesso e crescimento sustentável.

O objetivo primário de uma empresa é basicamente produzir algo capaz de satisfazer necessidades da sociedade, do mercado ou do consumidor. Na verdade, toda empresa é criada para satisfazer alguma necessidade da sociedade ou para atender a alguma solicitação do mercado. Esse costuma ser o seu objetivo primário e fundamental. Ao redor dele, a empresa define sua missão organizacional e a sua visão de futuro. No entanto, ao fazer isso, a empresa busca também agregar valor àquilo que faz ou, em outros termos, gerar riqueza por meio dos seus processos produtivos que acrescentam ou ampliam o significado de materiais e matérias-primas em produtos acabados. Assim, o objetivo secundário a partir desse crescente valor agregado é a obtenção de lucro ou retorno do investimento aplicado em capital e trabalho. Outros objetivos vão se agregando ao negócio até chegar à missão da empresa e à sua visão de futuro. Contudo, preliminarmente, cada negócio visa à produção de alguma coisa. É por meio do fenômeno da produção que se desdobram todos os demais objetivos da empresa.

Nesta terceira edição, este livro recebeu o título de *Gestão da Produção* para envolver os princípios e conceitos básicos dessa área tão significativa no cenário empresarial. Nossa intenção foi escrever um livro introdutório e, simultaneamente, atualizar alguns conceitos básicos dessa disciplina em função do enorme avanço tecnológico que tem caracterizado esta tão importante área de atividade.

Idalberto Chiavenato

1

O FENÔMENO DA PRODUÇÃO

1. A sociedade de organizações.
2. Empresas.
3. Fatores de produção e recursos empresariais.
4. Competências essenciais da empresa.
5. Conceito de gestão de produção.
6. Relacionamentos da gestão de produção.
7. Questões para revisão.
8. Exercícios.

O mundo contemporâneo requer uma contínua, intensa e incessante produção de bens e de serviços para que as pessoas possam se alimentar, vestir-se, repousar-se, educar-se, movimentar-se, enfim, viver. É necessário produzir e abastecer continuamente um mercado que não para de exigir preço e qualidade e cujas necessidades se tornam cada vez mais complexas e sofisticadas a cada dia. Para tanto, pessoas, cidades, estados, países e continentes estão continuamente intercambiando produtos e serviços, de modo que cada parte vende o excedente daquilo que sabe produzir e a outra compra, conforme suas necessidades, aquilo que tem pouco ou que não sabe ou pode produzir. Esse intenso mecanismo de trocas e intercâmbios depende necessariamente de organizações capazes de criar, projetar, produzir e colocar no mercado uma infinidade de produtos e serviços que possam atender continuamente a todas essas necessidades. Uma série de organizações atua nesse imenso movimento de trocas. Uma verdadeira teia produtiva que leva muitas nações do mundo ao desenvolvimento econômico e à constante e à ininterrupta melhoria da qualidade de vida de seus cidadãos. Esse desenvolvimento econômico é o resultado da excelência de empresas que sabem produzir e abastecer a sociedade de bens e serviços necessários ao seu bem-estar, ao desenvolvimento e à melhoria de vida.

Produzir é um complexo processo de criação e entrega de valor. Quase tudo o que se produz na sociedade moderna é feito pelas organizações. A produção sempre foi o núcleo fundamental de todas as atividades das organizações em geral e das empresas em particular. Em um contexto de elevada competitividade como nos tempos atuais, a produção exige uma convergência de recursos e esforços e, principalmente, a plena utilização das competências organizacionais para oferecer produtos e serviços de alta qualidade a preços competitivos. Afinal, produzir e produzir bem não são exatamente sinônimos. O segredo está na excelência operacional – o desafio que separa as organizações bem-sucedidas das demais.

Aliás, as organizações em geral e as empresas em particular constituem um conjunto integrado de oito processos básicos, ao redor dos quais funcionam todas as suas atividades.

A empresa é um conjunto de processos básicos

Na verdade, a empresa é um conjunto integrado de vários processos pelas seguintes razões:

1. Ela cria algo que pode ter valor...
2. ... e transforma essa ideia criativa em algo de valor...
3. ... ela produz algo de valor...
4. ... ela entrega algo de valor...
5. ... que as pessoas querem ou apreciam...
6. ... a um preço que estão dispostas a pagar...
7. ... para satisfazer as necessidades e expectativas de seus clientes...
8. ... de forma que a empresa gere lucro suficiente para fazer valer a pena para seus proprietários manterem suas operações.

Cada um desses oito processos pode ser respectivamente denominado:

---

1. **Criatividade e inovação**: descobrir aquilo que as pessoas precisam ou que querem para se encarregar da sua criação, produção e entrega. Um empreendimento que não cria valor para os outros, é puro hobby.
2. **Desenvolvimento de produtos**: transformar a ideia criativa em um produto ou serviço. Um produto que não cria valor é uma brincadeira custosa.
3. **Produção**: produzir algo de valor para o mercado a fim de satisfazer necessidades e aspirações da clientela. Um produto que não atende a essas necessidades e aspirações é algo inútil.
4. **Marketing**: chamar a atenção e desenvolver a demanda para aquilo que criou e produziu. Um empreendimento que não chama a atenção é puro fracasso.
5. **Vendas**: transformar clientes potenciais em clientes pagantes. Um empreendimento que não vende o valor que cria e produz é uma organização sem fins lucrativos e sem qualquer finalidade financeira.
6. **Marketing**: oferecer aos clientes algo de valor que vale a pena comprar ou investir. Um empreendimento que não oferece valor não merece tal investimento.
7. **Entrega de valor**: dar aos clientes o que prometeu e assegurar que eles estejam plenamente satisfeitos. Um empreendimento que não cumpre o que promete é uma fraude.
8. **Finanças**: gerar dinheiro suficiente para manter as operações e para que os esforços valham realmente a pena. Um empreendimento que não gera dinheiro suficiente para manter as operações logo fechará as portas.

A capacidade limitada em qualquer um desses processos reduz a capacidade do sistema integrado. A resistência de uma corrente depende sempre do seu elo mais frágil. É a chamada teoria das restrições: o elo frágil de uma corrente é o seu principal ponto fraco. Este precisa ser adequadamente fortalecido ou modificado. Em toda a empresa e particularmente na área de produção, é comum a ocorrência de gargalos no ciclo produtivo que atrasam ou prejudicam a eficiência das operações.
E onde ficam as pessoas? São elas – por meio dos recursos que utilizam – que proporcionam com suas competências a realização de todos esses processos que criam, agregam, produzem, entregam e capturam valor para as organizações.
E o que é valor? É tudo aquilo que tenha utilidade, satisfaça necessidades, atenda a expectativas e aspirações, traga um retorno do investimento, melhore a saúde, o conforto e o bem-estar, melhore a autoimagem do cliente e valha a pena adquirir ou investir.[1]

1 Adaptado de: Kaufman, Josh. Manual do CEO: um verdadeiro MBA para o gestor do século XXI. São Paulo: Saraiva, 2012. p. 48.

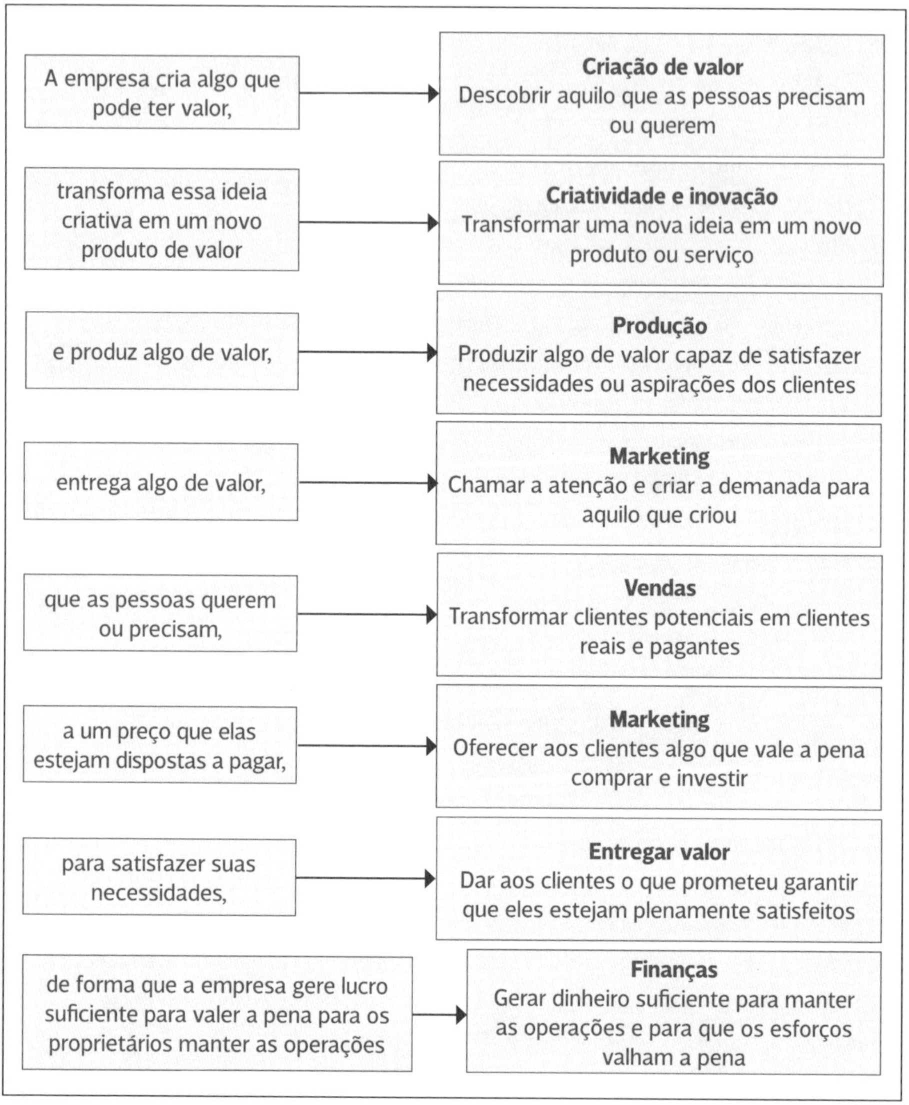

Figura 1 A empresa como um conjunto integrado de processos.[2]

A SOCIEDADE DE ORGANIZAÇÕES

As organizações são entidades sociais compostas de pessoas que trabalham em conjunto utilizando uma variedade de recursos para entregar resultados por meio de suas competências. A sociedade moderna é constituída por

2 Adaptada de: Kaufman, Josh. Manual do CEO: um verdadeiro MBA para o gestor do século XXI, op. cit., p. 48-51.

organizações. Afinal, vivemos em uma sociedade de organizações. Quase tudo o que o ser humano necessita – senão tudo – é criado e produzido em organizações. Além disso, o ser humano moderno passa a maior parte do tempo e de sua vida dentro de organizações. É nelas que o homem nasce, cresce, come, aprende, pratica esportes e lazer, faz suas orações, trabalha e ganha a vida, compra, gasta, cuida da sua saúde e de seu dinheiro. O homem depende das organizações para tudo. Inclusive para nascer e para morrer. As organizações são tão numerosas e tão diversificadas que quase não percebemos sua onipresença e sua enorme influência em nossas vidas. Elas se apresentam de variadas formas, como indústrias, supermercados, lojas, escolas, universidades, hospitais, bancos, financeiras, clubes, repartições públicas, empresas estatais, pequenos negócios, etc. O exército, a igreja e as entidades filantrópicas também são organizações. Hoje, avultam as organizações não governamentais – as ONG – o chamado terceiro setor. São organizações não lucrativas que se dedicam a causas sociais, culturais, filantrópicas, ecológicas, etc. O que nos interessa neste livro é um tipo especial de organização: as empresas e, principalmente, aquelas que produzem produtos ou prestam serviços à sociedade.

Em suma, as organizações são constituídas de um sofisticado e complexo conjunto de recursos como edifícios, instalações, máquinas, equipamentos, dinheiro, etc. Contudo, esses recursos – embora muito importantes – são inertes e estáticos. Não têm vida própria. Hoje, as organizações dependem necessariamente de um conjunto integrado de competências para alcançar o máximo rendimento desses recursos, como veremos adiante. No fundo, as organizações são entidades sociais, verdadeiros conjuntos integrados de pessoas. Sem pessoas, as organizações simplesmente não funcionam. Entretanto, um aspecto é fundamental: as organizações não existem ao acaso; elas são criadas e organizadas para produzir alguma coisa. A produção de algo é o objetivo primário de toda e qualquer organização. E elas também não operam ao acaso: elas precisam ser administradas. É a gestão que conduz as empresas ao sucesso e à sua excelência operacional.

EMPRESAS

As empresas são exemplos de organizações. Na realidade, elas são organizações sociais porque são constituídas de pessoas que trabalham em conjunto em uma complexa divisão do trabalho organizacional. Uma definição mais apurada diria que as empresas são organizações sociais que reúnem e utilizam recursos para atingir determinados objetivos. As empresas são organizações sociais que exploram um determinado negócio visando a alcançar um objetivo determinado e específico. O objetivo final pode ser o lucro ou o atendimento de certas necessidades e demandas da sociedade, sem a preocupação prévia com o lucro.

Como todo organismo vivo, as empresas nascem, crescem e até podem morrer. Elas são essencialmente dinâmicas, passam por mudanças, têm ciclos de prosperidade ou de dificuldade e necessitam de constante renovação para se adaptar às mudanças ambientais em um mundo de negócios globalizado e competitivo. Na medida em que são bem-sucedidas em relação aos seus objetivos, as empresas tendem a sobreviver. Se o sucesso é maior, elas tendem a crescer. Sobrevivência e crescimento são as principais decorrências do sucesso empresarial.

Quanto ao que produzem, as empresas são classificadas em primárias (ou extrativas), secundárias (ou transformadoras) e terciárias (ou prestadoras de serviços).

1. **Empresas primárias ou extrativas:** desenvolvem atividades extrativas, como as empresas agrícolas, pastoris, de pesca, de mineração, de prospecção e extração de petróleo, as salinas, etc. São chamadas primárias porque se dedicam basicamente à obtenção e à extração de matérias-primas, o elemento primário de toda a produção. Exemplos: Petrobrás, Vale, Pescal, Mineração Morro Velho, Agropastoril Santa Amália, Fazenda Santo Amaro, etc.
2. **Empresas secundárias ou transformadoras:** processam as matérias-primas e as transformam em produtos acabados. São chamadas empresas produtoras de bens (ou mercadorias), isto é, produtos tangíveis ou manufaturados. Aqui se classificam as indústrias em geral, quaisquer que sejam seus produtos finais. Exemplos: Petrobrás, Vale, Philips, Cia. Siderúrgica Nacional (CSN), Cimento Votorantim, IBM do Brasil, General Motors, Fiat, Ambev, etc.
3. **Empresas terciárias ou prestadoras de serviço:** executam e prestam serviços especializados. Dentre elas, estão bancos, financeiras, comércio em geral, hospitais, escolas e universidades, serviços de comunicações (TV, rádio, imprensa, telefonia, internet, etc.) e toda a extensa gama de serviços envolvendo contabilistas, engenheiros, médicos, dentistas,

consultores, etc. Exemplos: Bradesco, Casas Bahia, Hospital Beneficência Portuguesa, Universidade Mackenzie, Telefónica, McCann Erickson Publicidade, Jornal do Brasil, TV Globo, ABC Assessoria Contábil, etc. As empresas terciárias apresentam uma enorme variedade e ultrapassam em muito a quantidade das empresas primárias e secundárias.

4. **Empresas do terceiro setor:** reúnem participantes que se dedicam a uma determinada missão cultural, filantrópica, social ou ecológica, como as ONG e outras, como Peaceworld, Instituto Ayrton Senna, Fundação Roberto Marinho, Fundação Bradesco, etc.

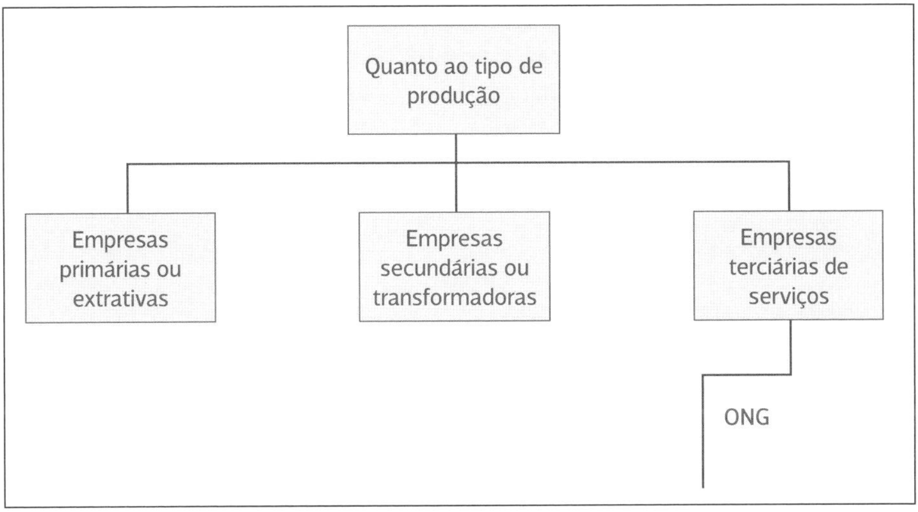

Figura 2 Classificação das empresas quanto ao tipo de produção.

As três classificações de empresas – primárias, secundárias ou terciárias – não se excluem. Pode existir uma empresa que é primária (extrativa e prospectiva), secundária (refinadora) e terciária (distribuidora), como a Petrobrás e a Vale. Todavia, em cada classificação, o processo produtivo encerra características próprias, como veremos adiante.

O que é uma empresa?

As empresas são um tipo especial de organização e funcionam como sistemas. Na verdade, constituem um tipo específico de organização. Sejam lucrativas ou não, as empresas são

---

organizações sociais, pois são dotadas de pessoas – seu ativo mais importante. Além disso, as empresas são sistemas abertos. Um sistema é um conjunto de elementos reciprocamente integrados para alcançar determinados objetivos. O conjunto de elementos reciprocamente integrados – sejam divisões, departamentos, equipes ou unidades de negócios – deve funcionar de maneira que cada um deles deve ajudar o outro na consecução dos objetivos globais desejados. É o que chamamos sinergia: o efeito multiplicador do sistema. A sinergia promove resultados maiores do que a soma dos resultados isolados de cada um dos elementos, quando estes se ajudam mutuamente. Ou menores, quando não há essa integração e cada elemento – ou subsistema – funciona isoladamente, levando o sistema maior a perder sua força em virtude da entropia. Na aritmética sistêmica, 1 + 1 + 1 pode ser 4, 5 ou mais, dependendo do grau de sinergia. Ou pode ser menor do que 3, dependendo do grau de entropia. Sinergia e entropia são características que, respectivamente, agregam resultados às empresas ou reduzem seus resultados. Gestão é a ciência, arte e tecnologia necessárias para obter resultados maximizados. Para tanto, ela busca aumentar a sinergia e diminuir a entropia dos sistemas e produzir resultados incríveis.

FATORES DE PRODUÇÃO E RECURSOS EMPRESARIAIS

Os economistas clássicos salientam que todo processo produtivo depende de três fatores de produção: natureza, capital e trabalho, todos integrados por um quarto fator denominado empresa. A natureza fornece os insumos necessários, as matérias-primas, a energia, etc. O capital fornece o dinheiro necessário para comprar os insumos e pagar os empregados. O trabalho é realizado pela mão de obra que transforma, por meio de operações manuais ou de máquinas e equipamentos, os insumos em produtos acabados ou serviços prestados. A empresa, como fator integrador, garante que a integração dos três fatores de produção seja a mais lucrativa possível. Essa concepção de fatores de produção funcionou bem durante toda a Era Industrial, que se estendeu desde a Revolução Industrial, em meados do século XVII, até o início da década de 1990, quando surgiu a Era da Informação. Hoje, os tradicionais fatores produtivos estão no limite de sua exaustão em termos de aumento de eficiência e produtividade. A riqueza das nações e das organizações passou a depender do conhecimento, na medida em que este proporciona habilidades e competências, como veremos adiante.

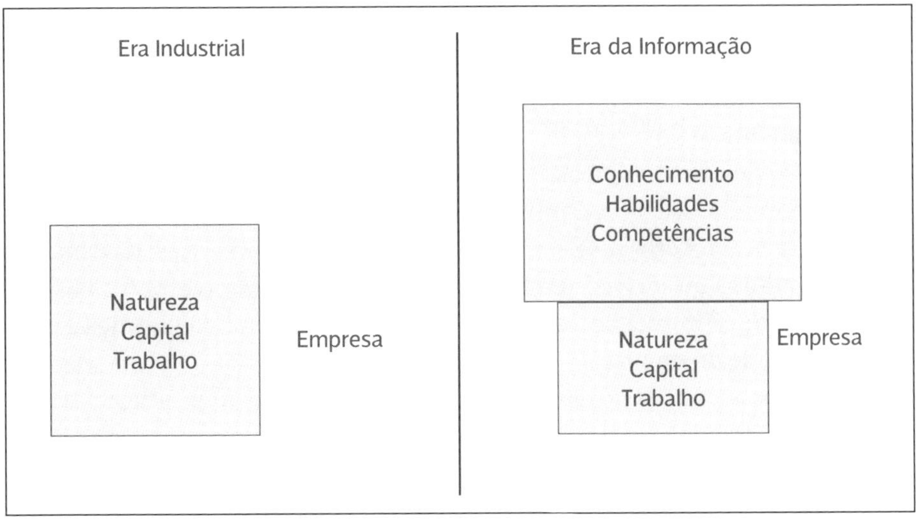

Figura 3 Antigos e novos fatores de produção.

Ativos tangíveis e intangíveis

Hoje, em vez de fatores de produção, preferimos tratar dos recursos empresariais que correspondem a cada um desses fatores de produção. Um recurso é um meio pelo qual a empresa extrai, transforma ou produz algo. As empresas requerem recursos para funcionarem adequadamente. Os principais recursos empresariais são:[3]

1. **Recursos físicos ou materiais:** correspondem genericamente ao fator de produção que os economistas denominam natureza. Os recursos materiais ou físicos são os prédios e edifícios, instalações, máquinas e equipamentos, ferramentas, matérias-primas e todos os insumos tangíveis que ingressam no processo produtivo. Nas indústrias, constituem as fábricas e tudo o que nelas estiver contido. Nas empresas de serviços, são os prédios, instalações, máquinas e equipamentos, etc.
2. **Recursos financeiros:** correspondem, grosso modo, ao fator de produção denominado capital. Os recursos financeiros correspondem ao capital e abrangem as receitas, as contas a receber, o dinheiro em bancos, o faturamento, os investimentos, enfim, qualquer forma de dinheiro ou crédito que a empresa possua.

3 Chiavenato, Idalberto. Recursos humanos: o capital humano das empresas. Rio de Janeiro: Elsevier/Campus, 2011.

3. **Recursos humanos:** correspondem, grosso modo, ao fator de produção denominado trabalho, com a diferença de que englobam todas as pessoas que trabalham na empresa em todos os níveis hierárquicos, desde o presidente até o operário.
4. **Recursos mercadológicos:** não correspondem a nenhum fator de produção apontado pelos economistas. Os recursos mercadológicos geralmente estão fora da empresa – são os clientes, os consumidores, os usuários dos produtos ou serviços da empresa. Para abordá-los, a empresa utiliza propaganda, promoção, canais de distribuição, equipes de vendas e uma diversidade de meios.
5. **Recursos administrativos:** correspondem ao fator de produção que os economistas denominam empresa e que atua como integrador e sincronizador de todos os demais recursos empresariais.

É importante lembrar que os recursos financeiros formam o capital financeiro da empresa, enquanto os recursos materiais – com seus prédios, edifícios, instalações, máquinas, equipamentos, materiais, etc. – formam o capital econômico da empresa. Boa parte dos recursos financeiros é disponível, enquanto quase sempre os recursos materiais fazem parte do ativo imobilizado. Tanto o capital financeiro como o capital econômico são avaliados em moeda corrente do país.

Todos os recursos empresariais são importantes para o funcionamento da empresa e para o alcance de seus objetivos. A falta de qualquer um dos recursos empresariais impossibilita ou dificulta o processo de produção da empresa. Por outro lado, nem todos os recursos são necessariamente propriedade da empresa. Em outras palavras, as empresas utilizam recursos próprios ou de terceiros.

Mas o que é uma empresa, afinal?

De fato, as empresas são constituídas por recursos, que representam o aspecto material e concreto de sua organização, sua infraestrutura de prédios, máquinas, equipamentos, instalações, materiais e matérias-primas. Mas tudo isso é estático e sem vida. Sabemos que as empresas são organismos vivos: elas nascem, crescem, desenvolvem e até morrem.

Mais do que isso, as empresas são inteligentes, pois elas são dotadas de pessoas que sentem, pensam e agem racionalmente. A inteligência da empresa decorre das pessoas que nela trabalham. Tão importantes quanto os recursos disponíveis são as maneiras pelas quais eles são utilizados pelas pessoas. De nada valem os recursos se não forem adequadamente utilizados e geridos pelas pessoas. Logo mais, falaremos de competências empresariais.

Os norte-americanos têm uma terminologia própria para denominar os recursos empresariais: *materials/machinery*, *money*, *man*, *marketing* e *management*. A tabela a seguir permite uma melhor visualização.

Tabela 1 Recursos empresariais[4]

Recursos	Fator de produção	Terminologia norte-americana	Exemplos
Físicos ou materiais	Natureza	*Materials & machinery*	Edifícios, instalações, prédios, máquinas, equipamentos, matérias-primas, etc.
Financeiros	Capital	*Money*	Capital, dinheiro, créditos, financiamentos, caixa, etc.
Humanos	Trabalho	*Man*	Todas as pessoas, desde o presidente ao operário
Mercadológicos	-	*Marketing*	Clientes e usuários e os meios para influenciá-los: vendas, promoção, propaganda, etc.
Administrativos	Empresa	*Management*	Planejamento, organização, direção e controle das atividades

Na prática, os recursos empresariais são administrados por diferentes áreas da empresa, conforme demonstra a Tabela 2.

4 Chiavenato, Idalberto. Recursos humanos: o capital humano das empresas, op. cit.

Tabela 2 Recursos empresariais e as respectivas áreas da empresa[5]

Recursos empresariais	Áreas de especialização
Físicos e materiais	Administração da Produção, Produção ou Operações
Financeiros	Administração Financeira, Finanças
Humanos	Administração de Recursos Humanos, Gestão de Pessoas
Mercadológicos	Administração Mercadológica, Marketing ou Comercialização
Administrativos	Administração Geral, Presidência ou Diretoria Geral

Assim, é comum encontrar empresas que têm suas áreas organizadas conforme mostra a Figura 4.

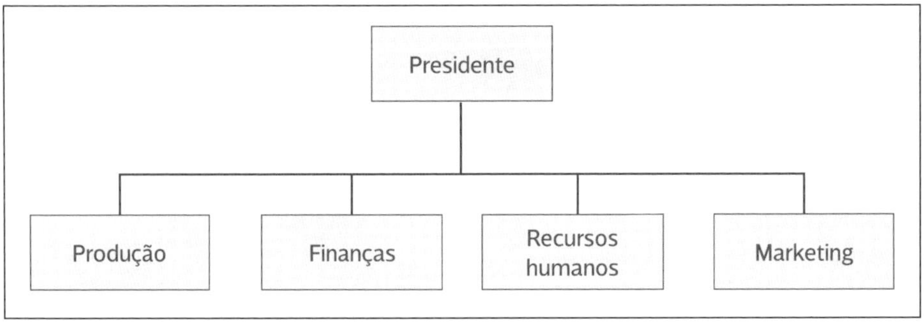

Figura 4 Principais áreas da empresa.

Para administrar cada um dos recursos empresariais, há uma área específica correspondente na empresa – dirigida por um executivo, conforme a Figura 5.

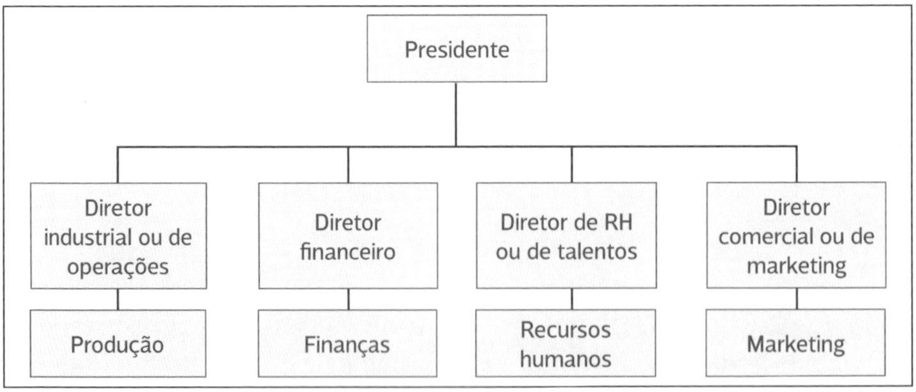

Figura 5 Gestão dos recursos empresariais.

5 Chiavenato, Idalberto. Recursos humanos: o capital humano das empresas, op. cit.

Quando a empresa é do ramo industrial – isto é, do ramo primário ou secundário –, o diretor responsável pela produção recebe geralmente o nome de diretor industrial. Por outro lado, quando a empresa é do ramo terciário, o diretor que cuida da produção ou operações pode receber denominações bastante diferentes, como diretor de operações ou diretor técnico. Em um hospital, recebe o nome de diretor clínico; em escolas e universidades, é chamado de diretor pedagógico ou diretor de ensino; em alguns bancos, o nome é diretor de operações; nas empresas de transporte, o nome é diretor de tráfego; em clubes esportivos, é chamado de diretor de esportes, e assim por diante.

Tabela 3 Denominações da área de gestão de produção (GP)

Tipo de empresa	Denominação da área
Indústria	Diretoria industrial
Hospital	Diretoria clínica
Universidade	Diretoria pedagógica
Bancos e financeiras	Diretoria de operações
Empresas de transporte	Diretoria de tráfego
Clubes esportivos	Diretoria de esportes
Jornal ou revista	Diretoria editorial

Gestão

Gerir uma empresa significa reunir e juntar todos os recursos necessários e as competências adequadas para seu funcionamento e dar-lhes a integração necessária e a direção focada em resultados para alcançar a plena utilização do conjunto deles. Em síntese, a gestão é um processo de integrar recursos e competências no sentido de obter a sinergia suficiente para agregar valor ao negócio e oferecer ao cliente aquilo que ele realmente deseja e necessita com o máximo proveito e com mínimo custo. Em outras palavras, fazer o máximo possível com o mínimo possível. Isso é produtividade. No meio disso tudo, está a produção de bens e as operações de serviços. A gestão faz parte da administração como um processo integrado.

O importante é que, nas empresas industriais – primárias ou secundárias –, a atividade produtiva costuma receber o nome de produção, enquanto nas organizações de serviços – ramo terciário –, a atividade produtiva recebe o nome de operações. Daí, abordarmos o tema produção sob a denominação de produção e operações. A gestão de produção (GP) trata exatamente da atividade produtiva tanto em indústrias como no ramo terciário.

Tabela 4 Classificação de recursos organizacionais[6]

Recursos tangíveis (ativos tangíveis)	Edifícios
	Máquinas e equipamentos
	Instalações
	Matérias-primas
	Ferramentas e utensílios
Recursos intangíveis (ativos intangíveis)	Competências essenciais
	Conhecimento corporativo
	Know-how
	Cultura organizacional
	Relações com clientes e fidelização dos clientes
	Marcas e patentes
	Imagem, confiabilidade e reputação
	Capacidade de inovação
Recursos terceirizados	Serviços externos de propaganda
	Serviços externos de segurança
	Serviços externos de contabilidade e auditoria
	Serviços externos de computação
	Gestão terceirizada de frota de veículos

COMPETÊNCIAS ESSENCIAIS DA EMPRESA

No decorrer da Era Industrial, os recursos organizacionais eram sumamente importantes para o processo produtivo. Máquinas, instalações, edifícios, matérias-primas, mão de obra, capital eram indispensáveis. Isso continua até hoje. Entretanto, na Era da Informação, está surgindo um novo componente organizacional mais importante: as competências essenciais que cada empresa consegue reunir, desenvolver e aplicar. As competências essenciais de uma empresa significam aquilo que ela sabe fazer melhor do que ninguém e que

6 Chiavenato, Idalberto; Sapiro, Arão. Planejamento estratégico: da intenção aos resultados. 2. ed. Rio de Janeiro: Elsevier, 2009.

representam sua vantagem competitiva em mercados altamente competitivos. Ser competitivo significa ter condições de concorrer com outras empresas que produzem um determinado produto ou serviço em um determinado mercado. Nos mercados competitivos de hoje, essas condições mudam a cada instante em função do desempenho de cada empresa, das estratégias utilizadas e, sobretudo, da inovação que muda tudo. Muitas empresas conseguem melhorar sua capacidade competitiva, aumentar sua participação no mercado e derrubar as concorrentes que, muitas vezes, são expulsas do mercado por não saberem manter ou desenvolver tal capacidade em um mundo de negócios em intensa mudança. Uma incessante corrida em que cada vencedor acaba perdendo para outros vencedores. O sucesso nunca é definitivo; apenas provisório e efêmero.

As competências essenciais representam as vantagens competitivas de uma empresa. O primeiro passo é saber o que a empresa sabe fazer bem e melhor do que as outras e diagnosticar quais são suas competências essenciais. O segundo passo após esse diagnóstico é concentrar-se naquilo que ela sabe fazer bem. O terceiro passo é melhorar cada vez mais tais competências. O quarto passo é transferir para terceiros aquilo que a empresa não tem condições de fazer bem e barato. A terceirização é uma alternativa para que a empresa possa se concentrar em suas competências essenciais. Algumas empresas sabem projetar bem, outras produzem com excelência, outras se concentram em vender. Há aquelas que sabem assistir o cliente – assistência técnica – e aquelas que sabem fazer pesquisas e desenvolver novos produtos. Cada qual na sua área. Dificilmente uma empresa consegue fazer bem e barato uma multiplicidade de tarefas. Ao abrir demasiadamente o leque de atividades, a empresa pode acabar fazendo de maneira medíocre uma variedade de coisas, quando poderia fazer com excelência uma pequena parte delas.

Em síntese, quais são as competências essenciais de uma empresa?

Algumas empresas se concentram em uma competência essencial prioritária que a identifica no mercado. Para a Apple, é a inovação que promete oferecer surpresas ao mercado; para a Natura, é o "bem estar bem" do consumidor; para a Walt Disney, é tornar as pessoas felizes; para o Walmart, é a gestão da cadeia de suprimentos; para a Nike, é prover a emoção de competir e vencer. Alguns autores salientam que as competências essenciais de uma organização quase sempre estão ao redor de:[7]

---

7 Zarifian, Philippe. Objetivo competência: por uma nova lógica. São Paulo: Atlas, 2001. p. 197. Ver também, do mesmo autor: O modelo da competência. São Paulo: Senac, 2003. p. 193.

1. **Competências sobre processos**: conhecimento do processo de trabalho.
2. **Competências técnicas**: conhecimentos específicos do trabalho a ser realizado.
3. **Competências sobre a organização**: saber organizar os fluxos de trabalho.
4. **Competências de serviço**: saber qual o impacto do produto ou serviço sobre o consumidor final.
5. **Competências sociais**: saber ser, incluindo atitudes que sustentam o comportamento de seus funcionários. Elas envolvem três domínios: autonomia, responsabilidade e comunicação.

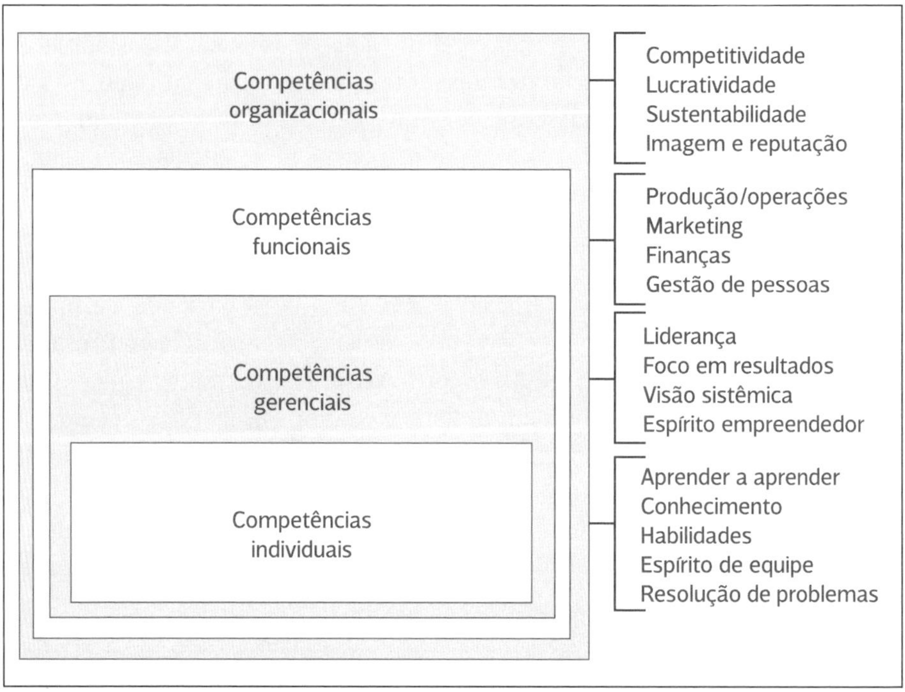

Figura 6 Exemplos de competências organizacionais.[8]

O que é uma empresa de classe mundial?

Empresa de classe mundial é a empresa que tem capacidade competitiva em mercados globais. Empresas como as japonesas Toyota, Toshiba e Sony, a europeia Philips, as norte-americanas Motorola, Xerox, Apple, HP, Microsoft, as brasileiras Natura e Vale e outras são

8 Chiavenato, Idalberto. Gestão de pessoas. 4. ed. Barueri: Manole, 2014.

empresas presentes e ativas em todo o mundo dos negócios. Uma empresa de classe mundial é aquela que ultrapassa a concorrência em vários aspectos e, por isso, é imitada pelas outras empresas graças à excelência de suas práticas e operações.

CONCEITO DE GESTÃO DE PRODUÇÃO

Dentro desse contexto, a gestão de produção (GP) utiliza recursos físicos e materiais da empresa: máquinas, equipamentos, instalações, matérias-primas, prédios ou edifícios e a tecnologia indispensável para que todos esses ativos tangíveis possam ser integrados em uma atividade conjunta e coordenada. Os recursos físicos ou materiais podem estar na indústria, na fábrica ou oficina, no campo agrícola, no barco de pesca e nas instalações portuárias, na loja, na agência bancária, no prédio escolar ou na oficina de propaganda. São os recursos físicos e materiais que dão à empresa a possibilidade de extrair matérias-primas (quando a empresa é primária ou extrativa), de transformar matérias-primas em produtos/serviços (quando a empresa é secundária ou transformadora) ou de prestar serviços especializados (quando a empresa é terciária ou prestadora de serviços). Contudo, vimos que esses recursos são estáticos e inertes. Eles não têm vida nem inteligência, sendo dependentes de pessoas. Pessoas não devem ser tratadas como recursos, mas como os talentos que lidam com os recursos ou como parceiros do negócio. Isso será discutido mais adiante. Tanto nas empresas industriais como nas empresas focadas em serviços, os recursos organizacionais precisam ser utilizados e aplicados pelas pessoas – por meio de suas competências pessoais – para gerar produção em umas e operações em outras. Sempre de maneira eficiente e eficaz.

Produção significa transformação de insumos em produtos ou serviços. Na verdade, é um conjunto de atividades que proporcionam a conversão de um bem tangível em um outro que tenha uma utilidade maior ou mais específica. Por outro lado, operações têm o significado de utilizar recursos e competências para oferecer serviços de elevada qualidade. Tanto produção como operações requerem recursos e competências para gerar resultados incomuns.

A GP é a área da administração que utiliza os recursos físicos e materiais da empresa, que realizam o processo produtivo por meio de competências essenciais. Assim, é a GP que executa a produção ou as operações da empresa. É por ela que a empresa extrai as matérias-primas, transforma-as para produzir o produto acabado ou presta serviços especializados ao mercado.

Objetivos da gestão de produção

A GP não funciona ao acaso. Ela precisa ser planejada para atender a dois objetivos simultaneamente: alcançar eficiência e eficácia no processo produtivo. Eficiência e eficácia são dois conceitos importantíssimos na GP:[9]

1. **Eficiência:** utilização adequada dos recursos empresariais. A eficiência com os meios – métodos, procedimentos, normas, programas, processos, etc. – reside basicamente em fazer coisas corretamente, isto é, da melhor maneira possível. Eficiência significa realizar um magnífico trabalho em si. Produzir com eficiência significa utilizar métodos e procedimentos adequados de trabalho, executar corretamente a tarefa, aplicar da melhor maneira possível os recursos da empresa.
2. **Eficácia:** está relacionada aos fins, isto é, aos objetivos que a empresa pretende alcançar com suas operações. Reside basicamente em fazer coisas que são importantes e relevantes para os resultados, ou seja, para os objetivos. Produzir com eficácia significa executar aquelas tarefas que são importantes para o negócio.

Tabela 5 Eficiência e eficácia[10]

Eficiência	Eficácia
Relacionada com os meios	Relacionada com os fins
Relacionada com métodos e procedimentos	Relacionada com resultados a alcançar
Busca a melhor aplicação dos recursos	Busca o melhor alcance dos objetivos
Busca a execução correta da tarefa	Busca a tarefa mais importante para o resultado
Exemplos de eficiência: Resolver problemas Fazer corretamente as coisas Jogar futebol com arte	Exemplos de eficácia: Atingir as metas Conquistar resultados Marcar gols e ganhar a partida

9 Chiavenato, Idalberto. Introdução à teoria geral da administração. 9. ed. Barueri: Manole, 2014.

10 Chiavenato, Idalberto. Introdução à teoria geral da administração, op.cit.

A GP busca tornar a produção eficiente e eficaz simultaneamente. Eficiência e eficácia juntas recebem o nome de excelência, mas tudo é muito relativo. Muitas vezes, a produção chega a ser eficiente, mas não alcança a necessária eficácia. Isso acontece quando a execução das tarefas é bem feita, mas não chega a atingir as metas de produção desejadas pela empresa. Outras vezes, a produção não é eficiente, mas se torna eficaz porque se traduz em bons resultados. Isso acontece quando as tarefas são realizadas de maneira precária, mas os resultados atingidos satisfazem as metas estabelecidas pela empresa.

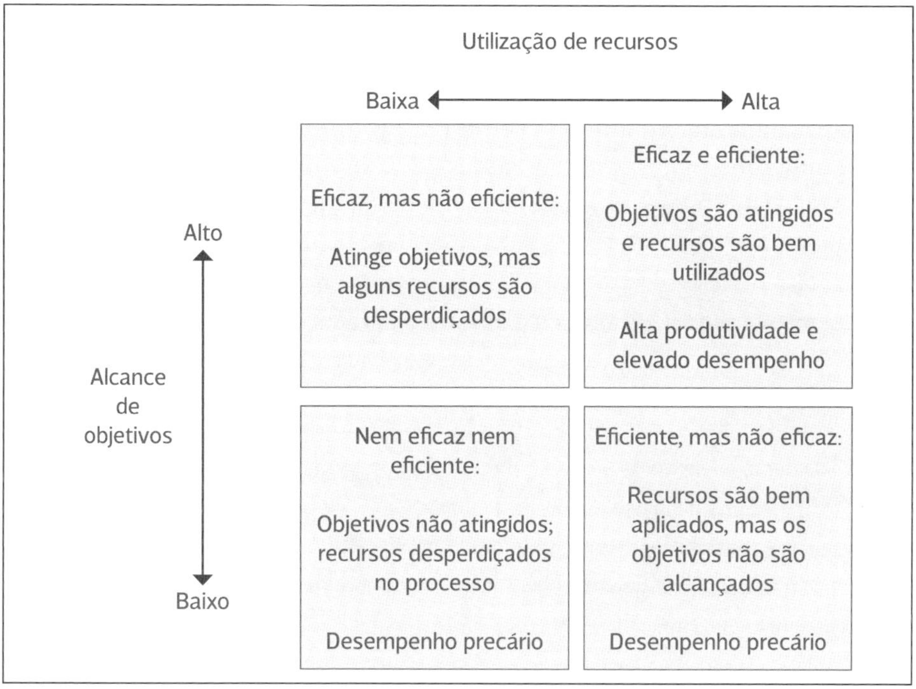

Figura 7 Juntando eficiência com eficácia.[11]

Como melhorar a eficiência? Dois aspectos são importantes:

1. **Racionalização:** técnica que procura os métodos e processos mais adequados ao trabalho. Por meio da racionalização, pode-se desenhar um processo produtivo mais rápido e eficiente, com menores custos de produção, redução de estoques, redução de trabalho na produção, etc.

11 Chiavenato, Idalberto. Administração nos novos tempos. 3. ed. Barueri: Manole, 2014.

2. **Produtividade:** decorrência da eficiência. Na medida em que a produção é eficiente, ela alcança maiores níveis da produtividade. Produtividade é a relação ótima entre insumos e resultados, isto é, entre custos e benefícios, entre recursos aplicados e o volume produzido. Uma máquina é mais produtiva que outra na medida que consegue produzir maior quantidade de peças no mesmo período. Um operário é mais produtivo do que outro quando produz mais no mesmo período e utilizando os mesmos recursos de produção. Aumentar a produtividade significa aumentar a produção sem aumentar o volume de recursos, isto é, sem aumentar o número de máquinas ou operários. A produtividade pode ser elevada por meio da racionalização, de novas tecnologias, da mecanização, do treinamento do pessoal, da melhor organização do trabalho, etc. É a produtividade que permite a competitividade da empresa. Uma empresa é competitiva em relação às outras quando consegue produzir produtos de melhor qualidade, maior utilidade e com custos menores. A competitividade é a melhor arma para a empresa lidar com seus concorrentes e sobressair-se no mercado.

Dicas: melhorando a eficiência e a eficácia na produção

Melhorias na eficiência: foco nos meios.

- Adoção de métodos racionais de produção.
- Treinamento intensivo do pessoal para a adoção dessa metodologia.
- Adotar a cultura de fazer bem desde a primeira vez.
- Trabalho colaborativo em equipe.
- Eliminação de gargalos ou estrangulamentos na produção.
- Manutenção preventiva de máquinas e equipamentos.
- Local de trabalho agradável e seguro.
- Ênfase na avaliação do desempenho e intensa retroação ao pessoal.

Melhorias da eficácia: foco nas finalidades.

- Estabelecimento de metas e objetivos a alcançar.
- Ênfase nos indicadores, métricas e nos resultados desejados.
- Constante avaliação dos resultados e intensa retroação ao pessoal.
- Festejar o alcance de resultados e a marcação de gols.
- Adotar a cultura de produtividade e de excelência operacional.

A longa jornada da gestão de produção

Produzir algo para se vestir, alimentar-se ou defender-se é uma atividade humana desde os tempos da Era da caverna. Desde a Era da pedra polida, o trabalho de produção passou a ocupar o maior tempo do homem pré-histórico: o *Homo faber* e, muito depois, o *Homo sapiens*. Ao longo de milênios, o ser humano conseguiu produzir cada vez melhores utensílios, instrumentos, ferramentas e armas para seu uso pessoal. Mais adiante, o homem produtor passou a trocar seus produtos com outros produtos feitos por outros produtores. Era o escambo, o comércio feito por meio de trocas de mercadorias. Uma ferramenta tinha o valor de duas armas, dois cabritos podiam ser trocados por um tecido, e assim por diante. Mais adiante, surgiu a moeda de troca e o escambo foi substituído pelo comércio da forma como ocorre hoje. A moeda facilitou e impulsionou fortemente o comércio. No entanto, ainda predominava a era da agricultura: a atividade humana mais importante na geração da riqueza. Na Idade Média, o fenômeno de urbanização provocou o aparecimento de feudos, cidadelas fortificadas como proteção aos ataques de estrangeiros. Com os feudos, o artesanato teve um forte incremento. Em suas oficinas, os artesãos atendiam a especificações dos clientes e definiam preços e prazos de entrega para suas encomendas. Com o tempo, os artesãos passaram a contratar aprendizes que, após longo período de trabalho, se tornavam novos artesãos. A partir daí, surgiram as corporações de ofício, o início dos atuais sindicatos.

Era Industrial

Em meados do século XVIII, com a invenção da máquina a vapor por James Watt e sua aplicação na produção, surgiu a Revolução Industrial. A atividade humana foi sendo gradualmente substituída pela máquina e os artesãos que trabalhavam em suas oficinas foram engolidos pelas fábricas. Teve início a Era Industrial. A produção fabril passou a exigir escala de produção, padronização dos produtos e, posteriormente, racionalização dos processos de produção. Em seguida, a padronização de componentes, como foi o caso da produção de espingardas com peças intercambiáveis com enorme vantagem para o exército. Não tardou a surgirem os primeiros projetos de produtos, com desenhos e croquis de produtos e processos fabris, de equipamentos e instalações. A Era Industrial passou por uma forte reformulação no decorrer do século XIX, com um enorme incremento na produção industrial, o surgimento do capitalismo industrial e uma impressionante sequência de invenções que logo se transformaram em produtos comerciais. Contudo, foi no início do século XX, com o surgimento da chamada Administração Científica, que Frederick Winslow Taylor chamou a atenção para o enorme desperdício que ocorria na produção industrial. Foi a época em que o foco na manufatura se tornou mais intenso e começou a luta por eficiência e produtividade. Henry Ford iniciou a linha de montagem seriada e a produção em massa de automóveis, reduzindo drasticamente custos e oferecendo carros a preços populares. A ideia era produzir grandes volumes de produtos padronizados e sem nenhuma variação para simplificar o processo produtivo.[12] Não tardou a surgir a engenharia industrial trazendo novos conceitos de produção, como: arranjo físico das instalações, processos e fluxo de produção, estudo de tempos e movimentos e produtividade da mão de obra, planejamento e controle da produção, manutenção, abastecimento e estoques, etc.

No início da década de 1960, a indústria japonesa começou a dar uma fenomenal virada, aproveitando intensamente as lições de Deming e Duran – os dois gurus – no que tange à qualidade e à produtividade.

Era da Informação

No início da década de 1990, o mundo começou a entrar em uma nova era totalmente diferente da anterior: a Era da Informação. Vários aspectos caracterizam a nova era em que vivemos:[13]

1. **Conhecimento como principal recurso produtivo:** cada produto passa a ser o resultado de conhecimento agregado, e não mais de matérias-primas transformadas. Os telefones celulares são exemplos disso.
2. **Mudança cada vez mais rápida e profunda:** o cenário de previsibilidade e manutenção típico da Era Industrial transformou-se em um cenário de mudança, transformação e imprevisibilidade. Nada é definitivo. Tudo é mutável e provisório. Isso também se aplica a produtos e serviços.
3. **Globalização:** o mundo tornou-se uma aldeia global onde os concorrentes estão em todos os lugares possíveis, criando novos produtos e serviços e utilizando estratégias diferentes para produzi-los e vendê-los.

---

12 Chiavenato, Idalberto. Introdução à teoria geral da administração, op. cit.

13 Chiavenato, Idalberto. Introdução à teoria geral da administração, op. cit.

4. **Tecnologia da informação:** computador, televisão e telecomunicações formam um triunvirato que se denomina TI e que é capaz de unir e integrar o mundo globalizado em segundos.
5. **Foco no cliente:** cada vez mais é o cliente quem decide o sucesso de uma empresa. O foco internalizado na produção está migrando fortemente para o foco externalizado no cliente. Contudo, focar o cliente já não é mais suficiente. Agora, é preciso satisfazê-lo e encantá-lo para poder fidelizá-lo. Para tanto, é preciso conhecê-lo profundamente e pensar da mesma maneira que ele pensa. A customização é um exemplo. Representa a produção direcionada para o cliente ou consumidor de acordo com suas exigências e oferecendo um produto inteiramente sob medida para cada um. É exatamente o contrário da produção em massa.
6. **Foco em serviços:** produzir produtos já não é mais suficiente. É preciso agora prestar serviços por meio deles. O produto deve ser oferecido por meio de serviços correlatos – assistência técnica, ajuda na instalação, informações sobre suas características e instalação, pós-venda, etc. As empresas industriais estão se transformando em empresas de serviços.
7. **Ética e responsabilidade social:** as empresas estão se tornando cada vez mais transparentes e responsáveis pelo contexto social em que atuam.
8. **Qualidade de vida no trabalho:** está havendo uma forte conscientização de que o trabalho deve ser agradável, divertido, motivador e recompensador. As empresas estão se tornando gradativamente um lugar melhor para se trabalhar.

Todos esses aspectos estão impactando poderosamente a vida das empresas.

Organizações de excelência operacional[14]

Como as empresas podem chegar à excelência em suas operações? Quando se fala em excelência operacional, geralmente a referência é endereçada à GP e à sua eterna busca por eficiência, eficácia e excelência. Quando se passeia por uma organização de elevado desempenho, é possível sentir a diferença: as pessoas são energizadas e competentes, as instalações são maravilhosamente equipadas, os materiais fluem com rapidez e sem

---

14 Bhalla, Vikram et al. High-performance organizations: the secrets of their success. Disponível em: <www.bcg.com>. Acesso em: 1 out. 2013.

paralisações, os produtos acabados são de qualidade ímpar. As competências organizacionais que envolvem a produção ajudam a impulsionar o desempenho financeiro e operacional e habilitam as empresas a executar sua estratégia com enorme sucesso. Além disso, as competências individuais das pessoas envolvidas no processo produtivo fazem todo o restante. Tudo ajuda e converge em uma produção primorosa. A excelência operacional – a maneira elegante e maravilhosa de produzir produtos ou serviços – significa a reunião da eficiência, eficácia e excelência, em que tudo está interligado para fazer bem e bem feito.

As empresas com elevado desempenho costumam ter as seguintes características:

1. **Liderança**: líderes no nível estratégico e tático conduzem todas as áreas da organização.
2. **Desenho organizacional**: estrutura organizacional simples, enxuta e flexível que reflete o foco estratégico da organização e se baseia em equipes que possuem papéis e responsabilidades claras e bem definidas.
3. **Talentos**: a organização transmite com eficácia a estratégia do negócio em poderosa estratégia de pessoas, atraindo e retendo indivíduos mais capazes.
4. **Gestão da mudança**: a organização tem a habilidade de impulsionar e sustentar uma mudança em larga escala para adaptar-se e antecipar-se a um ambiente crescentemente mutável e volátil.
5. **Cultura e engajamento**: a cultura corporativa é continuamente configurada para alcançar objetivos estratégicos e os colaboradores são motivados e impulsionados a perseguir objetivos corporativos.

Quando a empresa assume uma abordagem estratégica para perseguir o monitoramento e a melhoria dessas cinco capacidades amplas, ela consegue gerar valor e riqueza e alcançar uma enorme vantagem competitiva diante dos concorrentes.

RELACIONAMENTOS DA GESTÃO DE PRODUÇÃO

A GP está focada no máximo aproveitamento dos recursos físicos e materiais da empresa no sentido de buscar um sistema de produção eficiente e eficaz. Em geral, a GP se estrutura de acordo com o sistema de produção adotado e com a tecnologia empregada, para aproveitar a proximidade dos

Liderança	Equipes de elevado desempenho e com líderes individuais que impulsionam urgência e direção O abastecimento de lideranças futuras é feito com habilidades que são alinhadas com futuras necessidades Os gerentes do meio do campo abraçam e translatam a estratégia
Desenho organizacional	A estrutura e a alocação dos recursos refletem as negociações estratégicas Poucos níveis separam o presidente da linha de frente, e as amplitudes de controle são amplas Responsabilidades, direitos de decisão e colaboração são construídos com profunda consideração Competências individuais são ajustadas aos requisitos de papéis
Talentos	A marca dos empregados é considerada um ativo essencial Papéis críticos e talentos-chave são claramente identificados e tratados com carinho O RH é um parceiro estratégico e um habilitador de negócios
Gestão da mudança	Mudança é uma cascata disciplinada A organização é evolucionária
Cultura e engajamento	A cultura acelera o alcance dos objetivos estratégicos O engajamento é medido e cultivado para gerar esforços dirigidos das pessoas

Figura 8 Catorze características das organizações de alto desempenho.[15]

recursos naturais e dos mercados consumidores. Assim, muitas indústrias possuem fábricas espalhadas por várias regiões para economizar transporte de matérias-primas ou para aproveitar a proximidade de empregados, por exemplo. Muitas empresas terciárias possuem várias lojas, filiais ou agências bancárias, por exemplo, para maior contato com clientes e usuários. Geralmente, por esses motivos, a GP tem uma estrutura descentralizada, para aproveitar a proximidade de parceiros, do mercado ou para obter vantagens estratégicas.

Componentes internos da gestão de produção

A estrutura organizacional descentralizada é aquela em que os órgãos componentes estão espalhados territorialmente.

Os componentes mais importantes da GP são:

---

15 Bhalla, Vikram et al. High-performance organizations: the secrets of their success. Disponível em: <www.bcg.com>. Acesso em: 1 out. 2013.

1. **Desenvolvimentos do produto:** área da GP que cuida do planejamento e do desenvolvimento do produto, suas especificações, características da embalagem, sua melhor adequação ao uso do consumidor, etc. Pode receber o nome de engenharia do produto, quando ele for tecnicamente complexo. Nas empresas do ramo terciário, o desenvolvimento do produto fica subordinado à área de marketing, como ocorre em bancos, lojas de departamentos e na grande maioria de empresas de serviços.
2. **Engenharia industrial:** área da GP que cuida das seguintes atividades: arranjo físico e *layout*, processo produtivo, tempos e movimentos (estudos de eficiência do trabalho), etc. Nas empresas do ramo terciário, essas atividades são fornecidas pelo órgão de organização e métodos (O&M).
3. **Planejamento e controle da produção:** área da GP que cuida de planejar e controlar a produção de acordo com a demanda e levando em conta a capacidade produtiva da empresa.
4. **Produção propriamente dita:** também denominada manufatura, é a área da GP que cuida das operações de produção e, portanto, da transformação de matérias-primas em produtos acabados. Quando se trata de empresas do ramo primário, é a área que cuida da extração ou prospecção da matéria-prima. Quando se trata de empresas do ramo terciário, é a área que cuida da produção dos serviços e operações que a empresa presta ao mercado.
5. **Administração de materiais:** área da GP que cuida da busca, aprovisionamento e abastecimento dos materiais e matérias-primas necessários à produção dos bens ou serviços da empresa. Nesta área, estão incluídos compras, suprimentos e logística.
6. **Controle de qualidade:** área da GP que cuida da inspeção dos produtos e serviços executados, bem como dos processos produtivos para verificar se estão de acordo com as especificações da engenharia de produto.
7. **Manutenção:** área da GP que cuida da preservação dos recursos físicos e materiais da empresa, isto é, dos prédios, instalações, máquinas, equipamentos. Muitas vezes, cabe à manutenção a ampliação e os estudos de modificações dos recursos físicos e materiais.

A Figura 9 permite uma visualização simplificada dos componentes que formam uma estrutura convencional da GP.

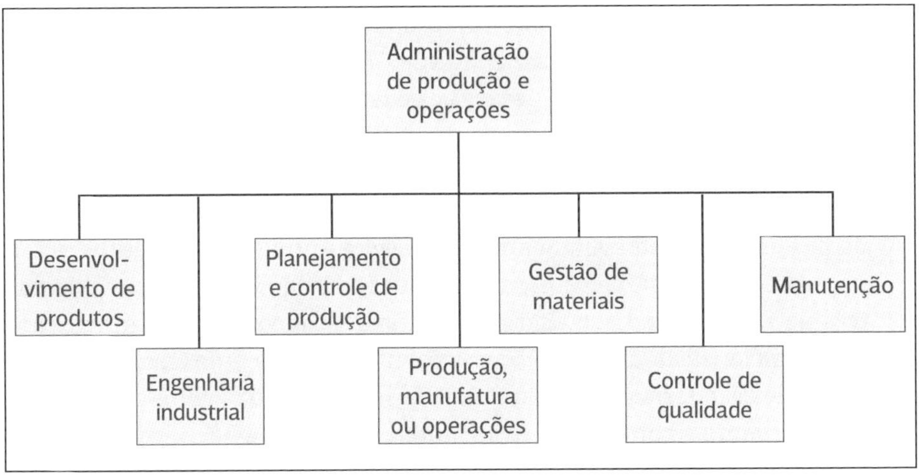

Figura 9 Principais componentes da gestão de produção.

Em muitas empresas do ramo secundário, alguns desses órgãos componentes podem ser ampliados ou reduzidos (ou ainda eliminados), conforme o produto/serviço produzido, o sistema de produção empregado e a tecnologia utilizada. Algumas empresas que utilizam tecnologia de ponta (tecnologia sofisticada e em constante desenvolvimento) têm um órgão de pesquisa e desenvolvimento (P&D) para pesquisar e desenvolver produtos, processos e tecnologias relacionadas à criação e ao aperfeiçoamento de novos e inovadores produtos e serviços, bem como ferramentas tecnológicas relacionadas com o processo produtivo.

Relacionamentos internos da gestão de produção

Para funcionar da melhor maneira possível e alcançar seus objetivos de eficiência e eficácia, a GP mantém um dinâmico inter-relacionamento com os demais órgãos da empresa:

1. **Pesquisa e desenvolvimento:** a GP recebe da área de P&D o projeto do produto com suas especificações, componentes e materiais, bem como proporciona retroação quanto ao projeto no sentido de melhorá-lo cada vez mais.
2. **Marketing:** a GP se relaciona com a área mercadológica da empresa de diversas maneiras. Em primeiro lugar, a produção geralmente é realizada para atender à previsão de vendas que a área mercadológica esta-

belece. Assim, o maior cliente interno da GP é a área mercadológica da empresa. Em segundo lugar, enquanto a GP produz, a área mercadológica comercializa. Ambas as áreas devem trabalhar em íntimo inter-relacionamento. Contudo, na maior parte das empresas, existe um profundo conflito entre a GP e a área de marketing quando ambas não estão bem inter-relacionadas: em geral, a área mercadológica culpa a área de produção quando vende e não consegue entregar os produtos ainda não acabados, e a área de produção acusa a área mercadológica quando produz e a produção fica armazenada no depósito de produtos acabados.

3. **Finanças:** a GP se relaciona com a área financeira da empresa para estabelecer os critérios de compras (financiamento das compras) e do suprimento de matérias-primas (financiamento da estocagem dos materiais), bem como valores, custos e investimentos.
4. **Recursos humanos:** a GP se relaciona com a área de recursos humanos da empresa para obter recrutamento e seleção de pessoas, treinamento de pessoal, condições de higiene e segurança do trabalho, pagamento de salários e concessões de benefícios, bem como todo o apoio e suporte na gestão das pessoas.

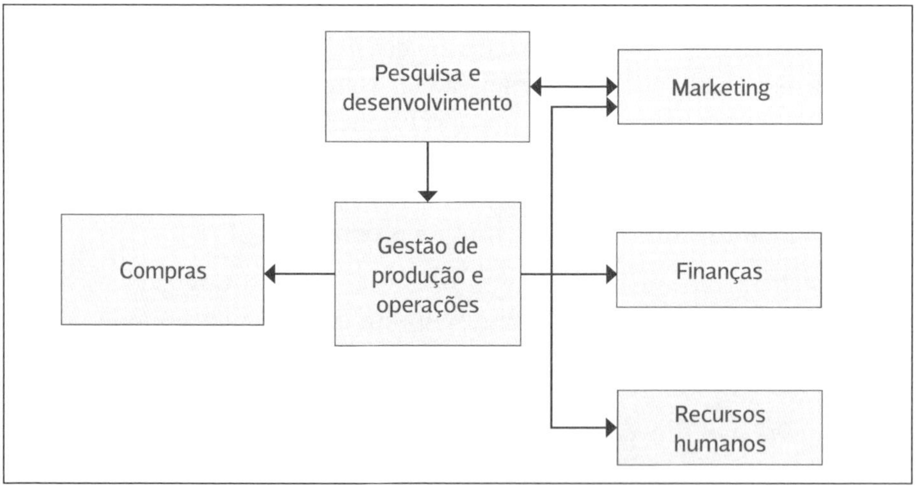

Figura 10 Inter-relacionamentos da gestão de produção.

Esses inter-relacionamentos mostram o grau de dependência mútua entre as diversas áreas da empresa para alcançar os objetivos empresariais da melhor maneira possível. Contudo, o papel da área de produção e operações é quase sempre o núcleo de energia da empresa, o coração que pulsa e abastece todo o organismo empresarial. Ele é responsável pelo produto ou serviço que é parte fundamental da missão do negócio. Afinal, a empresa existe para oferecer algo de valor ao mercado, algo que traga a satisfação de necessidades e expectativas. Se isso não ocorrer, todo o trabalho empresarial fica sem sentido. Sem clientes. Sem retorno. Sem futuro algum.

Relacionamentos externos da gestão de produção

Não é surpresa que a GP mantenha íntimos relacionamentos com o exterior da empresa. São contatos vitais para o sucesso em suas operações internas, como:

1. **Fornecedores:** o contato permanente com fornecedores de insumos – matérias-primas, materiais, componentes, tecnologias, máquinas, equipamentos, logística e transporte externos, água e energia elétrica, serviços de manutenção, serviços diversos (como consultoria externa, propaganda, auditoria, etc.) – é fundamental, pois a GP depende muito desses insumos altamente diferenciados e necessários.
2. **Distribuidores:** agilizar as entregas de produtos acabados ou serviços oferecidos ao mercado.
3. **Clientes e consumidores:** ouvir e entender as expectativas e as necessidades da clientela da empresa e tomar as devidas providências de melhorias ou mesmo corretivas, já que o foco básico da GP é o cliente, e não mais o produto, tal como acontecia antigamente.

Compromissos da função de produção

Ao lado da missão organizacional, a GP deve obrigatoriamente atender a vários compromissos e responsabilidades de ordem financeira (sustentabilidade econômica da empresa para assegurar sua viabilidade econômica e financeira), social (sustentabilidade social) e ambiental (sustentabilidade ecológica).

1. **Valores:** a GP deve por em prática valores organizacionais que possam nortear o comportamento das pessoas que dela participam:
   - **Vocação de serviço:** o cliente é a razão de ser da empresa, e a satisfação do cliente é fundamental para o sucesso do negócio.

- **Coerência:** deve fazer exatamente aquilo que diz, nunca menos que isso.
- **Excelência:** fazer as coisas com profissionalismo, agilidade, eficiência e eficácia.
- **Proximidade e abertura:** compartilhar, escutar o cliente, sentir que está fazendo o melhor.
- **Inovação:** mirar um futuro melhor, antecipando-se para ser cada dia melhor e mais bem-sucedida.

2. **Compromissos públicos:** a GP deve ajudar a empresa a cumprir compromissos relacionados a:
   - Cumprir com toda a legislação e obrigações regulatórias nacionais e internacionais.
   - Assegurar que as normas e regulamentos internos se fundamentem em critérios éticos alinhados com os princípios e valores da empresa.
   - Atuar contra qualquer forma de discriminação em razão de gênero, raça, idade, nacionalidade, incapacidade, religião ou ideologia.
   - Incrementar os canais adequados para o tratamento de qualquer queixa, reclamação ou denúncia, garantindo sempre sua confidencialidade.
   - Identificar e avaliar continuamente os riscos que afetem os colaboradores, o negócio ou os *stakeholders*.

3. **Compromissos internos:** a GP também precisa necessariamente atender a certas obrigações relacionadas com seu público interno, ou seja, seus colaboradores:
   - Proteger a saúde de seus colaboradores em seu trabalho.
   - Oferecer formação e desenvolvimento de competências, além de dispor aos colaboradores as oportunidades e ferramentas necessárias.
   - Fomentar a igualdade de oportunidades e não permitir ações que suponham discriminação direta ou indireta.
   - Observar rigorosamente as medidas de segurança e higiene no trabalho, evitando por em risco a saúde e a integridade física dos colaboradores.
   - Proteger a informação pessoal e respeitar sua privacidade.

- Assegurar que os processos de seleção, promoção interna, formação, avaliação do desempenho, retribuição e recompensas estejam baseados em critérios de competência, criação de valor e mérito profissional.

4. **Papel do gestor de produção:** a GP exige que o gestor assuma certas responsabilidades e compromissos pessoais e profissionais:
   - Ser uma referência pessoal e profissional para sua equipe e colaboradores por meio de uma conduta de liderança apoiadora e de total integridade.
   - Ser um constante exemplo dos princípios e valores adotados pela empresa, bem como em todos os compromissos assumidos com os clientes e demais *stakeholders*.
   - Assegurar que todos os colaboradores tenham continuamente oportunidades de aprendizado, conhecimento, habilidades e atitudes que os conduzam ao crescimento individual ao mesmo tempo em que incrementem o capital humano da empresa.

Para que o fenômeno da produção na empresa seja algo bonito de ver, maravilhoso de sentir, agradável de participar e excelente de gerir, é necessário abordá-lo tanto sob o ponto de vista técnico e racional, como do ponto de vista humano e social, sem esquecer de sua finalidade precípua e fundamental: servir, encantar e fidelizar o cliente. E, com isso, proporcionar vantagens competitivas para a organização.

QUESTÕES PARA REVISÃO

1. Defina uma organização.
2. O que se pretende dizer com sociedade de organizações?
3. Defina uma organização social.
4. Qual é o papel das organizações?
5. Defina uma empresa.
6. Classifique as empresas quanto à propriedade.
7. Qual é a diferença entre empresas públicas, privadas e mistas?
8. Classifique as empresas quanto ao seu tamanho.
9. Qual é a diferença entre empresas grandes, médias e pequenas?
10. Defina miniempresa, microempresa e empresa individual.
11. Classifique as empresas quanto ao tipo de produção.
12. O que são empresas primárias?
13. O que são empresas secundárias?
14. O que são empresas terciárias?
15. O que são fatores de produção?
16. O que são recursos?
17. Quais são os principais recursos empresariais?
18. A que áreas correspondem os principais recursos empresariais?
19. Defina recursos materiais ou físicos.
20. Defina recursos financeiros.
21. Defina recursos humanos.
22. Defina recursos mercadológicos.
23. Defina recursos administrativos.
24. Explique a terminologia norte-americana utilizada para os recursos empresariais.
25. Faça a correspondência entre fatores de produção e recursos empresariais.
26. O que é capital financeiro?
27. O que é capital econômico?
28. Conceitue gestão de produção.
29. Defina eficiência.
30. Defina eficácia.
31. Como conciliar eficiência com eficácia?
32. O que é produtividade?
33. O que é racionalização?

34. O que é competitividade?
35. Descreva a estrutura organizacional da gestão de produção.
36. Explique o órgão de desenvolvimento de produto.
37. Explique o órgão de engenharia industrial.
38. Explique o órgão de planejamento e controle da produção.
39. Explique o órgão de produção propriamente dito.
40. Explique o órgão de administração de materiais.
41. Explique o órgão de controle de qualidade.
42. Explique o órgão de manutenção.
43. Quando o órgão de desenvolvimento de produto fica subordinado à área de marketing?
44. Explique o órgão de organização e métodos.
45. Explique o órgão de pesquisa e desenvolvimento.
46. Quais os inter-relacionamentos da gestão de produção com as demais áreas?
47. Por que a gestão de produção se inter-relaciona com a área financeira?
48. Por que a gestão de produção se inter-relaciona com a área de recursos humanos?
49. Por que a gestão de produção se inter-relaciona com a área mercadológica?
50. Explique os conflitos entre as áreas de produção e de marketing.

Exercícios

1. Faça uma relação de empresas classificadas quanto à propriedade em privadas, estatais e mistas.
2. Faça uma relação de empresas classificadas quanto ao tamanho em grandes, médias e pequenas.
3. Faça uma relação de empresas classificadas quanto ao tipo de produção em primárias, secundárias e terciárias.
4. Tome uma empresa como exemplo e identifique seus recursos materiais, financeiros, humanos, mercadológicos e administrativos.
5. Tome sua escola como exemplo e identifique os seus recursos materiais, financeiros, humanos, mercadológicos e administrativos.
6. Tome várias empresas primárias, secundárias e terciárias como exemplo e defina suas respectivas áreas de produção e denominações usuais.
7. Mostre em que aspectos essas empresas alcançam eficiência e eficácia na sua produção.
8. Como se pode elevar a produtividade de uma empresa e melhorar a sua competitividade?

2

PRODUTOS/SERVIÇOS

1. O longo caminho no projeto do produto/serviço
2. Classificação dos produtos/serviços.
3. Componentes dos produtos/serviços.
4. Ciclo de vida dos produtos/serviços.
5. Desenvolvimento de produtos/serviços.
6. Questões para revisão.
7. Exercícios.

Todo dia, milhares e milhares de pessoas utilizam produtos e serviços das mais variadas características para atender às suas mais diferentes necessidades e desejos. Todo esse enorme volume de produtos e serviços é oferecido nos mercados por uma infinidade de organizações que os criam, projetam, produzem ou operam de maneira incessante e continuada. Cada empresa concentra todo seu *know-how* e suas competências para produzir melhor e mais barato do que as outras. Isso é competição. A competição significa utilizar vantagens competitivas – como qualidade, preço, características, facilidade de manuseio, embalagem adequada, custos baixos – para conquistar a clientela. Uma verdadeira maratona para derrubar o concorrente e ficar em primeiro lugar na preferência do cliente. O produto ou serviço oferecido é a principal arma dessa feroz e renhida luta que ocupa todos os espaços da empresa.

A empresa – como um todo – trabalha para produzir um determinado produto ou prestar um determinado serviço ao mercado. É um esforço contínuo e conjugado. O produto produzido ou o serviço prestado é o resultado final de todas as operações da empresa. É a consequência final de um conjunto integrado e sistêmico de atividades recorrentes e cotidianas. Se apreciarmos a empresa como um sistema aberto, o produto ou serviço representa a principal saída ou resultado (*output*) do sistema, conforme representado na Figura 1.

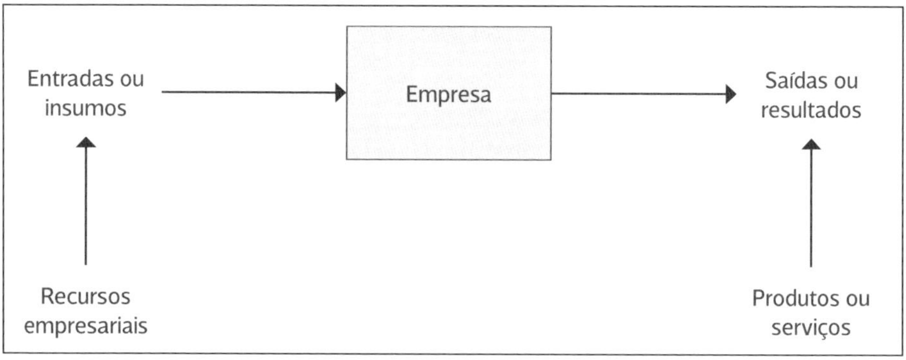

Figura 1 A empresa como um sistema aberto.[1]

O produto ou o serviço representa aquilo que a empresa sabe fazer e produzir, se possível, melhor do que nenhuma outra empresa. É a própria vocação da empresa e parte de sua missão de servir à sociedade. O produto ou serviço representa todo o arsenal de conhecimentos e competências que a empresa consegue criar, reunir, integrar, desenvolver e transformar em resultado de suas operações. Contudo, raramente a empresa produz um único produto ou um único serviço. O que ocorre frequentemente é a produção de uma extensa linha de produtos ou de serviços para atender a uma gama enorme e diferenciada de necessidades do mercado e aproveitar totalmente as vantagens do esquema de produção e comercialização. Em função disso, a empresa pode criar, desenvolver e produzir uma ampla matriz de produtos

1 Chiavenato, Idalberto. Introdução à teoria geral da administração. 9. ed. Barueri: Manole, 2014.

e serviços. Essa é a sua finalidade: criar, produzir e oferecer algo de valor para o mercado, mas não qualquer coisa, o melhor possível. Qualidade hoje é uma obrigação, e não mais apenas uma vantagem competitiva.

Na realidade, cada produto ou cada serviço apresenta características próprias, como marca, embalagem, tamanho, custo, qualidade, preço, funcionalidade, etc. Como veremos adiante, a Gestão da Produção (GP) deve, ao mesmo tempo, adequar-se inteiramente às características do produto/serviço produzido e proporcionar condições para seu contínuo desenvolvimento rumo à inovação. Deveria ser sempre assim.

O LONGO CAMINHO NO PROJETO DO PRODUTO/SERVIÇO

Ao longo dos tempos, as empresas cuidaram de projetar e desenvolver seus produtos/serviços de maneiras diferentes:[2]

1. Na Idade Média, os artesãos – nossos ancestrais como criadores de produtos – atendiam às necessidades específicas de seus clientes, que determinavam exatamente o que queriam quanto a características, formas e conteúdos do produto que encomendavam. Até certo ponto, era o consumidor que definia as características do produto que o artesão deveria produzir em sua oficina.
2. Com o surgimento da Era Industrial, a produção em escala maior gerou a necessidade de padronização dos produtos e, posteriormente, dos processos de produção. A fábrica passou a requerer condições de reduzir custos, melhorar qualidade e produzir com maior rapidez. Com isso, o consumidor perdeu o comando sobre as características do produto que passou para o projetista, que nem sempre consultava o mercado para definir as especificações do produto.
3. No início do século XX, surgiu a produção em massa – produção em linha de montagem de grandes volumes de produtos padronizados – com a preocupação de aumentar a produtividade e reduzir custos de produção. Henry Ford justificava essa preocupação dizendo que todo cliente pode ter um automóvel de qualquer cor, desde que seja preta. Os engenheiros projetavam o produto segundo seus padrões internos de custos, produtividade e qualidade (aqui entendida como a adesão às especificações do pro-

2 Chiavenato, Idalberto. História da administração. São Paulo: Saraiva, 2003.

duto), transferindo ao órgão de vendas o desafio de colocar o produto no mercado. Nessa época, surgiu a engenharia industrial como instrumento de racionalização do trabalho, medição de tempos, estabelecimento de padrões e projeto do produto e de sua produção. A base do sistema era produzir em larga escala para proporcionar lucros e retornos imediatos.

4. Logo após a Segunda Guerra Mundial, as empresas japonesas criaram estratégias para a exportação de seus produtos tendo por base o conceito de qualidade como o atendimento às necessidades do cliente. A qualidade deixou de ser um atributo internamente definido para se tornar um atributo preferido pelos consumidores. É o cliente que define a qualidade de um produto por meio da sua preferência e satisfação pelo seu uso. Aos poucos, as empresas passaram a antes pesquisar o mercado para depois definir as características de seus produtos e adequá-los às expectativas e às necessidades do consumidor. A base do sistema passou a ser ouvir a voz do mercado e conhecer o que o cliente quer, prefere e deseja. O cliente passou a ser tratado como um rei que decide aquilo que quer comprar e define o sucesso do produto e da empresa que o produz. Então, para ser competitiva, a empresa precisa antes conhecer o cliente e quais suas características e necessidades específicas, para então projetar o produto que ele desejaria comprar. Identificar as necessidades do cliente para então satisfazê-las e ultrapassá-las passaram a ser os dois critérios fundamentais da competitividade. Disputar com sucesso diante dos concorrentes depende de focar inteligentemente o cliente e suas aspirações. Até certo ponto, voltamos à Era dos antigos artesãos que produziam para atender especificamente ao pedido de seus clientes.

CLASSIFICAÇÃO DOS PRODUTOS/SERVIÇOS

Existe uma infinidade de tipos de produtos e serviços. Por essa razão, existem algumas classificações que facilitam sua compreensão e comparação. Usaremos dois tipos de classificação: bens (produtos) ou serviços e produtos/serviços concretos ou abstratos.

Classificação em bens ou serviços

A classificação mais simples e mais conhecida distingue os produtos como bens (ou mercadorias) e serviços.

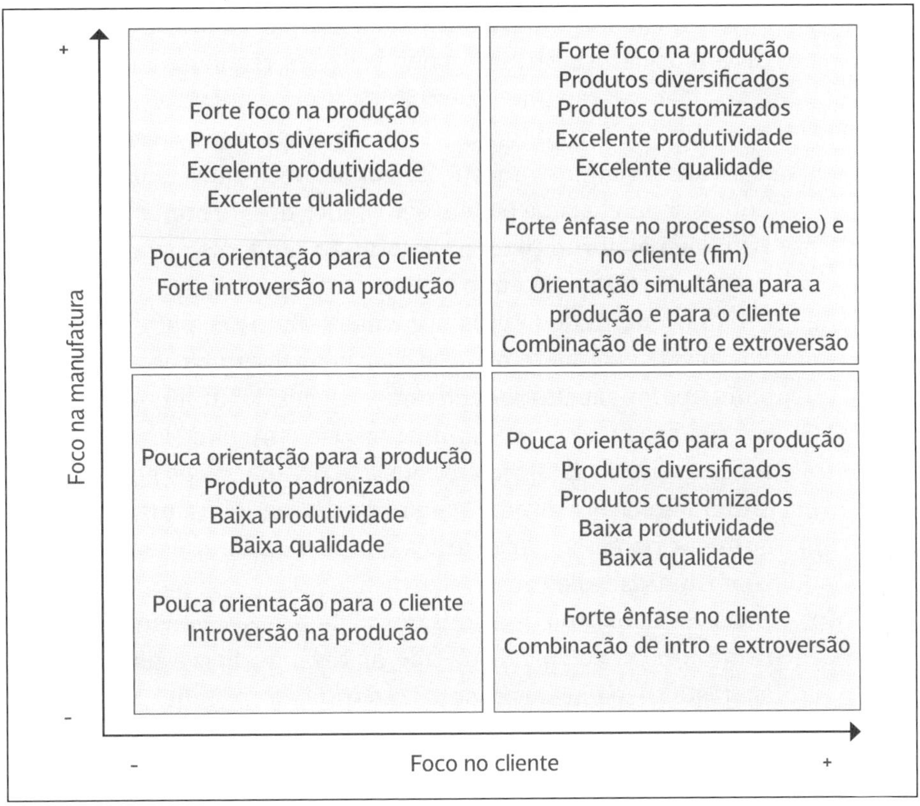

Figura 2 Da introversão na manufatura para a extroversão no cliente.

1. **Bens ou mercadorias:** produtos físicos tangíveis e visíveis, como um pão, uma lâmpada, um eletrodoméstico, uma mesa, um automóvel, uma máquina, um cigarro, etc. Os bens podem ser tocados, vistos, ouvidos ou degustados, por serem compostos de materiais físicos e visíveis. Têm cores, tamanhos e ocupam espaço. Os bens podem ser destinados ao consumo ou à produção de outros bens ou serviços.
   a. **Bens de consumo:** bens destinados direta ou indiretamente ao consumidor ou usuário final. São as roupas, os produtos de higiene, os eletrodomésticos, os alimentos, etc. Os bens de consumo podem ser desdobrados em duráveis, perecíveis (ou não duráveis) e semiduráveis:

- **Bens de consumo duráveis:** o consumo pode ser feito ao longo do tempo ou a utilização pode ser feita regularmente durante um prazo relativamente longo. Sua permanência em estoque pode ser prolongada, pois em nada altera suas características. É o caso de eletrodomésticos, automóveis, móveis e utensílios domésticos, etc., que podem ser usados durante anos a fio.
- **Bens de consumo perecíveis (ou não duráveis):** sua duração é restrita no tempo, porque podem deteriorar-se. Geralmente têm um prazo definido de vida útil e não podem permanecer estocados durante muito tempo. É o caso dos alimentos que devem ser consumidos rapidamente (frutas, carnes, legumes, peixes, etc.) ou dos produtos com vida útil predeterminada (laticínios, remédios, filmes fotográficos, etc.). Logicamente, os bens de consumo perecíveis devem chegar rapidamente às mãos do consumidor para o seu uso, antes que se deteriorem ou percam as suas qualidades básicas.
- **Bens de consumo semiduráveis:** devem ser consumidos durante um prazo menor do que os bens duráveis, pois seu uso acarreta desgaste do produto. Sua estocagem, contudo, pode ser prolongada no tempo. É o caso do vestuário e dos calçados.

b. **Bens de produção ou bens de capital:** bens destinados à produção de outros bens ou serviços. Recebem também o nome de bens industriais. É o caso de máquinas operatrizes, prensas, teares, transportadores, tratores, computadores, empilhadeiras, etc. Ninguém leva para casa uma prensa hidráulica para consumir. Quem deve comprá-la é uma empresa industrial para, com ela, produzir outros bens ou mercadorias. Exemplos: caminhões, linhas de montagem, máquinas e equipamentos industriais, etc.

Muitas vezes, um mesmo bem pode ser orientado para o consumo ou para a produção. Se uma pessoa compra um automóvel para o seu próprio uso, temos um bem de consumo; mas, se o automóvel é utilizado como táxi, então é um bem de produção de serviços. Se ela compra um computador para a correspondência com terceiros, temos um bem de consumo; mas, se o computador é utilizado em um escritório de empresa, temos um bem de produção; e assim por diante.

Quando um bem de produção integra o patrimônio da empresa e faz parte do seu ativo fixo, ele passa a ser chamado de bem de capital. Todavia, nem sempre os bens de produção pertencem efetivamente à empresa. Eles podem ser alugados ou arrendados (*leasing*), como é o caso de prédios ou edifícios, computadores, frotas de caminhões ou ônibus, determinadas máquinas e equipamentos industriais, etc., e que, embora trabalhem no interior da empresa, não fazem parte do seu patrimônio ou do seu capital.

As empresas que produzem bens ou mercadorias são geralmente denominadas indústrias ou empresas industriais. Elas estão voltadas para o mercado de consumo (quando produzem bens de consumo) ou para o mercado industrial (quando produzem bens de produção). As empresas industriais podem ser primárias ou secundárias conforme vimos no capítulo anterior.

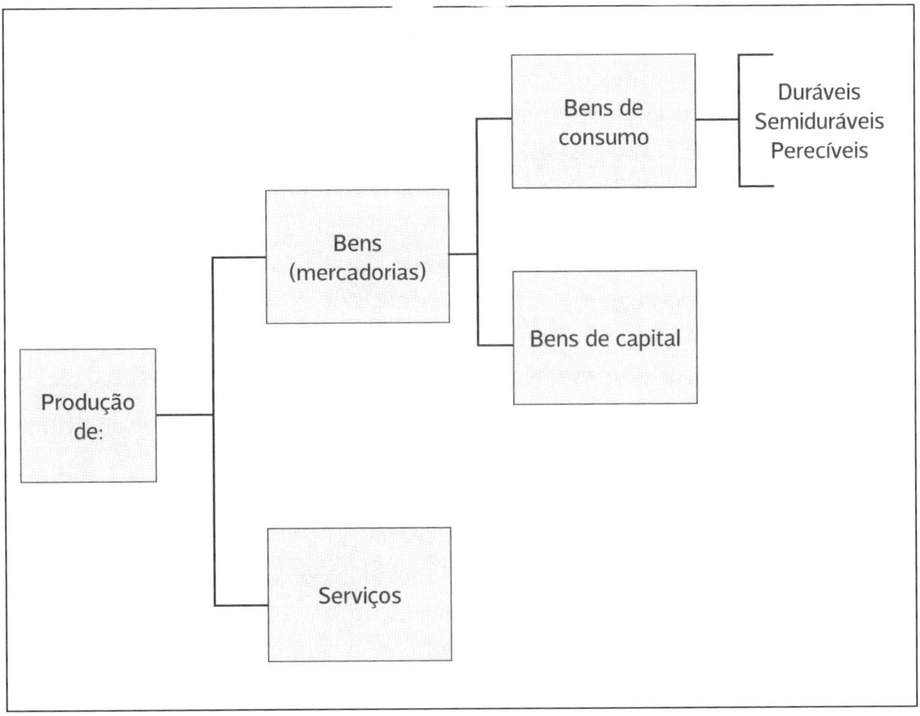

Figura 3 Classificação de bens e serviços quanto a sua destinação.

2. **Serviços:** além dos bens ou mercadorias, existem os serviços. Os serviços são atividades especializadas que as empresas oferecem ao mercado. São produtos que nem sempre se pode manipular com as mãos. Podem assumir uma enorme variedade de características e de especializações. É o caso de propaganda, advocacia, consultorias, hospitais, bancos, financeiras, escolas, universidades, clubes, transportes, segurança, logística, energia elétrica, comunicações, rádio, televisão, jornais, revistas, etc. Há uma variedade considerável de empresas prestadoras de serviços, cuja missão é oferecer atividades especializadas ao mercado.

As empresas que produzem serviços são geralmente denominadas empresas não industriais ou empresas de serviços. Recebem ainda o nome de empresas terciárias, conforme vimos no capítulo anterior.

Para abranger a totalidade das empresas – sejam elas produtoras de produtos ou prestadoras de serviços – muitas vezes nos referimos a produtos/serviços como resultantes das operações das empresas. Bens (ou mercadorias) ou serviços (atividades especializadas) são os produtos/serviços (resultado) das empresas. Constituem a consequência de suas atividades e operações de produção. Assim, produção é a atividade de produzir, enquanto o produto/serviço é o resultado dessa atividade produtiva. Não devemos omitir que as empresas – como todos os demais tipos de organizações – existem para produzir alguma coisa.

Classificação de produtos/serviços em concretos ou abstratos

Outra classificação procura separar os produtos concretos dos produtos abstratos:[3]

1. **Produto concreto:** é o produto/serviço que pode ser descrito com grande precisão, identificando com grande especificidade, medido e avaliado. É o produto fisicamente palpável e tangível, como o automóvel, as utilidades domésticas e a grande massa de produtos ou serviços fisicamente visíveis e identificáveis. É relativamente fácil mostrar e demonstrar um produto/serviço concreto por meio da imagem e do som, pois suas características físicas são aparentes. O produto/serviço concreto pode ser comparado quan-

3 Chiavenato, Idalberto. Introdução à teoria geral da administração, op. cit.

to a qualidade, acabamento, cor ou textura, tamanho, embalagem, etc. Os produtos concretos também são denominados artigos ou mercadorias.

2. **Produto abstrato:** é o produto/serviço que não permite descrição precisa, nem identificação e especificação adequada. É o produto/serviço que não tem correspondente físico, como o ensino ou a educação, os serviços de rádio, informação e propaganda falada, boa parte da atividade política e a grande massa de serviços oferecidos de forma conceitual ou simbólica. É relativamente difícil mostrar ou demonstrar um produto/serviço abstrato, pois suas características nem sempre podem ser visualizadas ou percebidas com facilidade. O produto/serviço abstrato não pode ser comparado ou apreciado quanto a forma, cor, tamanho, características físicas, acabamento, etc.

As empresas que produzem produtos ou serviços concretos têm mais facilidade em avaliar as características e a qualidade de seus produtos. Por outro lado, as empresas que produzem produtos/serviços abstratos têm enorme dificuldade em avaliar as características e a qualidade, porque estas não se apresentam facilmente nos seus produtos. É o caso das agências de propa-

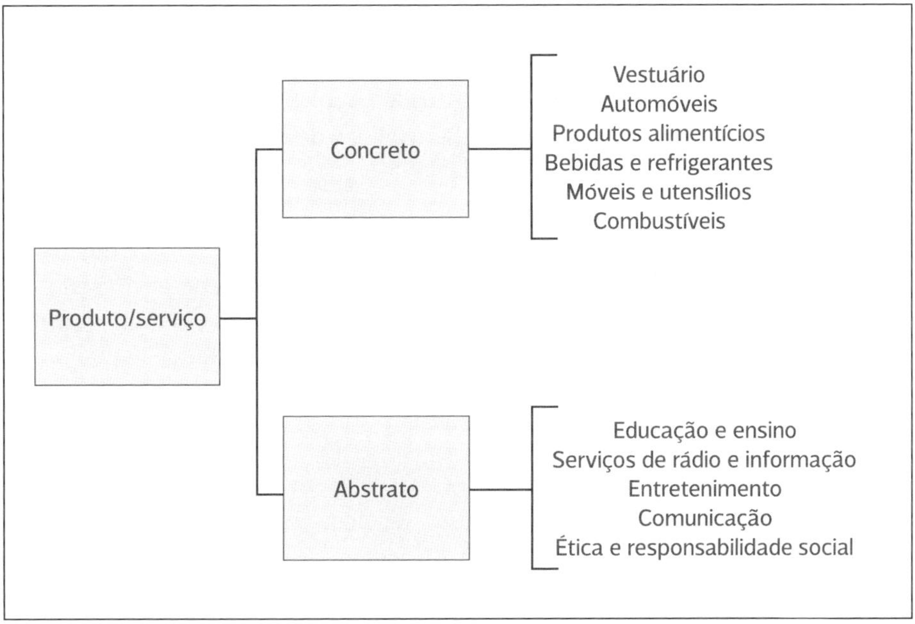

Figura 4 Classificação do produto/serviço quanto a sua configuração.

ganda, hospitais, bancos, financeiras, escolas e universidades e da grande maioria das empresas do ramo terciário.

COMPONENTES DOS PRODUTOS/SERVIÇOS

Dá-se o nome de componentes aos diversos aspectos que proporcionam as características físicas dos produtos/serviços, da mesma maneira que o conjunto das partes constitui o sistema. Assim, o produto/serviço é mais do que a soma dos componentes, pois a reunião destes deve produzir o efeito de sinergia.

Todo produto/serviço – com exceção dos abstratos – apresenta dois tipos de dimensões: tangíveis e intangíveis.

1. **Dimensões tangíveis:** proporcionadas pelas características físicas do produto/serviço, como tamanho, cor, textura, resistência, volume, qualidade, etc. As dimensões tangíveis podem ser vistas e comprovadas fisicamente. A máquina fotográfica pode ser apresentada como um corpo e os acessórios com características mensuráveis e definidas.
2. **Dimensões intangíveis:** características do produto/serviço que não podem ser comprovadas e que variam para cada pessoa em função da utilidade que o produto/serviço representa e dos benefícios que traz a cada pessoa. A máquina fotográfica pode ser um objeto de estimação e de boas lembranças ao registrar a família, ou um meio de autoexpressão e de criatividade artística, ou ainda um bem de produção para determinado profissional.

Para a GP, os componentes representam apenas as dimensões tangíveis do produto/serviço e que devem ser a ele incorporadas no decorrer do seu processo produtivo. Assim, os componentes do produto/serviço são descritos a seguir.

Composição do produto/serviço

Todo produto/serviço é constituído de matérias-primas. Matéria-prima é todo o material que é parte do produto/serviço, seja no aspecto físico ou químico. Para ser integrada ao produto/serviço, a matéria-prima pode ser transformada ou alterada. É o caso do trigo em relação à farinha, do fio em relação ao tecido, da chapa de aço em relação ao automóvel, etc.

Quase sempre, o produto/serviço é constituído de partes e subpartes. Uma geladeira, por exemplo, é constituída de muitos componentes (partes ou subpartes), como: motor e compressor, corpo principal, encaixe do *freezer*, porta, rede de tubulações, circuito elétrico, termostato, peças plásticas de forração, parafusos, etc. O processo produtivo é, em essência, o trabalho de reunir e juntar todos esses componentes em um produto acabado.

Embalagem

A embalagem é o componente que envolve o produto para guardá-lo ou protegê-lo da melhor maneira possível, de acordo com suas características.

A embalagem apresenta três funções importantes: técnicas, logísticas e de comunicação.

1. **Funções técnicas:** é projetada para guardar o produto e protegê-lo para resistir a quedas ou choques e preservá-lo contra a umidade ou intempéries, principalmente quando o produto é frágil ou sujeito a deterioração quando exposto a ambientes diferentes.
2. **Funções logísticas:** é projetada para facilitar o manuseio, transporte, empilhamento ou estocagem do produto. A preocupação aqui está voltada para a movimentação do produto, principalmente quando é de grande tamanho e peso.
3. **Funções de comunicação:** procura melhorar o visual e a apresentação externa do produto, para dar melhor impressão e diferenciá-lo dos demais produtos concorrentes quando exposto em prateleiras ou em vitrines. A preocupação aqui está voltada para o *merchandising* (apresentação visual do produto ao consumidor). O desenho atraente e prático da embalagem passou a ser importante elemento de comunicação e de diferenciação do produto para ressaltá-lo em relação aos produtos concorrentes.

As funções técnicas e logísticas são basicamente problemas de engenharia, enquanto as funções de comunicação são problemas de marketing.

Existem vários tipos de embalagens que dependem das características do produto:

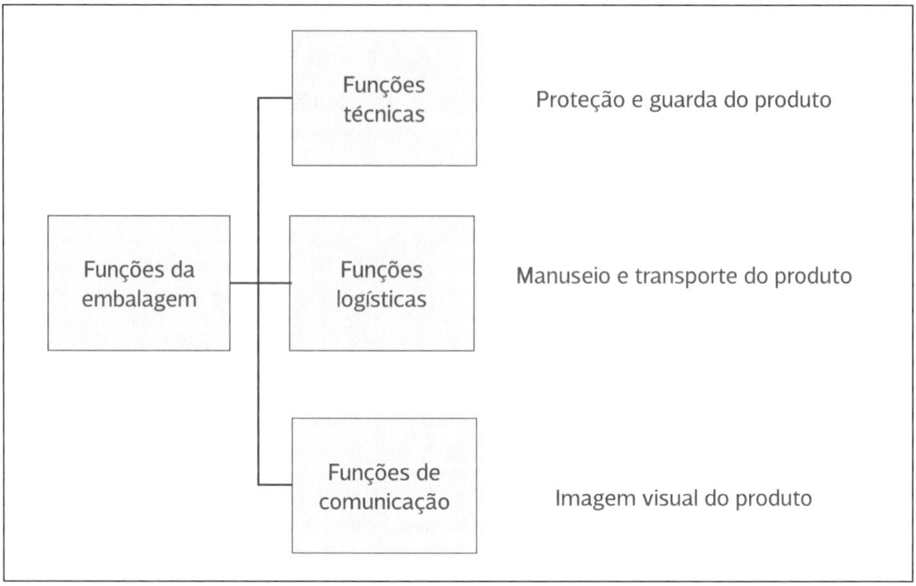

Figura 5 As três funções básicas da embalagem.

1. **Embalagem de madeira ou de papelão:** é feita de caixas, caixotes de madeira ou papelão duro ou ondulado. Exemplos: embalagens de geladeiras e fogões, aparelhos de som e TV, bonecas e brinquedos, sapatos, etc.
2. **Tambores metálicos:** servem para produtos líquidos de todo o tipo, produtos sólidos, pastosos, fluidos, semifluidos, em pó, granulados, etc. Apresentam grande resistência e durabilidade, podendo ser reutilizados indefinidamente em alguns casos. A sua desvantagem está no custo mais elevado. Exemplos: tambores de gasolina ou de produtos petroquímicos, latas de óleo, de tinta, de lubrificantes, de graxa ou de produtos limpeza, de leite em pó, de aveia, etc.
3. **Recipientes plásticos:** tipo de embalagem mais diversificado e com enormes variações. Quando fechados, podem destinar-se ao transporte e armazenamento de líquidos ou pós. Quando abertos, podem servir a produtos em estado sólido. Tem a vantagem do custo mais baixo, do menor peso e de grande versatilidade quanto a formatos, desenhos e tamanhos. Exemplos: recipientes de produtos químicos líquidos ou em pó, embalagens de cola para papel, madeira ou plásticos, pasta dental, creme para barbear, embalagens de produtos de

beleza, de produtos alimentícios, garrafas plásticas de refrigerante, etc.

4. **Embalagens convencionais de vidro:** garrafas para cerveja ou refrigerantes, garrafas de água mineral, de produtos de limpeza, etc.

Qualidade

A qualidade do produto/serviço é o componente mais difícil de se definir ou comprovar, principalmente quando o produto/serviço é abstrato e de difícil definição. Quando o produto/serviço é concreto e físico, então a qualidade pode ser medida e avaliada com mais facilidade. Assim, é importante distinguir entre qualidade intrínseca e qualidade extrínseca.

1. **Qualidade intrínseca:** qualidade inerente ao produto/serviço, isto é, aquela que existe objetiva e concretamente e que pode ser avaliada e mensurada por meio de padrões e especificações. A qualidade intrínseca é determinada pelo produtor do produto/serviço e depende da adequação e conformidade com medidas e especificações previamente definidas.
2. **Qualidade extrínseca:** qualidade que a pessoa subjetivamente percebe ou imagina. É constituída pelos aspectos extrínsecos que o consumidor ou usuário acha que o produto/serviço tem. Significa a aceitabilidade de um produto/serviço pelo mercado.

Um elevado nível de qualidade intrínseca tem pouco valor se não for acompanhado de uma percepção subjetiva por parte do consumidor ou usuário.

O que significa qualidade?

A palavra qualidade pode ter significados diferentes.

1. Para um engenheiro, significa adequação a determinadas especificações do projeto ou padrões tomados como referência. Quanto maior a qualidade de um produto, maior sua aproximação dos padrões e especificações adotados.
2. Para um estatístico, significa o menor desvio-padrão em relação a uma determinada medida de referência, como a média ou mediana, ou seja, adequação ou conformidade. A qualidade, então, é uma medida objetiva.

---

3. Para uma dona de casa, qualidade significa atendimento às suas necessidades e solução de seus problemas.
4. Para um leigo, significa a inexistência de qualquer problema no funcionamento do produto.
5. Para um consumidor mais atento, significa algo que proporciona um retorno significativo do investimento feito na compra.
6. Para algumas pessoas, qualidade significa estilo, sofisticação e excelência no produto ou serviço.

O desafio está em atender a todos esses diferentes significados - objetivos e subjetivos - da melhor maneira possível. No fundo, qualidade está relacionada com a satisfação das necessidades proporcionada pelo produto ou serviço. O produto funcionou a contento? O serviço de apoio resolveu os problemas? Se tudo for positivo, a qualidade foi alcançada. Nesse sentido, a qualidade é uma percepção subjetiva do cliente em função de sua experiência real com ele. A qualidade será discutida mais adiante.

Custo

Custo é a soma dos encargos assumidos pela empresa para obter recursos (ou fatores de produção) utilizados na produção e na distribuição do produto/serviço. É o volume de despesas decorrentes da produção de um produto. Esses encargos vão desde a aquisição dos recursos físicos (máquinas, equipamentos, materiais, matérias-primas, tecnologia, etc.) até a sua conversão em produto/serviço acabado e sua posterior colocação no mercado.

Assim, o custo de um produto/serviço pode ser desdobrado em custo de produção e custo de distribuição (ou custo de comercialização). O custo de produção envolve custos diretos e indiretos.

1. **Custos diretos de produção:** diretamente vinculados ao processo produtivo: matéria-prima e mão de obra direta.
2. **Custos indiretos de produção:** indiretamente vinculados ao processo produtivo: salários dos supervisores (pessoal indireto), energia elétrica, aluguel, etc.

Os custos de distribuição referem-se às despesas da administração de vendas, despesas financeiras e despesas da administração geral.

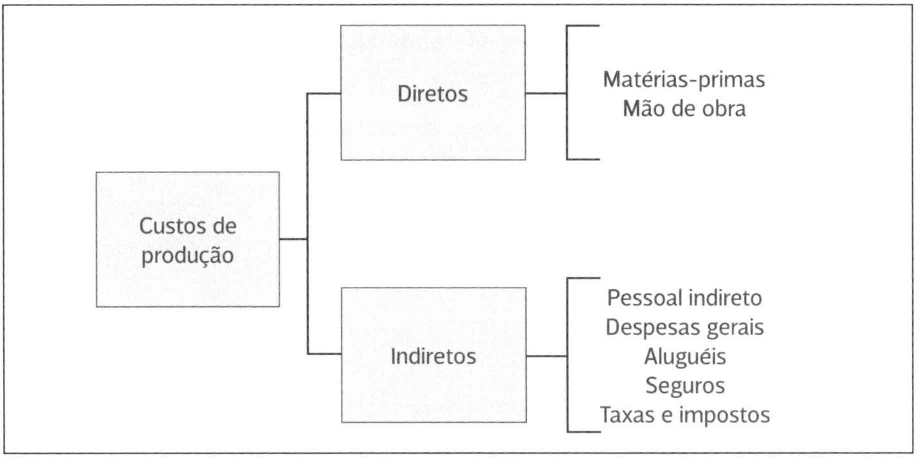

Figura 6 Custos de produção de um produto/serviço.

Tempo

As empresas que atendem às necessidades de seus consumidores antes que seus concorrentes tendem a crescer mais rapidamente e de maneira lucrativa. Esse é o princípio básico da competição baseado no tempo e na rapidez de resposta de uma empresa ao oferecer mais rapidamente ao mercado produtos ou serviços inovadores e que fazem a diferença. A competição baseada no tempo requer organização e processos de produção mais flexíveis, adaptáveis, ágeis e rápidos, no sentido de mudar produtos e serviços para satisfazer prontamente o cliente, concorrer, crescer e revigorar sempre.

A competição baseada no tempo, na agilidade e na rapidez de mudança se baseia nos seguintes aspectos:

1. Ela começa com empresas industriais, mas seus princípios também se aplicam a qualquer tipo de organização.
2. A competição baseada no tempo é mais poderosa quando fornecedores e clientes a utilizam para redefinir como farão negócios.
3. Redução de custos pode ser alcançada ao se repensar sobre como utilizar a rapidez para melhor servir clientes e conseguir sua fidelização.

Assim, a composição do produto/serviço envolve os principais aspectos que formam o composto a ser considerado pela GP.

Como produzir um produto único e diferenciado

A permanência de um produto duradouro e sustentável no mercado e que vença a competição depende basicamente de dois fatores:

1. Características e atributos únicos que dificultem a cópia e a imitação pelas empresas rivais, seja em tecnologia, embalagem, *design* ou experiência para o consumidor.
2. Capacidade diferenciada de criar coerência e sinergia dentro da empresa com um ótimo alinhamento entre a estratégia de negócios e o portfólio de produtos.

Muitas vezes, a inovação transforma as maiores fraquezas de uma empresa nas suas maiores forças. O primeiro passo é rever as ideias da gestão de topo da empresa. Toda companhia deve possuir um líder que seja inovador e tenha verdadeira paixão pelo seu trabalho. Que participe de decisões sobre novos produtos e que estes sejam difíceis de copiar.

CICLO DE VIDA DOS PRODUTOS/SERVIÇOS

Todo produto/serviço tem um tempo estimado de vida no mercado: nasce, cresce, amadurece, envelhece e morre. Alguns produtos/serviços têm uma existência mais longa, enquanto outros permanecem durante pouco tempo no mercado. É o que chamamos de ciclo de vida de um produto/serviço. O ciclo de vida está relacionado ao tempo em que um produto/serviço consegue permanecer ativo no mercado. A vida de um produto/serviço pode ser definida em um ciclo composto de quatro fases: introdução, crescimento, maturidade e declínio:

1. **Introdução:** corresponde ao nascimento do produto/serviço, isto é, quando ele é criado, desenvolvido e lançado no mercado. É a fase inicial de introdução. Nesta fase, a produção e as vendas são pequenas e crescem lentamente, pois o produto/serviço ainda é desconhecido. Os investimentos em propaganda e promoção são intensos. É a fase do pioneirismo, em que a GP verifica as falhas de projeto e de processo, acerta os problemas de qualidade e elimina os problemas de matéria-prima, etc. Quase sempre é uma fase que traz despesas para a empresa, as quais são assumidas como um investimento inicial para impulsionar o produto no mercado.

2. **Crescimento:** é a segunda fase do ciclo, na qual o mercado se familiariza com o produto/serviço e a GP aprende gradativamente como melhor produzi-lo. Ocorre uma aceleração positiva nas vendas e, consequentemente, na produção. O investimento efetuado na criação e no desenvolvimento do produto/serviço e na sua fase de introdução e lançamento começa a ser paulatinamente recuperado. Essa fase também é denominada fase de aceitação do produto/serviço pelo mercado.
3. **Maturidade:** ocorre quando o produto/serviço já penetrou suficientemente no mercado e atinge um patamar elevado de vendas e de produção que se mantém inalterado. Quando o produto/serviço atinge sua fase de maturidade, o mercado começa a ficar saturado e os concorrentes já vão lançando outras opções similares. Cada empresa concorrente procura aumentar a sua participação no mercado reinvestindo parte de seu lucro. É chamada de fase de saturação do produto/serviço.
4. **Declínio:** é a fase em que as vendas e a produção começam a decair progressivamente. Na medida em que são lançados novos produtos e inovações e o consumidor começa a mudar, tende a ocorrer um declínio nas vendas do produto de todos os concorrentes. As vendas e a produção caem, os lucros diminuem e as empresas deixam de produzir o produto/serviço, partindo para outras criações e desenvolvimentos. É também chamada de fase da obsolescência.

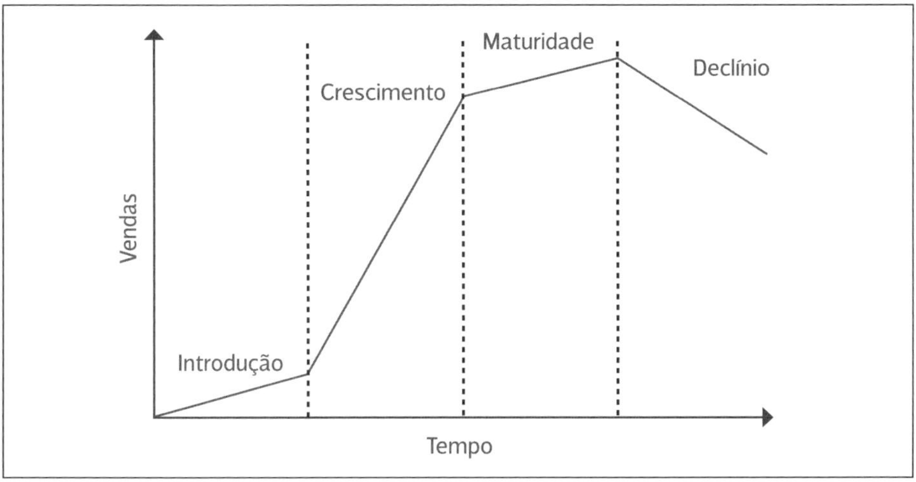

Figura 7 Curva do ciclo de vida de um produto.

O ciclo de vida do produto/serviço costuma ser representado por uma curva em forma de S, denominada curva do ciclo de vida, conforme a figura anterior. A curva do ciclo de vida de um produto/serviço tem enorme aplicação prática pelas seguintes razões:

1. A GP é geralmente hesitante na fase de introdução, quando o produto/serviço ainda não é bem conhecido e seu processo produtivo ainda provoca muitas surpresas. Na fase de crescimento, reduz-se a incerteza sobre sua produção e ainda se procura aumentar a eficiência. É na fase de maturidade que a GP alcança seu melhor período, quando a produção do produto/serviço já é bem conhecida e explorada e a eficiência atinge a sua melhor marca. Na fase de declínio, já não vale mais a pena investir em eficiência. Há que se pensar em melhoria, desenvolvimento ou inovação para buscar outros produtos que ocupem o lugar do velho.
2. Pelas razões anteriores, o custo do produto/serviço é geralmente mais elevado na sua fase de introdução. Na fase de crescimento, esse custo começa a baixar gradativamente até alcançar seu nível mais baixo na fase de maturidade. A fase de declínio – pelo seu menor volume de produção – pode elevar sensivelmente o custo unitário do produto/serviço.
3. Alguns produtos/serviços apresentam um ciclo de vida extremamente longo no tempo, como no caso dos automóveis, eletrodomésticos, serviços bancários, serviços hospitalares. Outros produtos/serviços apresentam um ciclo de vida extremamente rápido, como no caso da moda feminina, que sofre grandes mudanças a cada estação do ano. O telefone celular mostra como surgem inovações capazes de rapidamente tornar obsoletos certos modelos ou produtos do mercado.
4. O ciclo de vida de alguns produtos/serviços pode ser estendido no tempo por meio de algumas providências ou modificações. É para isso que existe o desenvolvimento de produtos/serviços. Pesquisa e desenvolvimento (P&D) é uma atividade utilizada pelas empresas exatamente para ampliar o ciclo de vida dos produtos em longo prazo. Há uma série de técnicas para influenciar o ciclo de vida a fim de retardar a fase de declínio.

Ciclo de vida da empresa

O conceito de ciclo de vida do produto pode ser translatado para a vida da empresa. Ela também passa pelas mesmas etapas de introdução, crescimento, maturidade e declínio cuja duração varia de negócio para negócio. Muitas vezes, o ciclo de vida da empresa acompanha de perto o ciclo de vida do seu produto.

Matriz BCG

Além da definição do ciclo de vida do produto/serviço, existe também a preocupação em saber qual é a participação relativa de cada produto/serviço no portfólio da empresa. Afinal, a empresa vive por causa da vida de seus produtos ou serviços. A matriz BCG é uma análise gráfica desenvolvida por Bruce Henderson[4] para a empresa de consultoria Boston Consulting Group por volta de 1970. É também denominada análise de portfólio de produtos ou de unidades de negócios e serve para alocar recursos em atividades de gestão de marcas e produtos na área de marketing.[5] Ou melhor, serve para definir prioridades para avançar naquilo que tem melhores oportunidades de mercado.

A matriz BCG é um gráfico de dupla entrada que envolve duas dimensões:

1. **Taxa de crescimento do mercado:** no eixo y, em escala linear, para determinar o crescimento do mercado em relação ao crescimento de seu maior concorrente em porcentagem. Quanto maior o crescimento do mercado, maior é a oportunidade de um produto também crescer em vendas e, consequentemente, em produção, e tornar a empresa mais rica.
2. **Participação do produto no mercado:** no eixo x, em escala logarítmica (base 10), em relação ao maior concorrente em porcentagem. Quanto maior a participação de mercado (*market share*) de um produto ou quanto mais rápido o produto cresce, melhor para a empresa.

O gráfico BCG decorre dessas duas dimensões:

---

4 Henderson, Bruce D. As origens da estratégia. In: Montgomery, Cynthia; Porter, Michael E. (orgs.). Estratégia: a busca da vantagem competitiva. Rio de Janeiro: Campus, 1998. p. 3-9.

5 Chiavenato, Idalberto; Sapiro, Arão. Planejamento estratégico: da intenção aos resultados. 2. ed. Rio de Janeiro: Elsevier, 2009.

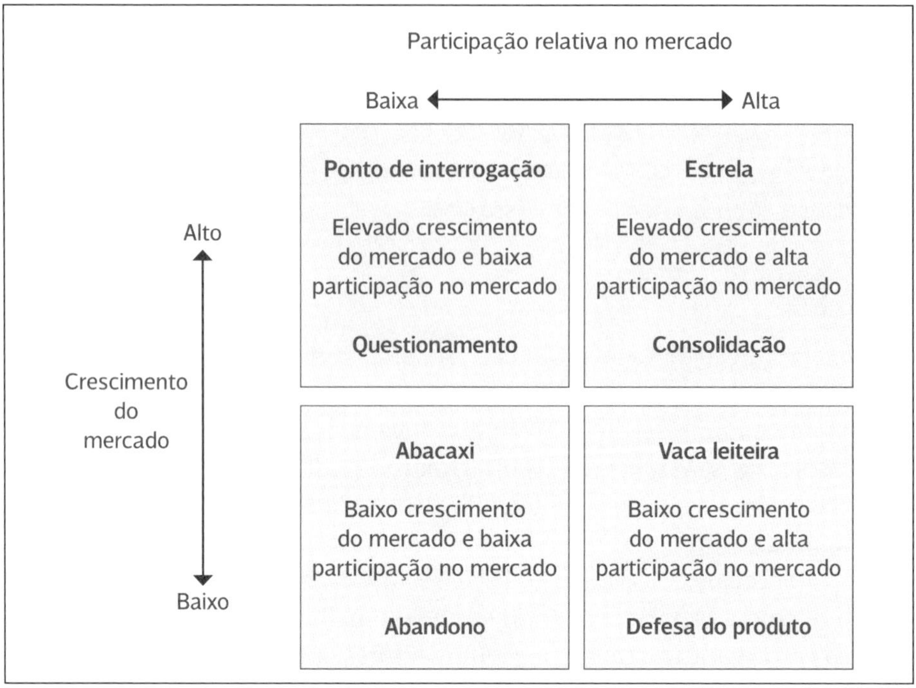

Figura 8 Matriz BCG.

Vejamos os significados de cada produto da matriz BCG:

1. **Estrela:** é um produto que exige elevados investimentos e que tem referências no mercado, gerando receitas ainda não muito elevadas e com taxas de crescimento potencialmente elevadas. Quanto ao fluxo de caixa, fica em equilíbrio entre entradas e saídas de dinheiro. Todavia, a participação de mercado deve ser mantida, pois pode transformar-se em uma vaca leiteira se o mercado diminuir.
2. **Vaca leiteira:** é um produto cujo lucro e volume de geração de caixa são elevados. Como o mercado já está maduro e estabilizado e com baixo crescimento, não são necessários grandes investimentos. O produto deve ser "ordenhado" para dar suporte a outros produtos que precisam de mais recursos. Assim, pode ser a base principal de faturamento da empresa, já que ele tem uma participação elevada de mercado.
3. **Ponto de interrogação:** ou produto em questionamento ou criança problemática. É um produto que tem o pior fluxo de caixa, exige elevados

investimentos e pouco retorno sobre ativos, além de baixa participação de mercado. Pode absorver grandes investimentos e depois tornar-se um verdadeiro abacaxi para a empresa. Contudo, por estar em um mercado de alto crescimento, pode vir a tornar-se um produto estrela, daí a interrogação a seu respeito.

4. **Abacaxi:** também conhecido como cão, vira-lata ou animal de estimação. Tem pouca importância. É um produto que deve ser evitado ou cuja importância deve ser minimizada. Sua baixa participação de mercado gera poucos lucros associados a um baixo investimento por conta do crescimento de mercado quase nulo. Sua avaliação deve ser feita no sentido de posicioná-lo de maneira mais rentável e atrativa para a empresa ou até abandoná-lo quando a rentabilidade não for possível. Assim, deve-se tomar cuidado com planos de recuperação do produto e até preferir a sua retirada do mercado.

De um modo geral, toda empresa precisa ter uma carteira de produtos (portfólio de produtos) com diferentes taxas de crescimento e diferentes participações no mercado. A composição desse portfólio deve ter a função de equilíbrio entre fluxos de caixa. Henderson salienta que produtos de alto crescimento exigem injeções de dinheiro em caixa para crescer, enquanto produtos de baixo crescimento devem gerar excesso de caixa. Ambos são necessários simultaneamente, e a matriz deve ajudar no processo decisório da empresa sobre onde investir mais ou investir menos e de onde esperar retornos mais significativos.

Para Henderson,[6] são necessárias quatro regras para determinar o fluxo de caixa de um produto:

1. Margens e geração de caixa são funções da participação no mercado. Altas margens e alta participação no mercado andam juntas. Trata-se de uma observação comum explicável pelo efeito da curva de experiência.
2. Crescimento requer entrada de ativos financeiros. O caixa adicionado requerido para elevar a participação no mercado é uma função de índices de crescimento.
3. Elevada participação de mercado deve ser ganha ou construída. A construção de participação de mercado requer um incremento adicional de investimento.

---

6 BCG Perspectives. The product portfolio. Disponível em: <www.bcgperspectives.com/content/classics/strategy_the_product_portfolio/>. Acesso em: 24 abr. 2014.

4. Nenhum produto cresce indefinidamente no mercado. O retorno do crescimento deve vir quando o crescimento diminui ou nunca vem. Esse retorno é caixa que não poderá ser reinvestido naquele produto.

Além disso, Henderson salienta o seguinte:

1. O valor de um produto depende de liderar a participação em seu mercado antes que seu crescimento diminua.
2. Cada produto pode eventualmente ser um gerador de caixa; caso contrário, ele é destituído de valor.
3. Somente uma empresa diversificada, com um portfólio balanceado, pode usar suas forças para realmente capitalizar suas oportunidades de crescimento.

A matriz BCG tem a vantagem de não apresentar uma só estratégia para todos os produtos, bem como equilibrar a carteira de negócios e produtos em geradores e tomadores de caixa. O posicionamento de um produto ou linha de produtos em cada quadrante exige uma ação diferente da empresa, como se pode ver na Figura 9.

Portfólio	Estrela	Vaca leiteira	Ponto de interrogação	Abacaxi
Crescimento do mercado	Expansão rápida	Pequena expansão	Expansão rápida	Expansão em queda
Participação de mercado	Participação alta	Participação elevada	Participação em queda	Participação em queda
Características do produto	Exige investimentos	Altamente rentável	Demanda investimentos	Consome recursos
Objetivos estratégicos	Transformar em vaca leiteira	Colher lucros	Desenvolver ou retirar do mercado	Retirar ou sobreviver

Figura 9 Posicionamento dos produtos e respectivas ações da empresa.

A matriz BCG permite uma representação visual simples dos produtos e serviços da empresa e das suas posições relativas no mercado para facilitar o processo decisório a respeito do que fazer com cada um deles.

Organizações de elevado desempenho[7]

Quando se caminha dentro de uma organização de alto desempenho, certamente se nota a diferença. Em primeiro lugar, notam-se o arranjo físico das máquinas e equipamentos, a tecnologia utilizada, a limpeza, a harmonia e o aspecto geral da fábrica. Depois, o ambiente psicológico, os talentos energizados, motivados, confiantes na estratégia de sua organização. Em seguida, notam-se os esforços de melhoria, desenvolvimento e inovação reinantes. Enfim, o excelente desempenho no trabalho e nas atividades de assessoria. Então, o que significa uma organização de elevado desempenho? É aquela cujos indicadores de produtividade, qualidade, eficiência e eficácia são os mais elevados da indústria. E não para por aí. Também os indicadores financeiros são excelentes. Na verdade, existem características tanto organizacionais como pessoais que produzem amplas dimensões organizacionais, como:

1. **Liderança**: a organização possui uma alinhada cadeia de líderes (presidente, diretores, gerentes, líderes de equipes) que são extremamente eficazes na condução dos trabalhos. Liderança de lideranças.
2. **Desenho organizacional**: uma estrutura organizacional integradora com foco estratégico e que define claramente os papéis e responsabilidades de todos.
3. **Talentos**: pelos quais a organização dirige o foco estratégico em poderosas estratégias individuais, atraindo e retendo as pessoas mais capazes.
4. **Gestão da mudança**: a organização tem a habilidade de impulsionar e sustentar a mudança em larga escala e se adaptar e antecipar em um aumento crescentemente mutável e volátil.
5. **Cultura e engajamento**: a cultura é forjada para alcançar objetivos estratégicos, e as pessoas são motivadas a buscar objetivos corporativos.

Quando a organização assume uma abordagem estratégica no sentido de monitorar e melhorar essas cinco amplas habilidades, ela consegue alcançar catorze características-chave que geram ganhos de produtividade e uma abordagem competitiva, como mostra a Figura 11.

---

7 Bhalla, Vikram et al. High-performance organizations: the secrets of their success. Disponível em: <www.bcg.com>. Acesso em: 1 out. 2013.

Liderança	• Equipes de elevado desempenho com líderes que impulsionam urgência e direção • O abastecimento de futuros líderes é alcançado com habilidades ajustadas às futuras necessidades • Os gerentes intermediários abraçam e translatam a estratégia do negócio
Desenho organizacional	• A estrutura organizacional e a alocação dos recursos refletem as manobras estratégicas • Poucos níveis hierárquicos separam o presidente do pessoal da linha de frente, e as amplitudes de controle são amplas • Responsabilidades, direitos de decisão e colaboração são construídos por meio de profunda consideração às pessoas • Habilidades individuais são ajustadas aos requisitos dos papéis de cada pessoa
Talentos	• A marca dos empregados é um ativo essencial • Papéis críticos e talentos-chave são claramente identificados e tratados com carinho • O RH é um parceiro estratégico e um habilitador de negócios
Gestão da mudança	• Mudança é alcançada por meio de uma cascata disciplinada • A organização é uma entidade em constante evolução
Cultura e engajamento	• A cultura acelera e impulsiona os objetivos estratégicos • O engajamento é medido e cultivado para gerar esforço pessoal de todos os funcionários

Figura 10 Características de organizações de elevado desempenho.

DESENVOLVIMENTO DE PRODUTOS/SERVIÇOS

Dá-se o nome de desenvolvimento de produtos/serviços à área que cuida de todos os estudos e pesquisas sobre criação, adaptação, melhorias e aprimoramentos dos produtos/serviços produzidos pela empresa. É por meio do desenvolvimento de produtos/serviços que surgem as inovações: produtos e serviços novos, modificações parciais ou totais nos atuais produtos/serviços, novas características, diferentes componentes, etc. Esse desenvolvimento leva produtos e serviços a serem constantemente reciclados e adaptados às novas necessidades do mercado. Isso permite que, a cada ano, surjam novos modelos de automóveis, eletrodomésticos, moda e vestuário, novos supermercados, novas lojas, novas agências bancárias, novos serviços bancários, ainda que estes produtos/serviços sejam sempre os mesmos em suas individualidades.

O órgão de desenvolvimento de produtos/serviços recebe diferentes denominações de acordo com o tipo de empresa e com o tipo de produto/serviço produzido.

1. Nas empresas do ramo primário, o desenvolvimento costuma receber o nome de pesquisa e desenvolvimento (P&D). O órgão de P&D se encarrega de pesquisar e desenvolver novas matérias-primas, novas características de materiais, etc. Geralmente, utiliza um laboratório de pesquisas, com pessoal familiarizado com a tecnologia utilizada.
2. Nas empresas do ramo secundário, o desenvolvimento pode receber o nome de engenharia de produtos, quando está mais voltada para os aspectos técnicos do produto e mais preocupada com a sua produção. Nesse caso, fica subordinado à GP. No entanto, quando está mais voltado para os aspectos comerciais e mercadológicos do produto, recebe o nome de criação e desenvolvimento e se subordina à área de marketing ou comercialização. Qualquer que seja o nome adotado pela empresa ou a sua subordinação, trata-se da área que encarrega de criar e desenvolver novos produtos e de inovar os produtos atuais.
3. Nas empresas do ramo terciário, as denominações variam enormemente, pois se trata de desenvolvimento de serviços. Pode estar subordinada à área de produção ou operações ou à área mercadológica da empresa, dependendo da complexidade do produto/serviço ou das exigências do mercado. Em alguns bancos, recebe o nome de desenvolvimento de produtos; em outros, organização e métodos (O&M).

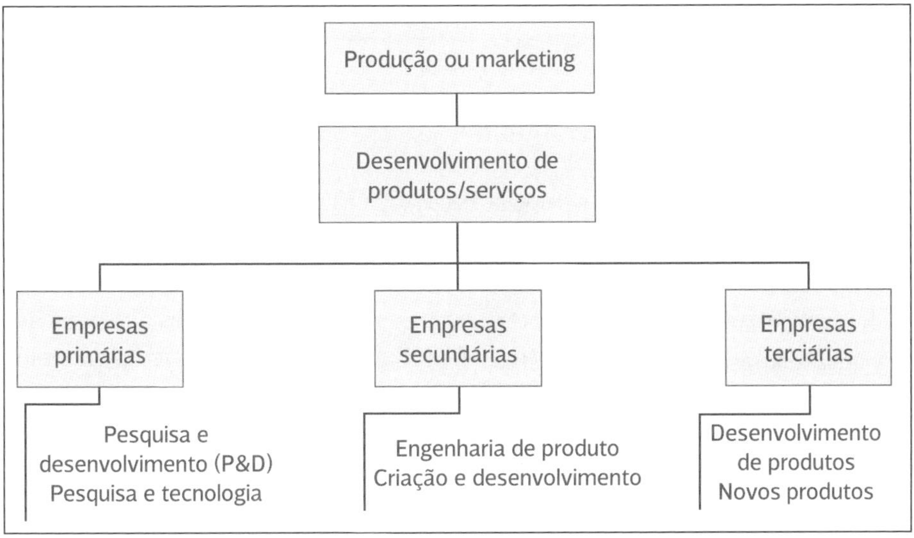

Figura 11 Denominações do órgão de desenvolvimento de produtos/serviços.

O lançamento de um novo produto/serviço requer um longo trabalho de pesquisa e desenvolvimento que envolve várias fases, conforme mostra a Figura 12.

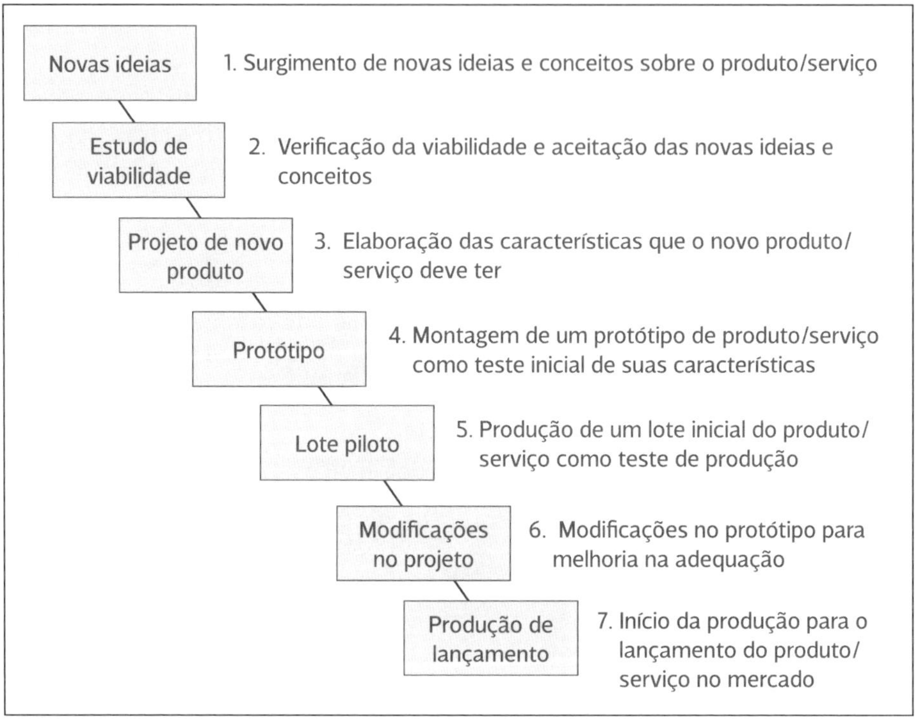

Figura 12 Fases do lançamento de um novo produto/serviço.

Inovação

A inovação está relacionada com novidades: fazer produtos ou serviços diferentes daqueles que já existem. Todavia, a inovação não reside apenas em uma nova e diferente configuração de produtos ou serviços. Ela também pode estar na maneira de produzir tais produtos ou serviços. Isso significa inovar processos ou métodos de trabalho. Quando a concorrência é muito forte, as empresas procuram reduzir o período de lançamento do produto/serviço para impactar os concorrentes e sair disparada na frente deles. Reduzir o tempo de projeto e de produção é fundamental para a flexibilidade da empresa. As empresas automobilísticas japonesas estão reduzindo o ciclo de lançamento de um modelo novo de carro para menos de dois anos, enquanto as indústrias norte-americanas ainda demoram o dobro do tempo. Essa rapidez leva a empresa a tomar a iniciativa da inovação e os concorrentes a ficarem "na lanterninha", procurando entender como a empresa está inovando e mudando conceitos. Esta é a diferença das empresas líderes e das empresas seguidoras. Aquelas acabam por serem adotadas como *benchmarks*, ou seja, como referências ou modelos para serem copiados e imitados. Quando os concorrentes conseguem entender e imitar essas inovações, a empresa líder já está novamente lá na frente deles com novas inovações para serem copiadas e imitadas. Ainda assim, a inovação mais importante nas organizações não está nos seus produtos ou processos. Eles são consequência de uma inovação muito mais ampla: a inovação na gestão, que será abordada ao longo deste livro.

O órgão de desenvolvimento de produtos/serviços precisa informar aos órgãos direta ou indiretamente relacionados com a sua produção sobre como produzi-los. Para tanto, preocupa-se com dois aspectos importantes: com o produto em si e com o processo de produzi-lo. No primeiro caso, a preocupação é desenhar o produto; no segundo caso, a preocupação é planejar sua produção.

1. **Produto/serviço em si mesmo:** o produto com seus componentes e características como resultado final do processo produtivo. É o que denominamos especificações do produto/serviço. Trata-se aqui de desenhar o produto, criar as características e estabelecer os seus componentes. O desenho do produto/serviço é comumente chamado de *design*. É a inovação no produto/serviço.
2. **Produto/serviço como sujeito da produção:** como deve ser produzido, quais as etapas e trajetória de sua produção. É o que denominamos processo de produção. O processo de produção deve detalhar como o produto/serviço passará pelo sistema de produção da empresa. É a inovação no processo de produzir o produto/serviço.

Em ambos os casos, o desenvolvimento do produto/serviço deve atender a uma constante melhoria, seja no produto/serviço em si, por meio do seu aperfeiçoamento; no seu processo de produção, aumentando a eficiência e a eficácia; ou ainda pela inovação, ao oferecer produtos e serviços inteiramente novos e diferentes.

CONCLUSÃO

A natureza e as características do produto ou serviço influenciam poderosamente afetando o sistema produtivo em sua totalidade, como veremos na sequência.

QUESTÕES PARA REVISÃO

1. O que constitui o produto/serviço para a empresa?
2. Quais são as classificações possíveis dos produtos/serviços?
3. Explique a classificação de bens ou serviços.
4. O que são bens? Explique.
5. Conceitue bens de consumo.
6. Conceitue bens de consumo duráveis.
7. Conceitue bens de consumo perecíveis ou não duráveis.
8. Conceitue bens de consumo semiduráveis.
9. Conceitue bens de produção.
10. Quando os bens de produção são bens de capital?
11. Quando um bem pode ser de consumo ou de produção?
12. Conceitue bens de capital.
13. Qual a denominação das empresas que produzem bens ou mercadorias?
14. Qual a diferença entre mercado de consumo e mercado industrial?
15. Conceitue serviços.
16. Qual a denominação das empresas que produzem serviços?
17. Conceitue produto concreto. Dê exemplos.
18. Conceitue produto abstrato. Dê exemplos.
19. Defina componentes dos produtos/serviços.
20. Quais são as dimensões dos produtos/serviços?
21. Conceitue dimensões tangíveis. Exemplifique-as.
22. Conceitue dimensões intangíveis. Exemplifique-as.
23. Quais são os principais componentes dos produtos/serviços?
24. Conceitue partes ou subpartes dos produtos/serviços.
25. Conceitue embalagem.
26. Quais são as principais funções da embalagem?
27. Defina funções técnicas da embalagem.
28. Defina funções logísticas da embalagem.
29. Defina as funções de comunicação da embalagem.
30. Quais são os principais tipos de embalagem?
31. Explique as embalagens de madeira ou papelão.
32. Explique as embalagens em tambores metálicos.
33. Explique as embalagens em tambores plásticos.

34. Explique as embalagens convencionais de vidro.
35. Conceitue qualidade.
36. Qual é a diferença entre qualidade intrínseca e qualidade extrínseca?
37. Conceitue o custo do produto/serviço.
38. O que é custo de produção?
39. Quais são os custos diretos de produção?
40. Quais são os custos indiretos de produção?
41. Defina o ciclo de vida dos produtos/serviços.
42. Quais são as quatro fases do ciclo de vida do produto/serviço?
43. Explique a fase de introdução.
44. Explique a fase de crescimento.
45. Explique a fase de maturidade.
46. Explique a fase de declínio.
47. A APO apresenta o mesmo grau de eficiência em todas as fases?
48. Como se comporta o custo do produto/serviço em cada uma das fases?
49. Como é o volume de produção em cada uma dessas fases?
50. As fases do ciclo de vida são iguais para todos os produtos/serviços?
51. Como se pode influenciar o ciclo de vida de um produto/serviço?
52. Defina desenvolvimento de produtos/serviços.
53. Quais são as denominações que pode receber o órgão de desenvolvimento de produtos/serviços de uma empresa do ramo primário?
54. Quais são as denominações que pode receber o órgão de desenvolvimento de produtos/serviços em uma empresa do ramo secundário?
55. Quais são as denominações que pode receber o órgão de desenvolvimento de produtos/serviços em uma empresa do ramo terciário?
56. Explique o que é desenho de produto.
57. Explique o que é processo de produção.
58. Explique as fases de lançamento de um novo produto/serviço.

Exercícios

1. Como você classificaria o produto/serviço de sua escola? Tente as duas classificações possíveis.
2. Como você imaginaria os componentes do produto/serviço da sua escola?
3. Como você conceituaria um órgão de desenvolvimento de produto/serviço em sua escola? Como deveria funcionar? Como faria o desenho do produto/serviço e o processo de produção? Como você comporia os custos de produção – diretos e indiretos – em sua escola?
4. Compare três curvas de ciclo de vida de diferentes produtos/serviços já existentes no mercado: a de um produto/serviço de vida curta, a de produto/serviço de vida média e a de outro com vida longa. Exemplifique os três.

3

SISTEMAS DE PRODUÇÃO

1. As empresas como sistemas abertos.
2. Sistemas de produção.
3. Comparativo dos três sistemas de produção.
4. Contribuição japonesa aos sistemas de produção.
5. A reação norte-americana.
6. Modernização dos sistemas de produção.
7. Questões para revisão.
8. Exercícios.

Para produzir com eficiência e eficácia, é necessário escolher e definir um sistema de produção que seja o mais adequado ao produto/serviço que se pretende produzir. Isso significa buscar os meios mais adequados para produzir um determinado produto ou operar determinado serviço. É o que se chama de racionalidade: buscar os meios apropriados para alcançar determinados objetivos. Toda empresa possui sua própria racionalidade, isto é, a escolha dos meios necessários para alcançar os fins desejados. A racionalidade envolve equipamentos, métodos e processos de trabalho que sejam os melhores para produzir algo.

As empresas são uma das mais complicadas e sofisticadas invenções do ser humano. Em geral, ficamos fascinados com produtos – como o telefone celular, a nave espacial, o computador de última geração –, mas nos esquecemos que eles são o resultado do trabalho organizacional. Se o produto é maravilhoso e complexo, o que dizer da organização que o criou, projetou e produziu? As organizações são máquinas maravilhosas de invenção – elas são as invenções mais sofisticadas que o ser humano construiu e que lhe permite inventar tudo o mais. Cada organização tem características próprias, sua individualidade, seus recursos, suas pessoas, seus produtos ou serviços, enfim, sua marca.

AS EMPRESAS COMO SISTEMAS ABERTOS

As empresas são organizações sociais. Como todos os organismos vivos, elas funcionam como sistemas. Um sistema é um conjunto integrado de partes inter-relacionadas que existem para atingir um determinado objetivo ou cumprir um determinado propósito. Cada parte do sistema pode ser um órgão, departamento ou subsistema. Em outras palavras, todo sistema é constituído por vários subsistemas, cada qual especializado em uma determinada atividade. Por outro lado, todo sistema faz parte de um sistema maior (o suprassistema ou macrossistema). Dependendo da focalização que se queira utilizar, uma empresa pode ser considerada um sistema composto de vários departamentos (subsistemas) e fazendo parte de um sistema maior (macrossistema), que é a própria sociedade.

Os principais componentes de um sistema são:[1]

1. **Entradas (*inputs*) ou insumos:** tudo o que ingressa em um sistema para permitir que ele funcione. As entradas podem ser energia, informação, matérias-primas, ou seja, todo e qualquer recurso que alimente o sistema. As entradas vêm do ambiente externo.
2. **Saídas (*outputs*) ou resultados:** aquilo que o sistema produz e devolve ao ambiente externo.
3. **Processamento (*throughput*) ou transformação:** trabalho que o sistema (ou seus subsistemas) realiza com as entradas para poder proporcionar as saídas. É o próprio funcionamento interno do sistema.

---

1 Chiavenato, Idalberto. Introdução à teoria geral da administração. 9. ed. Barueri: Manole, 2014.

4. **Retroação (*feedback*) ou realimentação:** influência que as saídas do sistema exercem sobre as suas entradas no sentido de ajustá-las ou regulá-las ao funcionamento do sistema. Existem dois tipos de retroação:
   a. **Retroação positiva:** acelera ou aumenta as entradas para ajustá-las, quando estas são maiores que as saídas. O sistema faz as saídas influenciarem no aumento das entradas por meio da retroação para manter o equilíbrio do sistema.
   b. **Retroação negativa:** retarda ou diminui as entradas para ajustá-las, quando estas são menores que as saídas. O sistema faz as saídas influenciarem na redução das entradas por meio da retroação para manter o equilíbrio do sistema.

Graças à retroação, o sistema adquire homeostase (do grego: *homo* = igual e *stasis* = equilíbrio), fenômeno que garante o equilíbrio dinâmico de um sistema aberto. É a forma pela qual o sistema consegue manter-se em equilíbrio em um ambiente mutável.

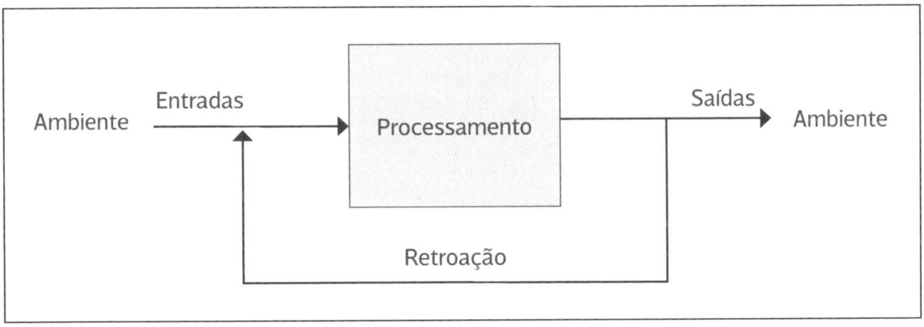

Figura 1 O sistema e seus componentes.

Os sistemas podem ser classificados em fechados ou abertos:[2]

1. **Sistemas fechados:** também chamados de sistemas mecânicos, funcionam dentro de relações predeterminadas de entradas/saídas (causa e efeito). Certas entradas produzem determinadas saídas; é o caso das máquinas e dos equipamentos: certo volume de entradas de matérias-primas produz uma determinada saída de produtos acabados; uma de-

2 Chiavenato, Idalberto. Introdução à teoria geral da administração, op. cit.

terminada voltagem de entrada produz uma saída de tantas rotações por minuto no motor. Por isso, os sistemas fechados ou mecânicos são denominados determinísticos, pois suas relações de entradas/saídas podem ser equacionadas matematicamente. Além do mais, nos sistemas fechados, existem poucas entradas e poucas saídas, que são bem conhecidas e determinadas. Todos os mecanismos tecnológicos (como o computador, a máquina, o motor, etc.) são sistemas fechados. Outro aspecto importante nos sistemas fechados é que eles alcançam seus objetivos de uma única e exclusiva maneira. A tecnologia procura fazer desta a melhor maneira possível.

2. **Sistemas abertos:** também chamados de sistemas orgânicos, são bem mais complexos. Eles funcionam dentro de relações de entradas/saídas (relações de causa e efeito) desconhecidas e indeterminadas e mantêm um intercâmbio intenso, complexo e indeterminado com o meio ambiente. Nos sistemas abertos, existe uma infinidade de entradas e saídas indeterminadas e que não são bem conhecidas, o que provoca a complexidade e a dificuldade de se mapear o sistema. Por isso, os sistemas abertos ou orgânicos são também denominados probabilísticos, pois as relações de entradas/saídas estão sujeitas à probabilidade, e não à certeza. Todos os sistemas vivos (os organismos vivos, o ser humano, as organizações sociais, a empresa, etc.) são sistemas abertos. Outro importante aspecto dos sistemas abertos é que eles podem alcançar seus objetivos por meio de uma multiplicidade de maneiras. É o que os biólogos denominam equifinalidade: a capacidade de um sistema aberto chegar ao mesmo resultado final de maneiras variadas. O segredo está em escolher o melhor caminho para chegar ao destino projetado.

Em todo sistema, as saídas de cada subsistema constituem as entradas de outros subsistemas, de modo que cada subsistema se torna dependente dos demais. Isso significa que as entradas de um subsistema dependem das saídas de outros subsistemas, e assim por diante. Essas inter-relações de saídas-entradas entre as partes são as comunicações ou interdependências que ocorrem dentro do sistema. Em todo sistema, há uma complexa rede de comunicações entre os subsistemas: as interdependências entre os subsistemas fazem o sistema sempre funcionar como uma totalidade. Quanto mais intensa a rede de comunicações, mais coeso será o sistema, a ponto de seu funcionamento total ser maior do que a soma de suas partes. É o que se denomina sinergia. A sinergia é um efeito multiplicador em que as partes (ou subsistemas) se auxiliam mutuamente para que o resultado global seja muito maior do que a soma das partes. É o que se denomina entropia. A entropia é um efeito de perda das inter-relações entre as partes, levando o resultado global a ser muito menor do que a soma das partes.

Imaginemos uma indústria (empresa secundária) que se dedica à produção de tecidos com um macrossistema. Para seu funcionamento, concorrem vários sistemas: financeiro, comercial, humano e de produção. Seu sistema de produção poderia ser entendido como um sistema constituído de vários subsistemas (ou seções), como mostra a Figura 2.

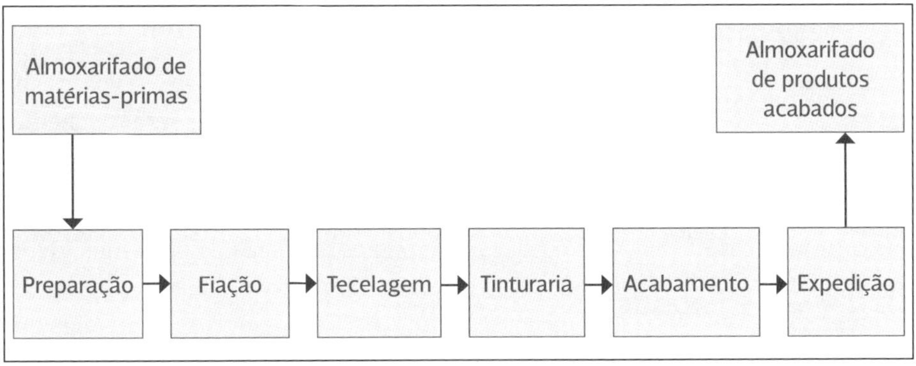

Figura 2 Sistema de produção de uma indústria têxtil.

Na Figura 2, nota-se que cada subsistema tem suas entradas e saídas de tal modo que as saídas de um subsistema constituem as entradas do subsistema seguinte, e assim por diante. Existe, portanto, uma interdependência entre os diversos subsistemas, tornando cada um dependente do outro para poder funcionar. No caso citado, à medida que a matéria-prima caminha de uma seção para a outra, ela é acrescida do resultado do trabalho de cada seção.

Da mesma forma, há também uma interdependência entre os diversos sistemas. A empresa – como um sistema – depende de vários fornecedores para garantir suas entradas e, também, dos clientes e consumidores para garantir as suas saídas.

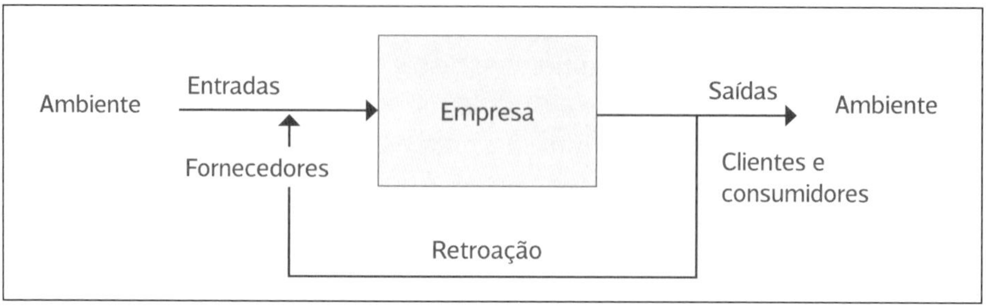

Figura 3 A empresa e suas interdependências com o ambiente.[3]

Na realidade, as empresas são sistemas abertos em constante e complexo intercâmbio com o seu ambiente externo. As empresas obtêm recursos do ambiente externo por meio de suas entradas, processam e transformam esses recursos internamente e devolvem, por meio de suas saídas, o resultado desse processamento e transformação ao ambiente. A relação entradas/saídas fornece a indicação da eficiência ao sistema. Isso significa que quanto maior o volume de saídas para determinado volume de entradas, mais eficiente será o sistema. Por outro lado, a eficácia do sistema reside na relação entre suas saídas e o alcance dos objetivos do sistema, o que significa que quanto mais suas saídas ou resultados alcançarem os objetivos propostos, mais eficaz será o sistema.

SISTEMAS DE PRODUÇÃO

De agora em diante, focalizaremos a produção – e não mais a empresa – como um sistema em funcionamento. Cada empresa adota um sistema de produção para realizar as suas operações e produzir seus produtos ou serviços da melhor maneira possível e, com isso, garantir sua eficiência e eficácia. O sistema de produção é a maneira pela qual a empresa organiza seus órgãos e realiza suas operações de produção, adotando uma interdependência lógica entre todas as etapas do processo produtivo, desde o momento em que os materiais e as matérias-primas saem do almoxarifado até chegar ao depósito como produto acabado, conforme a Figura 4.

Na realidade, para que isso aconteça, as entradas e os insumos que vêm dos fornecedores ingressam na empresa por meio do almoxarifado de materiais e matérias-primas, sendo ali estocados até a sua eventual utilização pela produção. A produção processa e transforma os materiais e matérias-primas em produtos acabados para serem estocados no depósito até a sua

3 Chiavenato, Idalberto. Introdução à teoria geral da administração, op. cit.

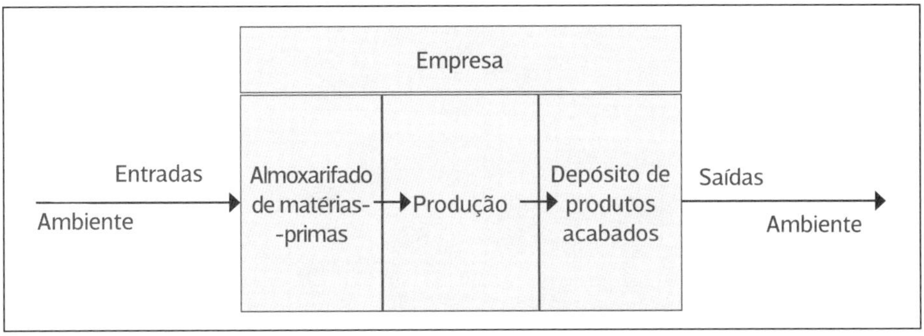

Figura 4 Interdependências do almoxarifado, da produção e do depósito no sistema de produção.

entrega aos clientes e consumidores. A interdependência entre o almoxarifado, a produção e o depósito é muito grande: qualquer alteração em um deles provoca influências sobre os demais, como se fossem vasos comunicantes. Eles são os três subsistemas do sistema de produção intimamente inter-relacionados e interdependentes.

Almoxarifado e depósito de produtos acabados: dois museus em extinção

Há um princípio muito discutido em gestão: tudo o que está parado ou inerte não produz valor. Isso se aplica a matérias-primas, materiais e produtos acabados quando estão estacionados definitiva ou provisoriamente em algum lugar, ocupando algum espaço que poderia ser aproveitado para produzir algo de valor. Em função desse princípio, a grande maioria das empresas está tentando eliminar ou reduzir a função de dois órgãos que foram importantes no decorrer da Era Industrial, mas cuja função hoje é criticada: o almoxarifado e o depósito de produtos acabados. Na Era da Informação, as empresas estão tentando acabar com eles abrindo suas fronteiras externas em relação aos seus fornecedores e aos seus distribuidores. Isso significa que os fornecedores e os distribuidores estão adentrando em seus processos de produção para participar ativamente deles, e não mais entregar insumos ou receber produtos acabados. Isso traz várias vantagens: aproveita o espaço desocupado para atividade produtiva, reduz esperas de insumos, reduz o tempo de distribuição que passa a ser direta, elimina pessoal dedicado a esses dois órgãos e terceiriza boa parte de seu processo produtivo. Isso provoca enorme redução de custos e de tempo e permite à área produtiva dedicar-se mais intensamente ao seu trabalho: produzir valor.

Subsistemas	Almoxarifado de matérias-primas	Produção	Depósito de produtos acabados
Função principal	Recebe e estoca matérias-primas e as fornece à produção	Transforma as matérias-primas	Enfoca os produtos acabados e os fornece aos clientes

Figura 5 Interdependência entre os três subsistemas.

Basicamente, os três subsistemas do sistema de produção – o almoxarifado, a produção e o depósito – devem trabalhar de maneira coordenada, balanceada, ajustada e perfeitamente integrada.

Existem três tipos de sistemas de produção: sob encomenda, em lotes e contínua.

Sistema de produção sob encomenda

É o sistema de produção utilizado pela empresa que produz somente após ter recebido o pedido ou a encomenda de seus produtos. Apenas após o contrato ou a encomenda de um determinado produto é que a empresa vai planejá-lo e produzi-lo para o cliente. Em primeiro lugar, a empresa oferece o produto ou serviço ao mercado. Quando recebe o pedido ou o contrato de compra é que ela se prepara para produzi-lo. Nesse ponto, o plano é oferecido para a cotação do cliente – como o orçamento preliminar ou a cotação para a concorrência pública ou particular – e passa a ser utilizado para planejar o trabalho a ser realizado com o fim de atender ao cliente. É o caso da construção de hidrelétricas, indústrias, estradas de rodagem ou de ferro, aeroportos, navios de grande porte, aviões especiais e de oficinas mecânicas de qualquer porte.

Planejamento do sistema de produção sob encomenda

O planejamento geralmente envolve os seguintes aspectos:

1. **Relação das matérias-primas necessárias:** lista de todos os materiais e matérias-primas necessários para executar o trabalho encomendado.
2. **Relação da mão de obra especializada:** relação completa do trabalho a ser realizado, dividido em número de horas para cada funcionário especializado.
3. **Processo de produção:** plano detalhado da sequência cronológica, indicando quando cada tipo de mão de obra ou cada tipo de máquina deve trabalhar e quando cada tipo de material ou matéria-prima deve estar disponível para ser utilizado no trabalho.

O exemplo mais simples de produção sob encomenda é o da oficina ou da produção unitária. É o sistema no qual a produção é feita por unidades ou por pequenas quantidades – cada produto a seu tempo –, sendo modificada na medida em que o trabalho é realizado. O processo de produção é pouco padronizado e pouco automatizado. Os operários utilizam uma variedade de ferramentas e instrumentos. A produção envolve operação de mão de obra intensiva, isto é, muita mão de obra e muita atividade artesanal.

É o caso da produção de navios, geradores e motores de grande porte, aviões, locomotivas, construção civil e industrial, confecções sob medida, etc. A empresa somente produz após ter efetuado um contrato ou pedido de venda de seus produtos. É a encomenda ou o pedido efetuado que vai definir como a produção deve ser planejada e controlada.

Características do sistema de produção sob encomenda

O sistema de produção sob encomenda apresenta as seguintes características:

1. **Cada produto é único e específico:** geralmente cada produto é único e de grande tamanho e complexidade, exigindo muito tempo para a sua construção, como navios, edifícios, fábricas, etc., com características exclusivas solicitadas pelo cliente. Cada pedido ou contrato costuma ser considerado um produto específico, exigindo a identidade do produto ao longo de toda a produção.
2. **Cada produto exige uma variedade de máquinas e equipamentos:** a construção do produto exige uma variedade de máquinas universais, dispositivos de transporte e de equipamentos, bem como uma oficina-

-base na qual são manufaturadas as partes daquilo que será o produto final, isto é, os seus componentes. Por exemplo, no caso da construção de navios, a oficina é o pátio de construção. Na construção civil, é o canteiro de obras. Em uma agência de propaganda, é a equipe de trabalho que atende determinada empresa. No hospital, é a equipe médica que atende a um determinado paciente.

3. **Cada produto exige uma variedade de operários especializados:** sua produção exige vários tipos de operários especializados capazes de executar cada uma das partes que compõem o produto final. Há uma demanda fluente de mão de obra especializada no local onde o trabalho será realizado. Isso significa que eletricistas, soldadores, carpinteiros, marceneiros, encanadores, ferramenteiros, torneiros mecânicos, etc. nem sempre têm serviço constante. O mesmo ocorre com a equipe de propaganda ou com a equipe de médicos.
4. **Cada produto tem uma data definida de entrega:** há necessidade de se programar a entrega conforme os pedidos individuais, o que significa um compromisso de produção. As datas devem ser atendidas, fazendo o produto ser entregue ao cliente conforme os prazos por ele solicitados.
5. **É difícil fazer previsões de produção:** cada produto exige um trabalho complexo e demorado que é diferente dos demais produtos. Cada produto exige um plano de produção específico.
6. **O sistema de produção sob encomenda requer administradores e especialistas altamente competentes:** como supervisores de oficina-base capazes de assumir sozinhos todas as atividades de cada contrato ou pedido, como o planejamento da produção, de mão de obra e dos custos. O sucesso da produção sob encomenda depende da habilidade do administrador ou especialista encarregado de cada contrato ou encomenda. A eficiente construção do edifício depende da habilidade do engenheiro de obras, assim como o atendimento da empresa-cliente depende do médico-chefe da equipe hospitalar. É vital, portanto, que o plano de produção seja muito bem compreendido pelos especialistas que irão executá-lo na prática.

Sistema de produção em lotes

É o sistema utilizado por empresas que produzem uma quantidade limitada de um tipo de produto de cada vez. Essa quantidade limitada é denominada lote de produção. Cada lote de produção é dimensionado para atender a um determinado volume de vendas previsto para um determinado período. Terminado um lote de produção, a empresa inicia imediatamente a produção de outro lote, e assim por diante. Cada lote recebe uma identificação, como número ou código. Além do mais, cada lote exige um plano de produção específico. Ao contrário do que ocorre no sistema de produção sob encomenda, no qual o plano de produção é feito após o recebimento do pedido ou da encomenda, na produção de lotes, o plano de produção é feito antecipadamente e a empresa pode melhor aproveitar seus recursos com maior grau de liberdade. Em algumas indústrias, são processados simultânea e paralelamente vários lotes de produção, alguns no início, outros no meio, enquanto outros se findam. Os operários trabalham geralmente em linhas de montagem ou operando máquinas que podem desempenhar uma ou mais operações sobre o produto. É o caso da produção que requer máquinas operadas pelo homem e linhas de produção ou de montagens padronizadas.

O sistema de produção em lotes é utilizado por uma infinidade de indústrias: têxteis, de cerâmica, eletrodomésticos, motores elétricos, brinquedos, etc.

Características do sistema de produção em lotes

O sistema de produção em lotes apresenta as seguintes características:

1. A fábrica é capaz de produzir produtos com diferentes características. Uma indústria têxtil é capaz de produzir uma extensa variedade de tecidos com diferentes padronagens e características. Cada tipo de tecido é produzido em um lote de produção; quando ele é concluído, sua produção é interrompida para entrar em um lote seguinte, que deve ser um tecido diferente. O tecido anterior pode ou não voltar a ser produzido em algum lote futuro.
2. As máquinas são agrupadas em baterias do mesmo tipo. O trabalho passa de uma bateria para a outra em lotes de produção intermitentemente. Cada bateria de máquinas é um departamento ou seção. Geralmente, ocorre falta de equilíbrio na capacidade de produção de diferentes departamentos envolvidos. Isso significa que cada departamento tem uma capacidade de produção que nem sempre é igual à dos demais departamentos da empresa. O plano de produção deve levar em conta esse

desequilíbrio entre departamentos, programando turnos de trabalho diferentes para compensá-los por meio de diferentes números de horas trabalhadas – se a limitação é constituída pelo fator mão de obra – para regularizar ou homogeneizar o processo produtivo como um todo.

3. Em cada lote de produção, as máquinas e ferramentas devem ser modificadas, adaptadas e arranjadas para atender aos diferentes produtos.
4. A produção em lotes permite uma utilização regular e plana da mão de obra sem grandes picos de produção.
5. A produção em lotes exige grandes áreas de estocagem de produtos acabados e um grande estoque de materiais em processamento ou em vias.
6. A produção em lotes impõe a necessidade de um plano de produção bem feito e que possa integrar novos lotes de produção à medida que outros sejam completados. Em outros termos, o plano de produção deve ser constantemente replanejado e atualizado. No fundo, o sucesso do processo produtivo depende diretamente do plano de produção.

Sistema de produção contínua

O sistema de produção contínua é utilizado por empresas que produzem determinado produto, sem modificações, por um longo período. O ritmo de produção é acelerado e as operações são executadas sem interrupção ou mudança. Como o produto é sempre o mesmo ao longo do tempo e o processo produtivo não sofre mudanças, o sistema pode ser aperfeiçoado continuamente.

É o caso das indústrias fabricantes de automóveis, papel e celulose, cimento, eletrodomésticos da linha branca (como geladeiras, máquinas de lavar roupa, secadoras, etc.), enfim, produtos que são mantidos em linha durante muito tempo e sem grandes modificações.

A produção contínua é possível quando o número de máquinas necessárias para produzir o artigo final na taxa de tempo exigida excede o número de operações detalhadas para a produção de cada produto. O plano de produção coloca cada processo produtivo em sequência linear para que o material de produção se movimente de uma máquina para a outra continuamente e para que, quando completado, seja transportado ao ponto onde ele é necessário para a montagem do produto final. O plano de produção é feito antecipadamente e pode cobrir o período mensal ou anual, explorando ao máximo as possibilidades dos recursos da empresa e proporcionando condições ideais de eficiência e eficácia.

Características do sistema de produção contínua

As principais características do sistema de produção contínua são:

1. O produto é mantido em produção durante longo período sem modificações. É rigidamente especificado em suas características e o processo produtivo é estabelecido em detalhes, o que permite planejar, no longo prazo, todos os materiais necessários e a mão de obra envolvida.
2. A produção contínua facilita o planejamento detalhado, o que permite assegurar a chegada de matéria-prima necessária exatamente na quantidade suficiente e no tempo previsto.
3. A produção contínua exige máquinas e ferramentas altamente especializadas e dispostas em formação linear e sequencial para a produção de cada componente do produto final. Isso assegura alto grau de padronização de máquinas e ferramentas, de matérias-primas e materiais, bem como de métodos e processos de trabalho.
4. Como a produção contínua é programada para longos períodos, ela permite dividir operações de montagem com a quantidade exata de trabalho para cada operário, com base no seu tempo padrão e no ciclo de produção. Pode-se facilmente estabelecer o número de homens/horas de trabalho para cada operação ou produto.
5. Como o produto é produzido em enormes quantidades ao longo do tempo, a produção contínua permite que as despesas e investimentos em equipamentos, gabaritos, moldes, ferramentas e dispositivos de produção sejam depreciados (recuperados contabilmente) dentro de um período mais longo, proporcionando economia nos custos de produção.
6. A produção contínua facilita as ações corretivas para resolver rapidamente qualquer problema de paralisação no processo de produção, seja por falta de material, por manutenção de máquina ou por falta de mão de obra. Ela facilita também a verificação diária do rendimento de produção em todos os pontos do processo produtivo, bem como permite que se faça um inventário regular dos materiais em processamento ou disponíveis em estoque no almoxarifado.
7. O sucesso do sistema de produção contínua depende totalmente do planejamento detalhado que deve ser feito antes da produção iniciar um novo produto.

COMPARATIVO DOS TRÊS SISTEMAS DE PRODUÇÃO

O sistema de produção utilizado pela empresa é uma função dependente do seu produto. Em outros termos, é o tipo de produto que determina o sistema de produção que a empresa deve utilizar. Se o produto é específico ou de grande porte e depende da encomenda do cliente, o sistema adotado será a produção sob encomenda. Se há uma variedade de produtos que entram e saem de produção e que a empresa vende somente após estocar, o sistema adotado será a produção de lotes. Se há um ou mais produtos que permanecem no longo prazo em produção e a empresa somente vende após estocá-los, o sistema adotado será certamente o de produção contínua.

Como veremos na sequência, cada um desses sistemas produtivos apresenta vantagens e desvantagens.

O grau de liberdade que a empresa tem para adotar o sistema de produção mais conveniente é muito pequeno. A tecnologia adotada nem sempre é suficientemente flexível para permitir grandes mudanças, mas as três alternativas de sistemas podem sofrer variações. Algumas empresas apresentam misturas desses sistemas de produção com dosagens que variam enormemente.

No que tange ao suprimento de matérias-primas, ao subsistema de produção e ao depósito de produtos acabados, cada um dos três sistemas de produção funciona de maneira diferente:

Subsistemas	Almoxarifado de matérias-primas	Produção	Depósito de produtos acabados
Produção por encomenda	Nenhum estoque prévio. O estoque é planejado somente após recebimento do pedido	A produção é planejada somente após receber o pedido ou encomenda	Não há necessidade de controle de produtos acabados em cada encomenda
Produção em lotes	O estoque é planejado em função de cada lote de produção	A produção é planejada em função de cada lote de produção	O estoque é planejado em função de cada lote de produção
Produção contínua	O estoque é planejado e programado para o período mensal ou anual	A produção é planejada e programada para o período mensal ou anual	O estoque é planejado e programado para o período mensal ou anual

Figura 6 Os três sistemas de produção – suas entradas e saídas.

Nos próximos capítulos, teremos a oportunidade de discutir mais detalhadamente cada um dos sistemas de produção e suas consequências para a APO.

CONTRIBUIÇÃO JAPONESA AOS SISTEMAS DE PRODUÇÃO

A partir da década de 1960, a indústria japonesa assimilou os ensinamentos de dois gurus da qualidade – Deming e Juran – e passou a desenvolver uma série de inovações que proporcionaram um enorme impulso e a invasão de novos mercados. As principais contribuições japonesas são descritas a seguir.

Kaizen

Kaizen (do japonês *kai* = modificar, *zen* = para melhor) é um conceito introduzido por Masaaki Imai e está intimamente associado à melhoria contínua. Trata-se de uma filosofia de trabalho que incentiva uma cultura de excelência com foco na eliminação de perdas e de erros. Reúne dois aspectos importantes: o primeiro é a preocupação em mudar para melhor; o segundo é a continuidade desse esforço traduzido em ações permanentes de mudança. Mudar sempre. Tal preocupação deve estar presente todo dia e toda hora. Além disso, o *kaizen* é uma mudança organizacional que ocorre de baixo para cima, isto é, do chão da fábrica para os níveis hierárquicos mais altos. O aperfeiçoamento continuado é o lema e isso se traduz em:

1. **Questionar tudo o que se faz:** avaliação crítica de toda atividade.
2. **Evitar ideias preconcebidas, convencionais e definitivas:** tudo pode e deve ser melhorado e aperfeiçoado.
3. **Fazer melhorias sempre:** a verdadeira perfeição somente se atinge com passos gradativos de melhoria.
4. **Localizar erros e distorções e corrigi-los imediatamente:** o *kaizen* focaliza o aqui e o agora.
5. **Verificar o motivo e localizar as causas dos problemas.**
6. **Trabalhar em equipe:** duas cabeças pensam mais do que uma. Quatro pensam mais do que duas, mas não se deve exagerar. Muitas cabeças podem atrasar a solução do problema.

Controle estatístico da qualidade

O maior divulgador da análise estatística foi, sem dúvida, W. Edwards Deming[4] (1900 – 1993), que popularizou inicialmente no Japão – e depois no mundo ocidental – o controle estatístico da qualidade (CEQ) – ou *Statistical Quality Control* (SQC). A ideia original era aplicar metodologia estatística na inspeção de qualidade, passando depois ao controle estatístico de qualidade e chegando à qualidade assegurada a fim de obter conformidade com as especificações e proporcionar alto grau de confiabilidade, durabilidade e desempenho nos produtos. Sua influência foi tão grande que, desde 1951, foi instituído no Japão o Prêmio Deming de Qualidade, como reconhecimento para as empresas que obtêm destaque no campo da qualidade. O controle estatístico da qualidade é baseado nas técnicas de determinação do momento em que os erros na produção começam a ultrapassar os limites de tolerância, quando então a ação corretiva torna-se necessária. As ideias de Deming conduziram ao conceito de melhoria contínua, uma filosofia calcada em um sistema administrativo que visa a reduzir perdas e incrementar ganhos de maneira crescente e incessante.

O controle estatístico da qualidade tem por objetivo localizar desvios, erros, falhas e defeitos no processo produtivo, comparando o desempenho atual com o padrão estabelecido. No último capítulo, voltaremos ao controle estatístico de qualidade.

Qualidade total

J. M. Juran estendeu os conceitos de qualidade usados no chão da fábrica para toda a empresa com o seu controle total da qualidade (CTQ) – ou *Total Quality Control* (TQC). As ideias de Juran conduziram ao conceito estratégico de qualidade total.

Enquanto o CEQ é aplicável apenas no nível operacional – e de preferência na área de produção e manufatura –, a qualidade total (CTQ) estende o conceito de qualidade para toda a organização, desde o nível operacional até o nível institucional, abrangendo todo o pessoal de escritório e do chão da fábrica em um envolvimento total.[5] Mais ainda, o CTQ envolve também

---

4 Deming, William Edwards. Qualidade: a revolução da administração. São Paulo: Saraiva, 1990.

5 Os seguintes livros tratam do CQT:
Mirshawka, Victor. A implantação da qualidade e da produtividade pelo método do dr. Deming. São Paulo: Makron Books, 1991.
Bergamo Filho, Valentino. Gerência econômica da qualidade através do TQC. São Paulo: Makron Books, 1991.
Crosby, Philip. Qualidade: falando sério. São Paulo: Makron Books, 1991.

a rede de fornecedores indo até o cliente final em uma abrangência sem limites.

O CTQ apresenta as seguintes vantagens:

1. Redução de desperdícios.
2. Diminuição dos ciclos de tempo e dos tempos de resultados.
3. Melhoria da qualidade dos resultados (produtos ou serviços).

Tabela 1 Processos universais para gerir a qualidade[6]

Planejamento da qualidade	Controle de qualidade	Melhoria da qualidade
Definir objetivos de qualidade	Escolher itens de controle	Satisfazer as necessidades
Identificar os clientes	Escolher métricas de medição	Identificar projetos
Aprender com as necessidades dos clientes	Definir objetivos	Organizar equipes de projeto
Desenvolver requisitos dos produtos	Criar sensores de desvios	Diagnosticar as causas
Desenvolver requisitos dos processos	Medir o desempenho atual	Proporcionar remédios eficazes
Definir controles de processo e transferi-los para a produção	Interpretar a diferença	Lidar com a resistência à mudança
	Tomar ação corretiva sobre os desvios e os problemas	Controlar para garantir os ganhos

A qualidade sempre foi – ao lado da quantidade – um aspecto importante da produção. Três princípios básicos caracterizam essa visão japonesa sobre qualidade:[7]

6 Juran, Joseph M.; Gryna, Frank M. Quality planning and analysis. Nova York: McGraw--Hill Book, 1993. p. 9.

7 Chiavenato, Idalberto. Introdução à teoria geral da administração, op. cit., p. 462.

1. **Qualidade é construída, e não apenas inspecionada:** não se trata apenas de corrigir erros ou desvios, mas, antes de tudo, melhorar para evitar e prevenir futuros erros ou desvios.
2. **A melhoria da qualidade economiza dinheiro:** se a qualidade é vista como resultado da inspeção, então ela custa dinheiro. Por outro lado, se a qualidade melhora porque a organização melhora o desenho do produto e do processo produtivo, a organização reduz o desperdício e as rejeições, economiza dinheiro na produção e aumenta a satisfação do cliente. Então, a qualidade produz riqueza.
3. **A qualidade repousa no princípio da melhoria contínua (*kaizen*):** por meio de melhorias incrementais nos produtos e nos processos. O conceito de defeito zero estabelece o nível de defeitos que pode ser aceitável. Isso significa que a qualidade deve ser continuamente melhorada.

Ambos – o CEQ e o CTQ – constituem abordagens incrementais para se obter excelência em qualidade dos produtos e processos, além de proporcionar uma formidável redução de custos.

Kanban

O *kanban* (do japonês, marcador, cartão, sinal ou placa) é um modelo de produção e movimentação de materiais no sistema JIT (*just-in-time*). O *kanban* é um dispositivo que serve para controlar a ordem das atividades em um processo sequencial. Seu objetivo é indicar a necessidade de mais material e assegurar que ele seja entregue a tempo de garantir a continuidade da execução da atividade.

O *kanban* é um sistema de controle físico e visual que consiste em cartões e contêineres. Existem dois tipos de cartões, que podem ser de papel, metal ou plástico: o cartão de produção (CP) para autorizar a produção, e o cartão de movimentação ou transporte para identificar peças em qualquer contêiner.

O sistema funciona da seguinte maneira: a linha de montagem final recebe o programa de trabalho, que deve ser o mesmo diariamente. Todos os demais operadores de máquinas e fornecedores recebem as ordens de fabricação – por meio de cartões *kanban* – dos postos de trabalho subsequentes. Quando a produção para por algum motivo, por certo tempo, o posto parado não enviará cartão de *kanban* para o posto que o precede, e este também irá parar assim que completar o contêiner que estava enchendo, e assim sucessivamente.

Just-in-time (JIT)

JIT é um sistema de produção que procura agilizar a resposta da produção às demandas do cliente eliminando o desperdício e, consequentemente, aumentando a produtividade. No sistema JIT, o objetivo é produzir exatamente o que é necessário para satisfazer a demanda atual – nem mais, nem menos. O sistema utiliza exatamente os materiais requeridos para atender aos requisitos de produção ou de demanda, o que permite uma incrível redução de níveis de inventários, altos níveis de qualidade e tempos mais curtos de manufatura. O JIT requer alta coordenação da programação da produção e saídas livres de defeitos em cada estágio do processo para que o sistema tenha pequenos inventários. Todos – administradores, empregados e fornecedores – são totalmente envolvidos e compromissados com o sistema. O objetivo é responder prontamente às demandas e às necessidades do cliente pela redução contínua do tempo de manufatura por meio de melhorias incrementais no sistema.[8] Toda atividade que consome recursos e não agrega valor é um desperdício. O combate ao desperdício é a base do sistema. Para obter resultados, o JIT requer as seguintes providências:[9]

1. **Plano mestre:** definido em função da demanda diária com horizonte de 1 a 3 meses para permitir que cada posto de trabalho – como também os fornecedores externos – planejem seus trabalhos.
2. **Tempos de preparação:** como o JIT tem por objetivo produzir lotes ideais, ele precisa avaliar os custos de preparação das máquinas e reduzir drasticamente os tempos de preparação. A lógica é simples: tempos de preparação baixos permitem menores estoques, menores lotes de produção e ciclos mais rápidos.
3. **Trabalho em equipe:** menores lotes e mudanças rápidas requerem talentos que trabalhem coordenadamente em conjunto. O operador deve – ele próprio – fazer a preparação, as manutenções de rotina e os pequenos reparos na máquina. Com as mudanças rápidas e pequenos lotes, cada pessoa passa a ser multifuncional, pois não há estoques disponíveis para atender problemas no sistema. Tudo deve funcionar como um relógio.

---

8 Shingo, Shigeo. A revolution in manufacturing: the SMED system. Stanford: Productivity Press, 1985.

9 Martins, Petronio Garcia; Laugeni, Fernando Piero. Administração da produção. São Paulo: Saraiva, 2005. p. 404-6.

4. ***Kanban:*** o JIT utiliza intensamente o *kanban*.
5. **Leiaute:** como não há almoxarifados, o estoque é suficientemente baixo para manter o processo produtivo por poucas horas e mantido entre as estações de trabalho e em local aberto para facilitar seu uso nas estações seguintes. Há uma tremenda redução do espaço necessário.
6. **Qualidade:** o sistema focaliza erros e não os encobre com estoques sobressalentes. A qualidade é fundamental. Todo defeito é um desperdício e pode provocar parada, pois não há estoques para cobrir erros.
7. **Fornecedores:** são totalmente integrados ao sistema produtivo e deixam de ser adversários para serem parceiros. Devem fazer entregas frequentes, com qualidade assegurada e diretamente à linha de produção.

O JIT é particularmente indicado para produção repetitiva e contínua, pois requer um plano mestre estável e permanente. Na verdade, o JIT conduz ao conceito de fábrica enxuta, isto é, o sistema de manufatura ou serviços dimensionado exatamente para as operações atuais, sem gorduras ou acréscimos desnecessários. O conceito de fábrica enxuta surgiu na Toyota, em função do desafio de ultrapassar as dificuldades de espaço enfrentadas pela empresa japonesa.

Os 10 mandamentos do JIT

Martins e Laugeni apresentam em seu livro os 10 mandamentos do JIT:[10]

1. Jogue fora métodos de produção que sejam velhos e ultrapassados.
2. Pense em maneiras de fazê-lo funcionar, e não por que ele não irá funcionar.
3. Trabalhe com as condições existentes – não procure desculpas.
4. Não espere a perfeição – 50% está muito bom no começo.
5. Corrija imediatamente qualquer erro que surja.
6. Não gaste muito dinheiro em melhorias.
7. A sabedoria nasce das dificuldades.
8. Pergunte o "por que" pelo menos cinco vezes até que encontre a verdadeira causa.
9. É melhor a sabedoria de 10 pessoas do que o conhecimento de uma.
10. As melhorias são ilimitadas.

---

10 Martins, Petronio Garcia; Laugeni, Fernando Piero. Administração da produção, op. cit. p. 411.

A REAÇÃO NORTE-AMERICANA

A reação norte-americana às inovações japonesas no campo da produção foi substancial. A concorrência japonesa tinha derrubado muitas empresas norte-americanas. A partir da década de 1980, começaram a surgir novos conceitos como resposta à competição oriental, conforme será mostrado a seguir.

Downsizing

Não se trata de um sistema de produção, mas de uma ferramenta para reduzir e enxugar a estrutura organizacional e os processos produtivos. *Downsizing* significa enxugar, cortar excessos, reduzir tamanho e as dimensões e tornar as coisas mais simples. O *downsizing* significa cortar etapas desnecessárias de produção, encurtar ciclos produtivos ou eliminar aqueles que agregam pouco valor, ou ainda reduzir níveis hierárquicos para aproximar a base dos centros decisórios da empresa.

Reengenharia de processos

Como o próprio nome sugere, a reengenharia representa um redesenho fundamental e drástico dos processos do negócio para melhorar custo, qualidade, serviço e velocidade. A reengenharia descarta estruturas, processos e sistemas existentes e procura reinventá-los de maneira completamente diferente. A reengenharia apresenta aspectos comuns com a qualidade total – pois as duas reconhecem a importância dos processos organizacionais e enfatizam as necessidades do cliente – mas uma diferença entre ambas é significativa. Os programas de qualidade funcionam a partir dos processos existentes na organização e procuram melhorá-los ou incrementá-los gradativamente, por meio da melhoria contínua. A reengenharia busca o desempenho excelente descartando os processos existentes e partindo para outros inteiramente novos e diferentes.[11]

Benchmarking

É uma metodologia de análise sistemática de práticas administrativas utilizadas por empresas que concorrem direta ou indiretamente e que são líderes em seus

---

11 Hammer, Michael; Champy, James. Reengineering: the path to change. In: Reengineering the corporation: a manifesto for business revolution. Nova York: Harper Business, 1993, p. 31-49. Ver também, dos mesmos autores: Reengenharia: um manifesto para a revolução da empresa. Rio de Janeiro: Campus, 1998.

respectivos mercados. *Benchmarking* é um processo de estudo e comparação das operações de uma área ou organização em relação a outras áreas ou concorrentes diretos ou indiretos. Quase sempre se escolhe uma empresa líder ou de classe mundial para ser analisada e estudada em suas práticas e processos produtivos excelentes. É a pedagogia da imitação, mas *benchmarking* não é só cópia daquilo que se faz melhor no mercado; é também aprendizado e superação.

6-sigma

Sigma é uma medida de variação estatística que se refere à frequência com que determinada operação de um processo produtivo utiliza mais do que os recursos mínimos para satisfazer o cliente. A maioria das organizações está no nível "4-sigma", o que significa mais de 6 mil defeitos em cada 1 milhão de oportunidades. Isso representa 6 mil produtos defeituosos em cada 1 milhão de produtos fabricados. Uma organização que está no nível "6-sigma" registra apenas três defeitos em cada 1 milhão. Isso se traduz em uma vantagem de custos e, mais importante, permite que sobrem recursos para serem dirigidos para os processos de diferenciar uma empresa 6-sigma em relação às demais.

A origem do 6-sigma

O 6-sigma nasceu na Motorola no final da década de 1970. A companhia estava perdendo mercado e, ao investigar as causas, percebeu que a qualidade dos produtos e a satisfação dos clientes se tornaram aspectos críticos. A empresa adotou, então, um programa de administração participativa que se baseia em pessoas trabalhando juntas em equipe. Mais adiante, a empresa percebeu que os problemas enfrentados do lado de fora ocorriam nos processos internos: se melhorasse os processos internos, o nível de satisfação dos clientes também aumentaria. Mudou o programa, chamando-o de "dez vezes melhor em cinco anos", concentrando-se mais no tempo dos ciclos de produção para conjugar qualidade e rapidez. Em 1986, a Motorola recorreu ao *benchmarking* e descobriu que seu diferencial em relação aos concorrentes em ascensão não era de 10 para 1, como pensava, mas algo próximo a 1.000 para 1. O programa foi rebatizado de "6-sigma" para medir a frequência com que as pessoas cometem erros e aproximá-las da estatística próxima ao sexto nível sigma. Os 14 princípios de Deming foram fundamentais. A estratégia de implantação foi chamada de "treinamento de faixa-preta" (*black belt training*) graças à influência de Juran.[12]

---

12 Chiavenato, Idalberto. Introdução à teoria geral da administração, op. cit.

O programa 6-sigma utiliza um conjunto de técnicas em um metódico processo para atingir metas definidas. Com o 6-sigma, já não se busca qualidade pela qualidade, mas pretende-se aperfeiçoar todos os processos de uma organização. Na prática, o 6-sigma diferencia-se da qualidade total em quatro áreas básicas:[13]

1. **Maior amplitude da aplicação:** o TQM é quase todo aplicado dentro da área de produção e manufatura, e não no projeto, finanças, etc. O 6-sigma é para a organização toda. A Motorola afixa boletins de tempo de ciclo, dados de defeitos e metas de melhoria nos refeitórios e banheiros.
2. **Estrutura de implementação mais simples:** os faixas-pretas dedicam-se inteiramente à mudança e ficam fora das atividades cotidianas. A administração é premiada ou punida pela melhoria dos negócios.
3. **Ferramentas mais profundas:** além das ferramentas do TQM, o 6-sigma se aprofunda para descrever a situação atual e prever o futuro. Há uma tremenda dose de estatística aplicada e melhor compreensão de como os processos se comportam, um *software* para auxiliar e um mapa para a aplicação das ferramentas que permite esclarecer os problemas e melhorar sua solução.
4. **Forte vinculação com a saúde financeira dos negócios:** o 6-sigma aborda os objetivos da empresa e se certifica de que todas as áreas-chave para a saúde futura da empresa contenham mensurações quantificáveis em relação às metas de melhoria e planos de aplicação detalhados. Quantifica o que é necessário para atingir os objetivos financeiros da organização.

O 6-sigma busca a eficácia organizacional em três dimensões que devem funcionar em conjunto:[14]

1. **Redução do desperdício:** por meio do conceito de empreendimento enxuto (*lean enterprise*), ou esforço de tempo futuro, ou redução do ciclo de tempo ou ainda eliminação do desperdício do sistema ou eliminar coisas que não têm valor para o cliente, imprimindo velocidade à empresa.
2. **Redução dos defeitos:** é o 6-sigma em si.

13 Chiavenato, Idalberto. Introdução à teoria geral da administração, op. cit.

14 Chiavenato, Idalberto. Introdução à teoria geral da administração, op. cit.

3. **Envolvimento das pessoas:** as pessoas trabalham em equipes de maneira conjunta e integrada e totalmente envolvidas com as metas de melhoria.

MODERNIZAÇÃO DOS SISTEMAS DE PRODUÇÃO

Os sistemas de produção estão recebendo um impulso sem precedentes nos últimos tempos. O computador e a tecnologia da informação estão proporcionando novos conceitos em administração da produção.

Células de produção

O trabalho está deixando de ser individual e solitário para se transformar em uma atividade conjunta, coordenada e solidária. Isso somente é possível pelo trabalho em equipe. Desde a década de 1970, a Volvo sueca substituiu a velha linha de montagem por células de produção. A manufatura se baseia em estações de trabalho (*workstations*) dispostas em forma de U para permitir maior velocidade de produção. Cada estação de trabalho é encarregada de executar uma operação inteira e cada equipe é constituída de pessoas polivalentes e multifuncionais que participam de todo o processo. Com isso, desaparece a velha especialização de cada pessoa, e cada célula de produção é responsável pelo planejamento, controle, qualidade, etc.

CAD/CAM

São tecnologias relacionadas com computador na gestão da produção e das operações. O CAD (*computer-aided design*) auxilia no desenho e no projeto de produtos, enquanto o CAM (*computer-aided manufacturing*) auxilia no planejamento, na execução e no controle das operações. Ambos constituem aquilo que se denomina manufatura integrada por computador (MIC).

MRP

O MRP (*manufacturing resources planning*) – ou planejamento dos recursos de manufatura – é um sistema de planejamento e controle da produção que é utilizado somente com ajuda do computador. Costuma receber a denominação de MRP II para distingui-lo do MRP propriamente dito (*material requirement planning*), que é o planejamento de necessidades de materiais. A tecnologia de produção baseada no computador está proporcionando sistemas flexíveis de manufatura baseados em tempo real, favorecendo mecanismos rápidos de tomada de decisão graças a sistemas de apoio e suporte de decisão. Isso obriga as pessoas a serem mais qualificadas e capacitadas para lidar com dados.[15] O MRP utiliza *softwares* sofisticados e apoia-se em um plano de abastecimento externo e interno de materiais a partir de uma visão estática e pouco mutável da fábrica. Por essa razão, é particularmente indicado para ambientes de produção sob encomenda e em pequenos lotes, quando a produção não é repetitiva.

O MRP II baseia-se em um plano mestre que envolve estoques de materiais e de componentes, restrições de pessoal, disponibilidade de equipamentos para gerar as ordens de compras dos itens fornecidos por terceiros e as ordens de produção para os itens de fabricação própria.

Competição baseada no tempo

No negócio da empresa, tempo é dinheiro. Modernamente, os produtos e os serviços concorrem não apenas em função de preço e qualidade. O tempo – rapidez de expedição ou tempo de mercado – é também um fator importante. A TBC (*time-based competition*) estende os princípios do JIT a cada faceta do ciclo de produção de um produto, desde o início da pesquisa e desenvolvimento (P&D), passando pela manufatura ou operações e chegando ao mercado e distribuição, envolvendo também a logística.[16] A TBC considera duas forças impulsionadoras: a aplicação do JIT por meio do ciclo de expedição do produto, e a eficácia que depende da proximidade com o cliente (conhecimento do cliente e habilidade em usar esse conhecimento para responder às demandas do cliente).[17] A tecnologia e a administração de operações facilitam a concorrência baseada no tempo, encurtando-o de maneira drástica.

Intercâmbio eletrônico de dados

Processos de EDI (*electronic data interchange*) permitem enviar pedidos automaticamente e orientar e monitorar todo o processo produtivo em relação a

15 Wallace, Thomas F. MRP II: making it happen: the implementer's guide to success with manufacturing resource planning. Essex Junction: Oliver Wright, 1985, p. 5.

16 Blackburn, Joseph D. Time-based competition: the next battleground in American manufacturing. Homewood: Business One-Irwin, 1991, p. 69.

17 Moody, Patricia E. Strategic manufacturing: dynamic new directions for the 1990's. Homewood: Dow-Jones Irwin, 1990, p. 191.

cada pedido de cliente. Um dos exemplos clássicos é o da Federal Express, a FedEx, que desenvolveu o conceito de expedição noturna de malotes e encomendas. Além disso, com a engenharia concorrente, as pessoas de todas as áreas da organização – marketing, vendas, serviços, compras, engenharia, P&D e manufatura – formam equipes de produto. As pessoas de cada equipe podem ou não trabalhar em um só local, mas sua constante interação virtual agiliza o desenvolvimento de produtos, melhora a qualidade e reduz custos. Uma equipe dessas, quando bem coordenada eletronicamente, proporciona produtos melhores sob o ponto de vista de todas as especialidades e áreas envolvidas, bem como facilita a manufatura e melhora a qualidade.

Foco em serviços

Recebe também o nome de usina de serviços ou fábrica de serviços e representa uma tendência no sentido de competir não somente com base nos produtos, mas também com base nos serviços relacionados com os produtos. Serviços são atividades econômicas que produzem um lugar, tempo, forma ou utilidade psicológica para o consumidor. Podem incluir suporte informacional para o cliente, entrega rápida e confiável, instalação do produto, serviço pós-venda de assistência técnica e solução de problemas. As organizações industriais estão se antecipando e respondendo às necessidades dos clientes combinando produtos superiores com serviços correlatos a eles. A unidade de manufatura torna-se o centro das atividades da organização – localizadas em áreas separadas e distantes da organização – para satisfazer, atrair e reter clientes.[18]

Consórcio modular

Os velhos sistemas fechados e autossuficientes de produção estão se abrindo e suas fronteiras estão se desvanecendo a cada dia que passa. O consórcio modular é o sistema aberto de produção que permite que fornecedores e parceiros trabalhem dentro da planta e no interior do próprio processo produtivo em seus respectivos módulos de maneira integrada. Trata-se de uma ampliação do conceito de condomínio industrial, em que os fornecedores se localizam dentro da fábrica ou próximos a ela para aumentar a sua integração na cadeia logística. No consórcio modular, o fornecedor é um

18 Chase, Richard B.; Garvin, David A. The service factory. Harvard Business Review, v. 67, p. 61-9, 1989.

parceiro que ajuda a reduzir custos, investimentos, pessoal e espaço físico, bem como aumentar a eficiência e a produtividade e tornar mais flexível o sistema produtivo.

CONCLUSÃO

Assim, a abordagem de um sistema de produção requer inicialmente conhecer qual é a sua finalidade precípua, isto é, produzir algo de valor para o cliente. Contudo, saber qual é a necessidade ou a expectativa do cliente é fundamental para se interiorizar na visão de como deve ser o processo produtivo embutido no sistema. Ou seja, como produzir o produto ou serviço da melhor maneira para atender e satisfazer o cliente. O sistema pode ser extremamente aberto quando se trata da produção sob encomenda, que geralmente é determinado com antecedência pelo cliente ou pela pesquisa e avaliação do problema do cliente. Ou menos aberto, quando se trata da produção em lotes, com pontos de maior abertura ao longo do processo. Ou menos aberto ainda, quando se trata de produção contínua. Entender essa questão é importante. Tudo isso deve ser devidamente levado em conta.

QUESTÕES PARA REVISÃO

1. Conceitue sistema.
2. O que é um subsistema?
3. Quais são os principais componentes de um sistema?
4. Conceitue as entradas ou insumos.
5. Conceitue as saídas ou resultados.
6. Conceitue processamento.
7. Conceitue retroação ou realimentação.
8. O que são sistemas fechados?
9. Quais são as características de um sistema fechado?
10. O que são sistemas abertos?
11. Quais são as características de um sistema aberto?
12. O que é meio ambiente ou ambiente externo?
13. Conceitue empresas como sistemas abertos.
14. O que é intercâmbio?
15. Como se mede a eficiência de um sistema?
16. Como se mede a eficácia de um sistema?
17. Conceitue sistemas de produção.
18. Quais são os três subsistemas de um sistema de produção?
19. Defina almoxarifado de matérias-primas.
20. Defina subsistema de produção.
21. Defina depósito de produtos acabados.
22. Quais são os três tipos de sistema de produção?
23. Defina sistema de produção sob encomenda.
24. Como se efetua o planejamento do trabalho na produção sob encomenda?
25. Quais são as características do sistema de produção sob encomenda?
26. Dê exemplos de produção sob encomenda.
27. Defina sistema de produção em lotes.
28. Dê exemplos de produção em lotes.
29. Quais são as características da produção em lotes?
30. Defina sistema de produção contínua.
31. Dê exemplos do sistema de produção contínua.
32. Quais são as características do sistema de produção contínua?
33. Do que depende o sistema de produção de uma empresa?

34. Compare os sistemas de produção quanto ao almoxarifado de matérias-primas.
35. Compare os sistemas de produção quanto ao subsistema de produção.
36. Compare os sistemas de produção quanto ao depósito de produtos acabados.
37. Compare a continuidade/descontinuidade da produção em cada um dos sistemas de produção.
38. Compare o aproveitamento da mão de obra em cada um dos sistemas de produção.

Exercícios

1. Escolha uma empresa ao acaso e desenhe-a como um sistema aberto em intercâmbio com seu ambiente.
2. Faça nela uma descrição gráfica de como funciona o suprimento de matérias-primas, o subsistema de produção e o depósito de produtos acabados.
3. Dê exemplos de sistemas de produção sob encomenda.
4. Dê exemplos de sistemas de produção em lotes. Explique-os.
5. Dê exemplos de sistemas de produção contínua.
6. Em qual sistema de produção você enquadraria a escola em que estuda? Explique.

4

TRAÇADO DO SISTEMA DE PRODUÇÃO

1. O impacto da tecnologia.
2. Localização das instalações.
3. Capacidade instalada e capacidade de produção.
4. Arranjo físico e leiaute.
5. Manutenção.
6. Questões para revisão.
7. Exercícios.

Definido e caracterizado o produto que se deseja produzir ou o serviço que se deseja oferecer, o passo imediato é planejar e traçar o sistema de produção mais apropriado. O sistema produtivo deve ser perfeitamente adequado ao que se deseja produzir. Essa adequação é fundamental para o êxito da produção. O impacto da tecnologia é imenso e determinante na construção de um sistema produtivo capaz de atender às demandas do mundo atual.

Traçar e planejar o sistema de produção significa atuar sobre o ambiente físico de trabalho no qual se realiza a produção dos produtos ou serviços da empresa. Um dos maiores desafios da GP é dimensionar o espaço disponível, localizar a área produtiva e dispor as máquinas e equipamentos da melhor forma possível para facilitar a produção. A escolha do local não é feita ao acaso nem com base em improvisação. Deve-se, antes, ter em mente a tecnologia de produção a ser adotada para, então, planejar e organizar as áreas e nelas acomodar máquinas e equipamentos que serão utilizados. Trata-se, pois, de estabelecer o traçado do sistema de produção, isto é, como o sistema de produção será planejado, organizado e montado para funcionar da melhor maneira possível. O primeiro passo é estudar o espaço, as áreas disponíveis e as instalações necessárias para o processo produtivo.

O IMPACTO DA TECNOLOGIA

Para produzir produtos ou prestar serviços, as empresas utilizam várias tecnologias. A tecnologia pode ser conceituada como um conjunto ordenado de conhecimentos – sejam empíricos ou científicos – resultantes de experiências e observações acumuladas e registradas por meios escritos ou verbais. A tecnologia envolve tanto os conhecimentos (o saber fazer as coisas, o *know-how*), como as manifestações físicas desses conhecimentos, que são as coisas já feitas, como máquinas, equipamentos, instalações, etc. A tecnologia permite o desenvolvimento de técnicas capazes de transformar os insumos que a empresa recebe em resultados, como produtos ou serviços.

Dessa maneira, a tecnologia se apresenta sob dois tipos de aspectos:[1]

1. **Aspectos conceituais ou abstratos:** constituem o próprio saber fazer as coisas, isto é, o conhecimento disponível para possível aplicação prática. Os aspectos conceituais ou abstratos são comumente denominados *softwares*. Envolvem métodos, processos, procedimentos, rotinas, regras e regulamentos, planos e programas de trabalho, etc.
2. **Aspectos físicos ou concretos:** constituem o resultado prático do conhecimento aplicado, isto é, a consequência física traduzida em coisas que o homem faz. Os aspectos físicos ou concretos são comumente denominados *hardwares*. Envolvem máquinas, equipamentos, instalações, circuitos, etc., ou seja, toda a parafernália de coisas que o desenvolvimento tecnológico permite construir. Como veremos mais adiante, o arranjo físico refere-se à disposição e à colocação dos aspectos físicos concretos.

---

1 Chiavenato, Idalberto. Introdução à teoria geral da administração. 9. ed. Barueri: Manole, 2014.

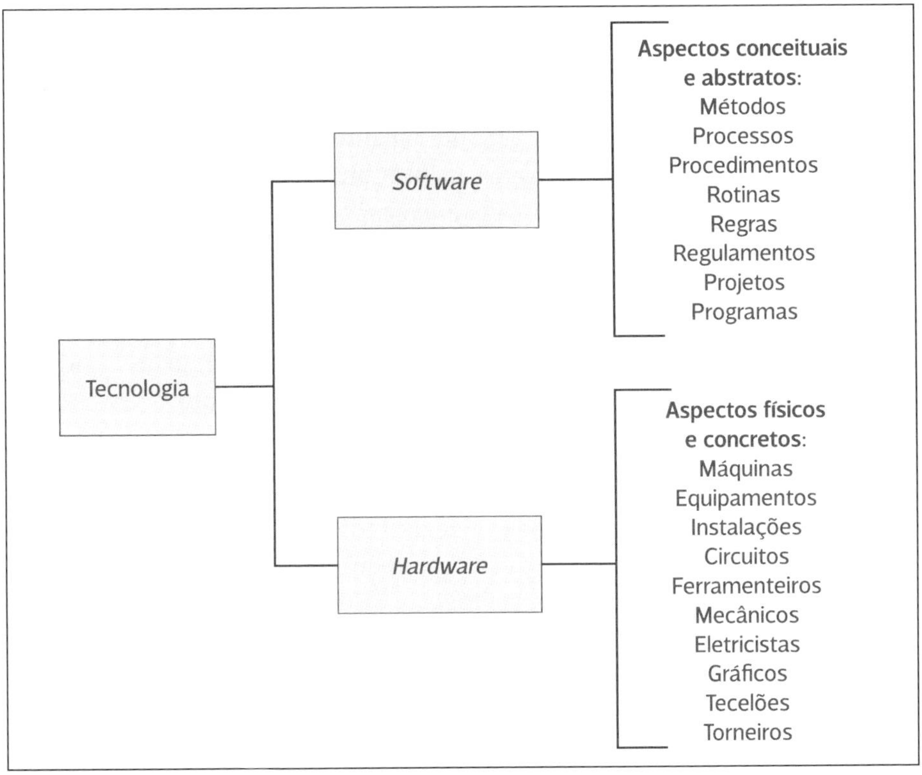

Figura 1 Tecnologia conceitual e tecnologia física.

Formas de operação produtiva

Dependendo da tecnologia que a empresa utiliza, podem existir três formas de operação produtiva: a operação baseada na tecnologia intensiva, na mão de obra intensiva e na média tecnologia.[2]

1. **Operação de tecnologia ou de capital intensivo:** baseada na utilização intensiva de máquinas e equipamentos com ênfase na mecanização e na automação. É o caso da indústria petroquímica, das refinarias de petróleo, dos serviços de processamento de dados, da produção de cimento, etc. A tecnologia intensiva representa o estágio mais avançado da industrialização, com a utilização de equipamentos que dispensam ou reduzem o trabalho do homem por meio da mecanização (uso de

2 Chiavenato, Idalberto. Introdução à teoria geral da administração, op. cit.

máquinas) e da automação industrial. A automação industrial tem o seu melhor exemplo na utilização da robótica (robôs industriais ou máquinas-ferramentas programáveis e equipamentos de controle numérico e computadorizado), que permite o controle automático e o mínimo possível de intervenção humana na produção.

2. **Operação de mão de obra intensiva:** baseada na utilização de pessoas com habilidades manuais e físicas e com ênfase na manufatura e no artesanato. É o caso dos serviços de escritório, da construção civil e industrial, das linhas de montagem com operações manuais, etc. A tecnologia de mão de obra intensiva representa o estágio de maior utilização de operários e de atividade artesanal ou manufatureira.
3. **Operação de média tecnologia:** baseada na conjugação de máquinas e equipamentos com pessoas que devem operá-los ou controlá-los. Representa um meio-termo entre os dois tipos de operação anteriormente descritos. Envolve máquinas e pessoas que trabalham em conjunto e em interação. É o caso da injeção de plásticos, das tecelagens semiautomatizadas, dos serviços de crediário e cobrança, etc.

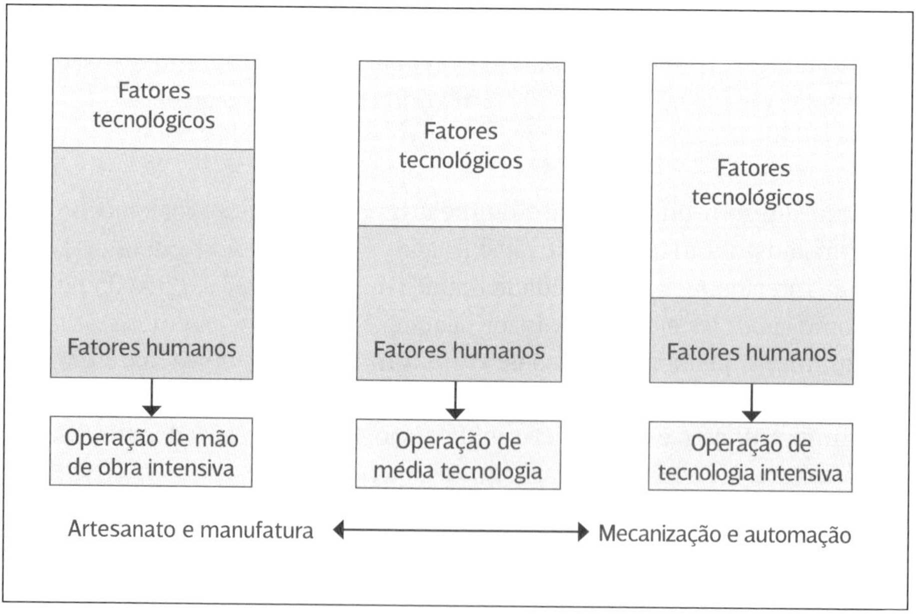

Figura 2 As três formas de operação determinadas pela tecnologia.[3]

3 Chiavenato, Idalberto. Introdução à teoria geral da administração, op. cit.

Decorrências da Era Industrial

O tradicional conceito de mão de obra é típico da Era Industrial, quando as pessoas eram consideradas trabalhadores manuais executando ciclos repetitivos de operações braçais nas fábricas. Esse conceito perdurou até o final do século XX. Modernamente, na Era da Informação, as pessoas estão sendo consideradas trabalhadores do conhecimento e, portanto, executando atividades intelectuais – como ler, registrar, calcular, pensar, mudar, melhorar, implementar, decidir, etc. O termo "mão de obra" passou a ser uma denominação pejorativa e até mesmo infame e degradante. Embora sejamos particularmente contrários a essa denominação, ela está sendo utilizada aqui no sentido tradicional de trabalho humano em todo sistema de produção.

Obviamente, entre esses três tipos de operação há uma infinidade de tipos intermediários e com diferentes gradações de operação envolvendo máquinas, equipamentos e mão de obra representando a atividade manual na produção.

O mercado define três níveis de mão de obra:[4]

1. **Mão de obra não qualificada:** atividade humana mais rudimentar, geralmente braçal ou muscular. Não requer qualificação, isto é, instrução escolar ou experiência profissional anterior. É a mão de obra típica dos operários braçais utilizados na construção civil ou nas atividades de faxina e limpeza.
2. **Mão de obra qualificada:** atividade humana que requer qualificação prévia, isto é, alguma instrução escolar e alguma experiência profissional anterior. Alguma atividade mental ou iniciativa é exigida da pessoa, como saber ler e escrever, fazer pequenos relatórios, cálculos elementares, tomar pequenas decisões, etc. É a mão de obra típica dos funcionários de portaria, pessoal de segurança (como guardas e vigilantes), de almoxarifado (como auxiliares de almoxarifado), contadores de peças, auxiliares de escritório, datilógrafos, etc.
3. **Mão de obra especializada:** atividade humana que requer especialização, isto é, uma instrução específica e uma experiência profissional

---

4 Chiavenato, Idalberto. Recursos humanos: o capital humano da empresa. Rio de Janeiro: Elsevier/Campus, 2011.

> prévia. É a atividade que exige conhecimentos e destreza, além de habilidades pessoais. A mão de obra especializada é constituída de ferramenteiros, mecânicos, tecelões, encanadores, eletricistas, gráficos, instrumentistas, almoxarifes, enfermeiros, etc.

Assim, a mão de obra se refere à atividade manual, braçal, muscular ou artesanal e manufatureira sobre a produção. Quando a pessoa ocupa um cargo de supervisão, chefia ou gerência, deixa de ser mão de obra, pois passa a lidar com pessoas, e não mais diretamente com o produto/serviço. Nesse caso, passa a ocupar um cargo de supervisão, liderança ou de gestão.

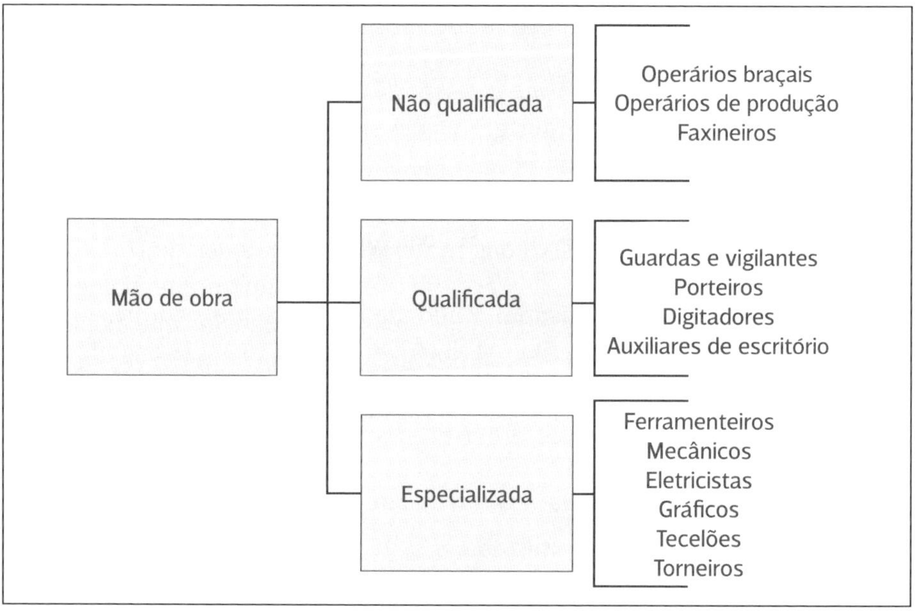

Figura 3 Os três tipos de mão de obra.[5]

Meios de reduzir a incidência de mão de obra

Muitas empresas procuram reduzir a incidência de mão de obra por três meios: racionalização, mecanização e automatização.[6]

5 Chiavenato, Idalberto. Recursos humanos: o capital humano da empresa, op. cit.

6 Chiavenato, Idalberto. Introdução à teoria geral da administração, op. cit.

1. **Racionalização:** estudo de métodos e procedimentos para reduzir o trabalho e aumentar a eficiência. Racionalizar é melhorar o método e o processo para que o esforço seja mais produtivo. No fundo, a racionalização significa a busca de meios racionais para alcançar os objetivos desejados. Trata-se, portanto, de criar métodos e procedimentos que eliminem o desperdício de esforço e agreguem valor ao trabalho.
2. **Mecanização:** substituição do esforço humano pelo trabalho da máquina e do equipamento. Mecanizar é transferir o trabalho muscular do homem para a máquina. Um tipo de mecanização mais avançado é a robotização, isto é, a adoção de robôs industriais para a execução de tarefas duras e inóspitas, como soldagem, parafusamento, pintura, etc.
3. **Automatização:** substituição do cérebro humano pelo trabalho da máquina e do computador. Automatizar significa transferir o trabalho mental do homem para a máquina ou o computador, como contagem de peças (controle numérico), programação de máquinas, etc.

A tecnologia utilizada pela empresa determina quase tudo. É ela que define o processo de produção, o fluxo dos materiais, os métodos de trabalho, as máquinas e os equipamentos necessários, etc. É também a tecnologia que define os conhecimentos, as habilidades e as competências que as pessoas devem possuir para trabalhar na empresa. A tecnologia pode ser mais ou menos versátil, ou seja, apresentar maior ou menor flexibilidade para permitir que a empresa possa escolher diferentes produtos ou serviços para produzir.

Versatilidade da tecnologia utilizada

Quanto à sua versatilidade, a tecnologia pode ser classificada em dois tipos: tecnologia fixa e tecnologia flexível:[7]

1. **Tecnologia fixa:** criada para um único e determinado objetivo. Ela não permite utilização em outros produtos/serviços diferentes porque foi desenvolvida apenas para uma atividade específica. A empresa que emprega tecnologia fixa e imutável é obrigada a escolher ou adaptar

7 Chiavenato, Idalberto. Introdução à teoria geral da administração, op. cit.

os produtos/serviços adequados à tecnologia que dispõe. Quase sempre, a tecnologia fixa confina a empresa à produção de um único e específico produto/serviço. As indústrias automobilísticas empregam tecnologia fixa cuja modificação exige elevados investimentos, quando se trata de novos modelos de carros. É o caso também de indústrias de cimento, serviços de processamentos de dados e a grande maioria das indústrias do ramo químico e petroquímico. Tais indústrias simplesmente não podem mudar de produto porque a tecnologia fixa não o permite.

2. **Tecnologia flexível:** pode ser utilizada para diversas finalidades. Ocorre na medida em que máquinas, equipamentos, matérias-primas, conhecimentos, habilidades e competências podem ser aplicados ou adaptados para a produção de tipos diferentes de produtos/serviços. A tecnologia flexível permite adaptabilidade e flexibilidade necessárias para que a empresa possa optar por uma variedade de produtos/serviços. É quando a tecnologia pode adaptar-se às diferentes características dos produtos/serviços a serem produzidos. O melhor exemplo de tecnologia flexível ocorre nas oficinas e em grande parte das linhas de montagem, que podem ser facilmente adaptadas para a produção de diferentes produtos/serviços.

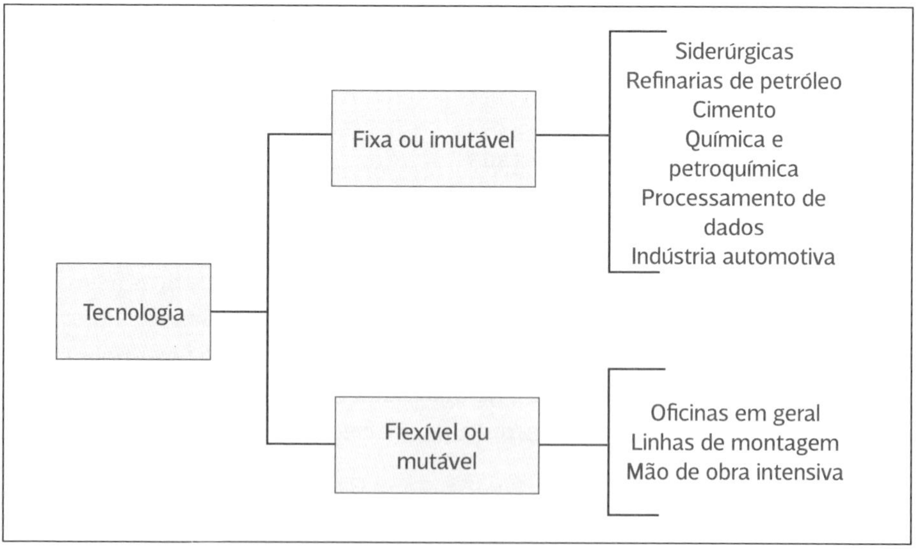

Figura 4 Tipos de tecnologia quanto a sua versatilidade.

A influência da tecnologia – seja fixa ou flexível – é mais perceptível quando associada com o tipo de produto que a organização oferece. O produto pode ser classificado em:

1. **Produto concreto:** é o produto físico ou material que pode ser descrito com grande precisão, identificado com especificidade, medido e avaliado. O produto concreto pode ser visto, tocado, apalpado.
2. **Produto abstrato:** é o produto que não permite descrição precisa, nem identificação clara e especificação. O produto abstrato – ou serviço – não pode ser visualizado, tocado ou apalpado, daí a complexidade de sua mensuração.

Combinações de produto × tecnologia

Assim, as classificações binárias de tecnologia e de produto podem ser reunidas em uma tipologia de tecnologia e produtos, que possibilita considerar as suas consequências para a elaboração de uma política administrativa global de uma organização. Daí as quatro combinações descritas a seguir:[8]

1. **Tecnologia fixa e produto concreto:** é típica de organizações nas quais as possibilidades de mudanças tecnológicas são muito pequenas ou mesmo difíceis. A preocupação reside na possibilidade de que o mercado venha a rejeitar ou dispensar o produto oferecido pela organização. A formulação da estratégia global da organização procura enfatizar a colocação ou a distribuição do produto no mercado, com especial reforço na área de marketing. O exemplo típico são as empresas do ramo automobilístico.
2. **Tecnologia fixa e produto abstrato:** a organização é capaz de mudar, embora dentro dos limites impostos pela tecnologia fixa ou inflexível. A formulação da estratégia global da organização procura enfatizar a obtenção do suporte ambiental necessário para a mudança. Assim, as partes relevantes do mercado precisam ser influenciadas para que aceitem novos produtos que a organização deseja oferecer. O exemplo típico são as instituições educacionais baseadas em conhecimentos altamente especializados e que oferecem uma variedade de cursos.

8 Thompson, James D.; Bates, Frederick L. Technology, organization and administration. Ithaca: Business and Public Administration School, Cornel University, 1969.

3. **Tecnologia flexível e produto concreto:** a organização pode efetuar, com relativa facilidade, mudanças para um produto novo ou produtos diferentes por meio da adaptação das máquinas e equipamentos, técnicas, talentos, competências, etc. A estratégia global procura enfatizar a inovação por meio de pesquisa e desenvolvimento, isto é, a criação constante de produtos diferentes ou de características novas para antigos produtos. O exemplo típico são as empresas do ramo de plásticos e equipamentos eletrônicos que estão sujeitas a intensas mudanças e inovações, levando as tecnologias adotadas a serem constantemente reavaliadas e modificadas ou adaptadas.
4. **Tecnologia flexível e produto abstrato:** encontrada em organizações com grande adaptabilidade ao mercado. A estratégia global enfatiza a obtenção do consenso externo em relação ao produto ou serviço a ser oferecido ao mercado (consenso de clientes) e aos processos de produção (consenso dos funcionários), já que as possibilidades de mudanças tecnológicas são muitas e o problema maior da organização reside na escolha entre qual é a alternativa mais adequada entre elas. O exemplo típico são as organizações secretas ou mesmo abertas, mas extraoficiais, empresas de propaganda e de relações públicas, empresas de consultoria organizacional, consultoria legal, auditoria, etc.

O impacto da tecnologia

É importante ter um profundo conhecimento da tecnologia utilizada pela empresa. Muitas empresas que adotam tecnologias sofisticadas (como indústrias siderúrgicas, refinarias de petróleo, empresas do ramo químico ou petroquímico) requerem profissionais com especialização em engenharia, mecânica ou química para cuidarem da produção, dando prioridade para o *hardware* ou *software* operacional.

Tipos de tecnologia

É importante conhecer a tecnologia para se compreender a ação empresarial, por uma razão muito simples: a ação das empresas está fundamentada nos resultados desejados e nas convicções sobre as relações de causa-e-efeito. Para se alcançar um determinado resultado desejado, o conhecimento humano prevê quais são as ações necessárias e a maneira de conduzi-las para aquele resultado. Essas ações são ditadas pelas convicções que temos

		Produto	
		Concreto	Abstrato
Tecnologia	Fixa	Poucas possibilidades de mudança Pouca flexibilidade Estratégia focada na colocação do produto no mercado Ênfase na área de marketing Receio de ter o produto rejeitado pelo mercado	Algumas possibilidades de mudanças dentro dos limites impostos pela tecnologia Estratégia focada na obtenção da aceitação de novos produtos no mercado Ênfase da área de marketing Receio de não obter o apoio necessário do mercado
	Flexível	Mudanças relativamente fáceis nos produtos por meio de adaptação ou mudança tecnológica Estratégia focada na inovação e na criação constante de novos produtos ou serviços Ênfase na área de pesquisa e desenvolvimento	Grande adaptabilidade ao mercado Grande flexibilidade Estratégia focada na obtenção do consenso externo (quanto aos novos produtos) e consenso interno (quanto aos novos processos de produção) Ênfase nas áreas de P&D (novos produtos e novos processos), marketing (consenso dos clientes) e RH (consenso dos funcionários)

Figura 5 Matriz de tecnologia × produto.[9]

para chegar aos resultados desejados e constituem a chamada racionalidade técnica – que é a tecnologia. Assim, dois critérios são fundamentais: o critério instrumental (ou racionalidade técnica), que permite conduzir aos resultados desejados, e o critério econômico, que permite alcançar os resultados desejados com a mínima despesa de recursos necessários.

Alguns autores identificam três tipos de tecnologias de produção de acordo com seu arranjo físico dentro da organização:[10]

1. **Tecnologia em elos de sequência:** baseada na interdependência serial das tarefas necessárias para completar com êxito um produto. O ato Z poderá ser executado depois de completar com êxito o ato Y, que, por sua vez, de-

9 Adaptada de: Chiavenato, Idalberto. Introdução à teoria geral da administração, op. cit.

10 Thompson, James D. Dinâmica organizacional: fundamentos sociológicos da teoria administrativa. São Paulo: McGraw-Hill do Brasil, 1976. p. 30-3.

pende do ato X, e assim por diante, dentro de uma sequência de tarefas encadeadas e interdependentes. É o caso da linha de montagem da produção em massa. É a tecnologia que se aproxima da perfeição instrumental quando produz um único tipo de produto padrão, repetitivamente e a uma taxa constante. A repetição reiterada do processo produtivo proporciona a experiência como meio de eliminar possíveis imperfeições, melhorar o maquinário e proporcionar a base para uma manutenção preventiva programada. Essa repetição também significa que os movimentos humanos possam ser examinados e melhorados por meio de treinamento e prática, reduzindo erros e perdas de energia a um mínimo. Foi nesse ponto que a Administração Científica de Taylor ofereceu sua maior contribuição.

2. **Tecnologia mediadora:** algumas organizações fazem a ligação entre clientes que são ou desejam ser interdependentes. É o caso do banco comercial que liga os depositantes com aqueles que desejam tomar emprestado. A companhia de seguros liga aqueles que desejam associar-se em riscos comuns. A agência de propaganda vende tempo ou espaço ligando os veículos às demais organizações. A companhia telefônica liga aqueles que querem chamar com os que querem ser chamados. A agência de colocações medeia a procura com a oferta de empregos pelo recrutamento de pessoal. Enquanto a tecnologia em sequência tem uma atividade engrenada às necessidades das outras, a tecnologia mediadora requer um funcionamento dentro das modalidades padronizadas e envolvendo extensivamente clientes ou compradores múltiplos distribuídos no tempo e no espaço. Assim, de um lado, o banco comercial precisa encontrar depósitos de diversos depositantes mantendo transações dentro dos padrões e procedimentos de escrituração e contabilização uniformes. De outro lado, é preciso também encontrar os que querem tomar emprestado e cujos empréstimos precisam ser feitos de acordo com critérios padronizados e condições aplicadas de maneira uniforme à categoria adequada daquele que toma emprestado. Tratamento preferencial traz riscos desfavoráveis e prejudica a solvência do banco. A padronização permite à companhia de seguros, por exemplo, definir categorias de risco e, assim, classificar seus clientes ou compradores em potencial em categorias convenientes. Desse modo, a padronização permite à tecnologia mediadora assegurar que todos os segmentos estejam funcionando de maneiras compatíveis. É aqui que as técnicas burocráticas de categorização e de aplicação impessoal de regulamentos têm sido mais aplicáveis.

3. **Tecnologia intensiva:** representa a focalização de uma ampla variedade de habilidades, especializações e competências sobre um único cliente. A organização utiliza diversas técnicas para conseguir uma modificação em algum objeto específico, e a seleção, a combinação e a ordem de aplicação são determinadas por realimentação (retroação) pelo próprio objeto. A indústria de construção (estaleiros, construção civil ou industrial) e a área de pesquisa e desenvolvimento ilustram bem esse tipo de organização. O hospital geral também é um bom exemplo da aplicação da tecnologia intensiva: a qualquer momento, uma internação de emergência pode exigir alguma combinação de serviços dietéticos, radiológicos, laboratoriais, em conjunto com diversas especialidades médicas, serviços farmacêuticos e serviços espirituais e religiosos. Qual desses serviços e quando são informações que só poderão ser determinadas pela evidência do estado do paciente ou da sua resposta ao tratamento. A tecnologia intensiva requer a aplicação de parte ou de toda a disponibilidade das competências potencialmente necessárias, dependendo da correta combinação conforme exigidas pelo caso ou projeto individual. Ela conduz praticamente a uma organização do tipo de projeto.[11]

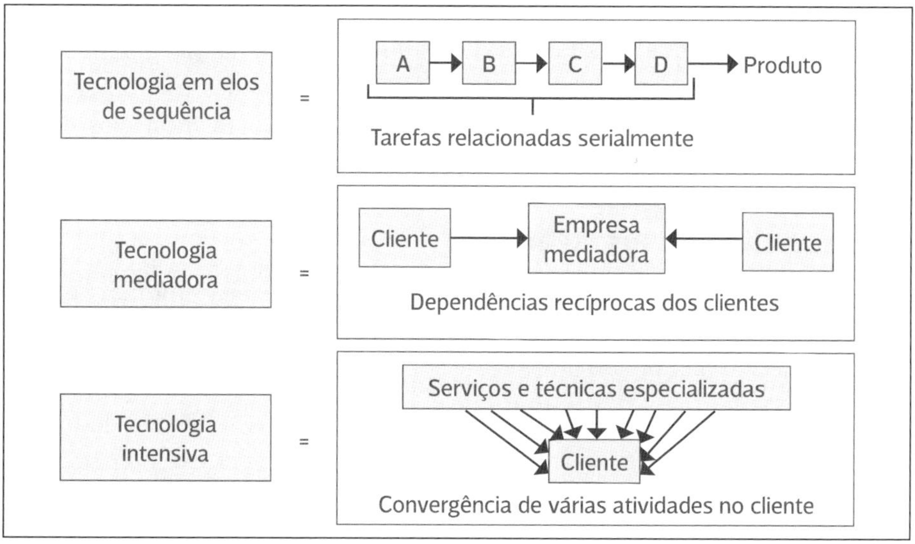

Figura 6 Tipologia de tecnologias de produção.[12]

11 Thompson, James D. Dinâmica organizacional, op. cit., p.33.

12 Adaptada de: Chiavenato, Idalberto. Introdução à teoria geral da administração, op. cit.

Cada tipo de tecnologia exige um diferente desenho organizacional e sistema de produção.

Tecnologia	Principais características
Elos de sequência	Interdependência serial entre as diferentes tarefas Ênfase no produto Tecnologia fixa e estável Repetitividade do processo produtivo, que é cíclico Abordagem típica da Administração Científica
Mediadora	Diferentes tarefas padronizadas são distribuídas extensivamente em diferentes locais Ênfase em clientes separados, mas interdependentes, que são mediados pela empresa Tecnologia fixa e estável, produto abstrato Repetitividade do processo produtivo, que é padronizado e sujeito a normas e procedimentos Abordagem típica da Teoria da Burocracia
Intensiva	Diferentes tarefas são localizadas e convergidas sobre cada cliente tomado individualmente Ênfase no cliente Tecnologia flexível Processo produtivo envolvendo variedade e heterogeneidade de técnicas, que são definidas pela retroação dada pelo próprio objeto Abordagem típica da Teoria da Contingência

Figura 7 Características dos tipos de tecnologia.[13]

LOCALIZAÇÃO DAS INSTALAÇÕES

A localização – mais comumente denominada localização industrial – refere-se ao local específico escolhido para as instalações da empresa, seja fábrica, oficina, loja ou escritório. A escolha de um local para situar as instalações depende de vários fatores que devem ser reunidos em um conjunto adequado.

Os principais fatores de localização industrial são os seguintes:

1. **Disponibilidade de mão de obra no local:** escolhe-se determinado local pela abundância de mão de obra barata e preparada. Trata-se

13 Adaptada de: Chiavenato, Idalberto. Introdução à teoria geral da administração, op. cit.

de um fator importante principalmente quando a produção é de mão de obra intensiva e há necessidade de muitos empregados. Há que se ponderar que muitos locais – como as áreas rurais, por exemplo – proporcionam mão de obra barata, mas de baixo nível de formação ou experiência profissional.

2. **Proximidade das fontes de matérias-primas ou de fornecedores:** principalmente quando os insumos forem de grande tamanho ou peso, a proximidade das fontes de fornecedores é fundamental. Escolhe-se determinado local pela abundância no fornecimento ou proximidade de matérias-primas. Exemplos: siderúrgicas, metalúrgicas, fábricas de aço ou de papel que devem ser localizadas próximas das fontes de suprimentos.
3. **Localização geográfica próxima aos mercados consumidores:** para minimizar os custos de transportes dos produtos acabados ou para facilitar a entrega dos serviços, escolhe-se o local mais chegado aos consumidores, clientes ou usuários.
4. **Facilidades logísticas:** transporte ou acesso a estradas, ferrovias, terminais de transporte marítimo ou fluvial, principalmente quando o produto é de grande porte e peso, como nas siderúrgicas, refinarias de petróleo, indústrias de cimento, etc.
5. **Infraestrutura:** que permita disponibilidade de serviços, como água, eletricidade e gás, quando o volume desses insumos é grande.
6. **Tamanho da localização:** quando houver previsão de expansão ou tipo de solo mais apropriado em se tratando de construções pesadas ou de empreendimentos sujeitos a crescimento no futuro.
7. **Incentivos fiscais:** concedidos por leis municipais ou estaduais e que proporcionam redução de impostos ou facilidades de implantação.

Tabela 1 Principais fatores de localização industrial
Proximidade de mão de obra e de pessoal especializado
Proximidade das matérias-primas ou de fornecedores
Proximidade dos mercados consumidores
Facilidade de transporte
Infraestrutura energética (eletricidade, gás, etc.)
Tamanho da localização
Incentivos fiscais

A localização ideal ou ótima é aquela em que todos ou quase todos os fatores citados são satisfeitos total ou parcialmente. Muitas vezes, pode existir um fator que predomina sobre os demais. É o caso da proximidade de matérias-primas ou da disponibilidade de mão de obra, por exemplo. Em uma indústria de papel, a presença de água e eletricidade, facilidade de transporte pesado e proximidade das matérias-primas constituem os quatro fatores predominantes da localização. Dificilmente os fatores de localização podem ser avaliados de maneira objetiva, mas quase sempre é possível identificá-los e ponderá-los quando se tem várias alternativas de localização industrial para escolher. Eles são amplamente utilizados quando se trata de escolher um local para fábrica, loja, *shopping center*, agência bancária, escritório, mercearia ou siderúrgica.

Uma mesa, dez empresas

Os escritórios com serviços compartilhados estão se multiplicando. A Revista Veja[14] mostra um caso em que, em uma mesma sala, *designers*, uma analista de pesquisa de mercado e outras pessoas – que nada têm de relacionamento ou contato entre si – cuidam cada qual dos próprios trabalhos na estação de um escritório de serviços compartilhados. O escritório de *coworking* oferece recepcionista, telefonista, sala de reuniões, *lounge* para visitas, ducha para quem chega de bicicleta, *wi-fi* em todo o ambiente, área de lazer com TV e *video game*. Profissionais de várias áreas compartilham o mesmo ambiente de trabalho. Usam uma mesa coletiva e dividem a infraestrutura, incluindo a secretária. Grande parte do público é formada por microempresários que desistiram de tentar trabalhar em casa ou em um escritório próprio, mas não têm cacife para bancar um lugar maior. Há regras básicas que tentam tornar a convivência mais amistosa, como sair para usar o celular quando a chamada for longa e lavar sua própria louça. Trata-se de um exemplo de como a localização da empresa está passando por inovações impensáveis no passado recente. Isso sem falar nas empresas totalmente virtualizadas que atuam na internet, ou nos escritórios comuns alugáveis por pouco tempo para reuniões e trabalhos conjuntos.

CAPACIDADE INSTALADA E CAPACIDADE DE PRODUÇÃO

A capacidade instalada e a capacidade de produção são dois conceitos de grande importância para a GP.

---

14 Roncolato, Lívia. Uma mesa, dez empresas. Revista Veja, São Paulo, 4 set. 2013, p. 80.

Dá-se o nome de capacidade instalada ao potencial que a empresa possui para produzir produtos/serviços com as suas instalações, máquinas e equipamentos. A capacidade instalada é, portanto, a capacidade máxima de produção que a empresa pode atingir com a plena utilização de suas instalações e equipamentos. Dificilmente, a produção de uma empresa consegue chegar a se manter no limite máximo de sua capacidade, isto é, em 100% de sua capacidade instalada. Quando a empresa utiliza apenas pequena parte de sua capacidade instalada, ocorre a capacidade ociosa, que representa a utilização parcial da capacidade instalada.

A capacidade instalada, portanto, permite uma determinada capacidade de produção. A diferença entre ambas é que a capacidade instalada é definida pelo arsenal de instalações e equipamentos disponíveis, que é um dado estático, enquanto a capacidade de produção representa a produção possível com a capacidade instalada mais os recursos materiais (matérias-primas), humanos (pessoal e competências) e financeiros (disponibilidade de capital para financiar as operações da empresa).

Figura 8 Determinantes da capacidade de produção.

Assim, a capacidade de produção representa a capacidade instalada mais os recursos materiais, humanos e financeiros disponíveis. Apenas a capacidade instalada não significa que a produção esteja sendo realizada. Para que a capacidade instalada seja efetivamente utilizada, são necessários os recursos empresariais, como matérias-primas disponíveis, pessoal suficiente para produzir e dinheiro para financiar as compras e operações da empresa.

Indicadores e métricas para medir a capacidade de produção

A capacidade de produção é geralmente uma grandeza numérica pela qual se pode medir a quantidade de vezes que se poderá produzir um produto ou prestar um serviço em um determinado período. Essa grandeza numérica pode ser obtida por três tipos de unidades de medida: tempo, quantidade de produtos ou valores monetários:

1. **Medidas de tempo:** a capacidade de produção é avaliada em função do tempo, qualquer que seja o produto/serviço produzido ou a produzir. É o caso de homens/horas de trabalho, da carga horária da máquina, do tempo de atendimento do cliente bancário ou da clínica médica. Trata-se de uma grandeza que permite avaliar o potencial disponível da empresa, ou seja, sua capacidade de produção para um produto/serviço já existente ou para um novo produto/serviço a ser lançado futuramente. Entretanto, não fornece uma dimensão exata daquilo que a empresa produz, pois se refere aos meios de produção, e não aos seus resultados.
2. **Quantidade de produtos/serviços:** a capacidade de produção é medida em volumes unitários de produtos/serviços que a empresa pode produzir em um dado período. Mede os resultados finais da produção, e não os meios de produção disponíveis. É o caso da produção por hora, por dia, por semana, por mês ou por ano de produtos/serviços, como lápis, lâmpadas, automóveis, parafusos, cheques compensados, pacientes internados. Define o quanto a empresa pode produzir dentro de determinado período. Se a empresa tem capacidade para produzir, por exemplo, 500 geladeiras por mês ou para atender a 100 clientes por dia, essas grandezas permitem uma avaliação das possibilidades do negócio e de como a empresa ou um departamento pode atender ao mercado. As quantidades de produtos/serviços não constituem uma medida homogênea – principalmente quando a empresa tem vários e diferentes produtos/serviços – nem estável, pois a produção pode sofrer atrasos ou os produtos/serviços podem ser modificados. Além disso, é uma grandeza que depende do período considerado.
3. **Unidades monetárias:** a capacidade de produção é medida em valores financeiros ou monetários. As unidades de produtos/serviços produzidos são multiplicadas pelos preços cobrados, proporcionando o resultado financeiro da produção realizada. Quando a inflação é elevada, muitas empresas utilizam unidades monetárias constantes – como o dólar ou euro – para permitir uma avaliação mais fidedigna ao longo do tempo. Trata-se de uma grandeza interessante para dar uma ideia do resultado financeiro da capacidade de produção.

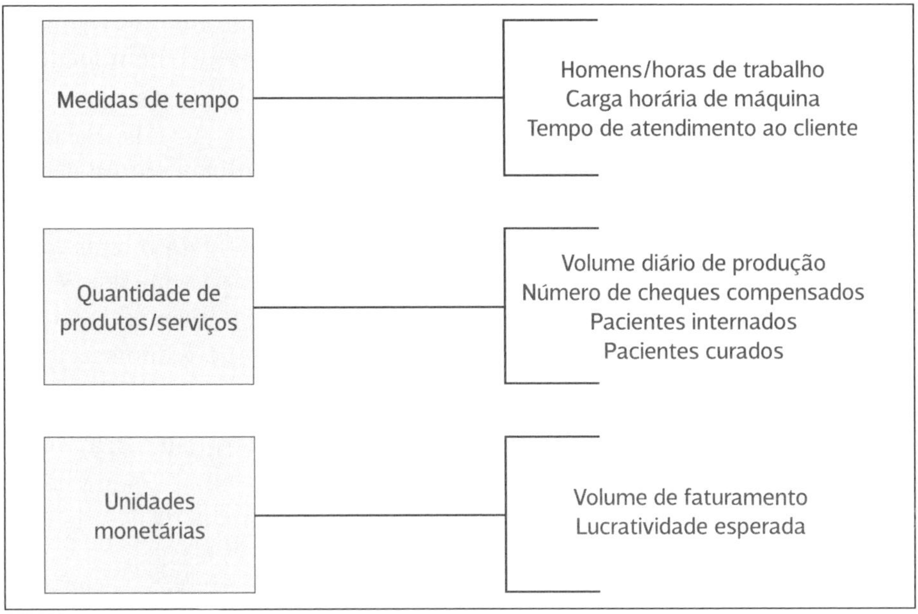

Figura 9 Unidades de medida da capacidade de produção.

Assim, a capacidade de produção pode ser medida tanto em número de homens-horas de trabalho disponíveis para cada atividade, como pela quantidade de produtos que é capaz de produzir por hora ou por dia, ou ainda pelo faturamento que pode garantir por hora, por dia ou por mês de atividade. Cada empresa escolhe a unidade de medida mais adequada às suas características.

ARRANJO FÍSICO E LEIAUTE

O arranjo físico se refere ao planejamento da configuração do espaço físico a ser ocupado e representa a disposição de pessoas, máquinas e equipamentos necessários à produção dos produtos/serviços da empresa. O arranjo físico pode se referir também à localização física de diversos órgãos ligados direta ou indiretamente à produção para facilitar o relacionamento entre eles. Assim como as pessoas, as máquinas e os equipamentos devem estar adequadamente dispostos e colocados fisicamente para facilitar o processo produtivo, também os órgãos da empresa precisam ocupar espaços que facilitem as suas operações e a sua interdependência.

O arranjo físico é retratado pelo leiaute (do inglês, *layout*, que significa dispor, ordenar, esquematizar). Leiaute é o gráfico que representa a disposição espacial, a área ocupada e a localização das máquinas e dos equipamentos ou as seções envolvidas. O leiaute mostra o arranjo físico de máquinas, homens e materiais, procurando a melhor combinação dos três: operações das máquinas, produtividade do trabalho e fluxo dos materiais. Na realidade, o leiaute se assemelha a uma planta baixa (desenho simples) de um apartamento ou casa com seus respectivos cômodos.

Existem quatro tipos de leiaute: leiaute linear, voltado para o produto ou serviço; leiaute voltado para o processo produtivo; leiaute posicional e leiaute celular. Podem ser utilizados em conjunto, dependendo do sistema de produção.

Leiaute por produto

Trata-se de um leiaute linear que, no caso de produção de produtos, apresenta cada tipo de operação desde a entrada da matéria-prima em sua ponta até a saída do produto acabado na outra ponta, indicando a trajetória (etapas de produção) que constitui a menor distância entre esses dois extremos. O leiaute do produto indica toda a sequência de operações executadas em um produto desde a entrada da matéria-prima até o seu acabamento final, quando se torna produto acabado.

No caso de prestação de serviços, o leiaute linear aborda cada operação desde o seu início até sua finalização junto ao cliente.

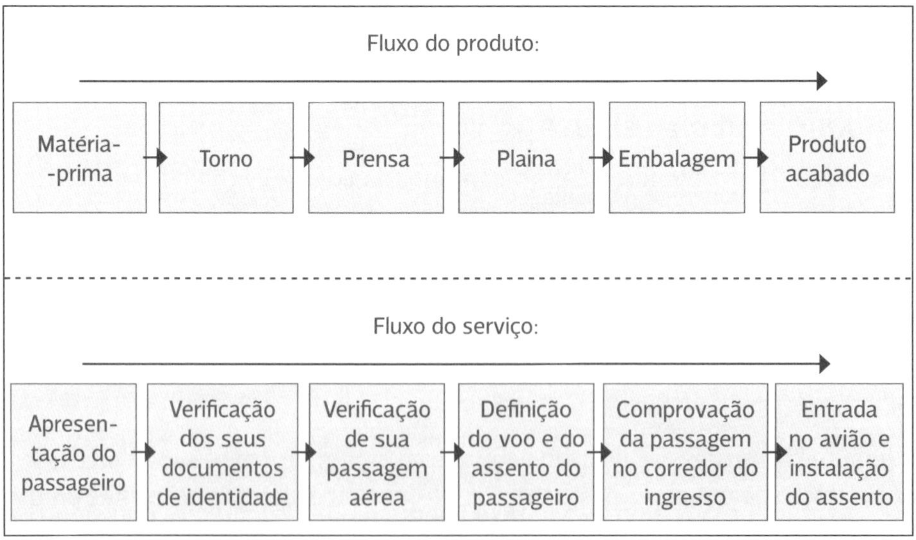

Figura 10 Leiaute linear por produto ou serviço.

O leiaute linear é utilizado quando se pretendem analisar todas as operações executadas na produção de um determinado produto ou serviço. Nesse tipo de leiaute, o produto ou o serviço constitui o ponto de referência, ou seja, a base de análise.

Leiaute por processo

Também denominado leiaute funcional, representa as diversas seções (ou máquinas e equipamentos) e o fluxo que o processo segue desde a matéria-prima inicial até o produto acabado. Em outros termos, as seções (ou máquinas e equipamentos) figuram como elementos básicos do leiaute, enquanto cada produto segue sua trajetória, que é diferente para os outros produtos.

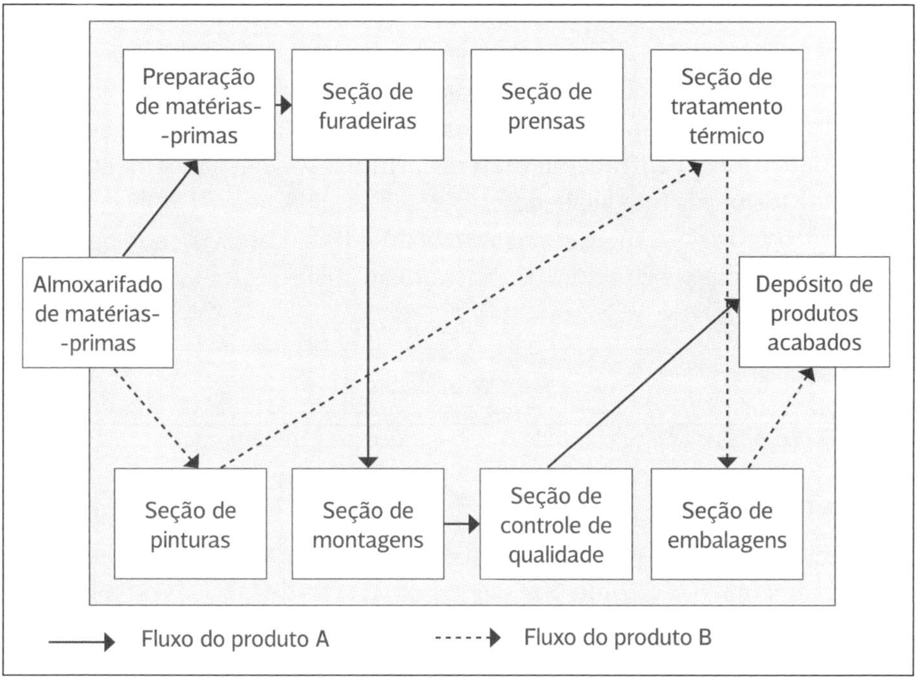

Figura 11 Leiaute por processo ou funcional.

O leiaute por processo é utilizado quando se pretendem analisar os processos de produção de um ou vários produtos. Nesse tipo de leiaute, as seções produtivas são o ponto de referência, isto é, as bases de análise dos vários produtos.

	Arranjo físico por processo	Arranjo físico por produto
Lógica	Recursos agrupados por função	Recursos arranjados sequencialmente
Tipo de processo	Por tarefa Por lote ou batelada	Linha (manual ou automática) Fluxo contínuo
Fluxo processado	Intermitente, variável	Contínuo
Volumes por produto	Baixos	Altos
Variedade de produtos	Alta	Baixa
Decisão de arranjo físico	Localização de recursos	Balanceamento de linhas
Estoque em processo	Alto	Baixo
Sincronização em etapas	Difícil	Fácil
Identificação de gargalos	Mais difícil	Mais fácil
Distâncias percorridas	Longas	Curtas
% de tempo agregando valor	Baixa	Alta
Espaço requerido	Grande	Pequeno
Natureza geral dos recursos	Mais polivalentes	Dedicados
Custos de manuseio de materiais	Mais alto	Mais baixo
Critério competitivo	Flexibilidade	Custo, velocidade

Figura 12 Comparação entre arranjo físico por processo e por produto.[15]

Leiaute posicional

É o leiaute utilizado por sistemas de produção extremamente grandes e muitos deles irremovíveis, como no caso de construção de fábricas ou hidrelétricas, navios, aviões, ferrovias ou rodovias. Mostra posições que não podem ou não devem ser alteradas ou modificadas com facilidade, pelo fato de repercutirem negativamente na confiabilidade de entrega. São casos que ocupam espaços permanentes em função do planejamento e controle do projeto.

15 Alvarenga Netto, Clóvis. Materiais e processos de produção IV. Universidade de São Paulo, Escola Politécnica da USP, Departamento de Produção, Maio 2009. Disponível em: <www.usp.br/fau/cursos/graduacao/design/disciplinas/pro2721/09-11_-_Arranjo_Fisico.pdf>. Acesso em: 4 set. 2013.

Leiaute celular

É o leiaute utilizado por sistemas de produção em células. Célula de produção é o nome dado a equipes multifuncionais dedicadas a uma tarefa específica que requer o conjunto integrado de várias competências individuais.

Os principais benefícios do leiaute celular são:

- Maior flexibilidade do que o leiaute por produto.
- Racionalização dos projetos e processos.
- Simplificação do planejamento e controle da produção.
- Redução do tempo de atravessamento total (*lead time*).
- Redução das movimentações de materiais.
- Redução do material em processamento.
- Maior confiabilidade nos prazos de entrega.
- Flexibilidade na utilização da mão de obra.
- Promoção do trabalho em equipe.

Objetivos do leiaute

O principal objetivo do leiaute é organizar ou reorganizar da melhor forma a disposição do espaço a ser ocupado por pessoas, máquinas e equipamentos. Por trás desse objetivo principal, há outros objetivos não menos importantes, como:[16]

1. Melhorar o processo de produção.
2. Minimizar investimentos em equipamentos.
3. Permitir flexibilidade nas operações.
4. Utilizar o espaço disponível da maneira mais eficiente.
5. Minimizar tempo de produção.
6. Reduzir inventário de materiais.
7. Diminuir custos de movimentação de materiais.
8. Evitar congestionamentos, restrições e confusão.
9. Permitir facilidade de mudanças e ajustamentos.
10. Facilitar a supervisão.

---

16 Francis, Richard L.; White, John A. Facility layout and location: an analytical approach. Englewood Cliffs: Prentice Hall, 1974. Ver também: Oliverio, José Luiz. Projeto de fábrica: produtos, processos e instalações industriais. São Paulo: Instituto Brasileiro do Livro Científico (IBLC), 1985.

Arranjo físico

Vimos que o arranjo físico é a maneira segundo a qual todos os recursos que ocupam espaço em uma determinada operação devem estar fisicamente dispostos. Tais recursos podem ser: pessoas, máquinas, equipamentos, instalações, um centro de trabalho, um escritório ou um departamento. O arranjo físico é indispensável em qualquer tipo de empresa: indústrias, armazéns, lojas e comércio em geral, fazendas, escritórios, hospitais, construções, universidades, etc. Ele determina a forma e a aparência dos locais de trabalho e como o processo produtivo irá fluir.

Design de escritórios

A Microsoft do Brasil é apresentada como um dos melhores lugares para se trabalhar. Pesquisa revela que 89% dos funcionários reconhecem que o *design* do escritório tem efeito direto sobre a satisfação e a produtividade. O ambiente de trabalho e a maneira como os espaços empresariais e os móveis são arranjados estão no foco da preocupação sobre a produtividade da empresa. O conceito de espaços produtivos vem ganhando força e indica que o futuro do trabalho deverá ser mais amplo e agradável do que os espaços convencionais dos escritórios de hoje.

Uma pequena mudança no arranjo físico pode provocar profundos efeitos sobre a produtividade, a velocidade, a segurança, o conforto e a satisfação das pessoas envolvidas, além de afetar positivamente os custos e a eficácia geral da produção.

Os objetivos do planejamento do arranjo físico são os seguintes:

1. Apoiar a estratégia competitiva da empresa.
2. Enfatizar atividades que agregam valor.
3. Eliminar atividades que não agregam valor.
4. Determinar e facilitar a disposição dos centros de atividade em uma unidade de produção.
5. Facilitar o fluxo de pessoas, materiais e informações.
6. Aumentar a eficiência das pessoas e dos equipamentos.
7. Aumentar a produtividade.
8. Evitar formação de filas, gargalos ou paradas desnecessárias.
9. Reduzir riscos de acidentes.

10. Aumentar o moral e a satisfação dos trabalhadores.
11. Evitar fluxos excessivamente longos ou confusos.
12. Evitar estocagem desnecessária de materiais.
13. Reduzir custos de produção.

Por outro lado, os objetivos que agregam valor para as atividades de produção costumam ser os seguintes:[17]

- Minimizar custos de manuseio e movimentação interna de materiais.
- Utilizar o espaço físico disponível de maneira eficiente.
- Apoiar o uso eficiente da mão de obra, evitando que esta se movimente desnecessariamente.
- Facilitar a comunicação entre as pessoas envolvidas na produção.
- Reduzir tempos de ciclo dentro da operação, garantindo fluxos mais linearizados.
- Facilitar a entrada, a saída e a movimentação dos fluxos de pessoas e materiais.

As decisões sobre arranjo físico acontecem quando:[18]

- Um novo recurso que consome espaço é acrescentado ou retirado ou quando se decide pela modificação de sua localização.
- Há uma expansão ou redução de área da instalação.
- Ocorre mudança relevante de procedimentos ou de fluxos físicos.
- Ocorre mudança substancial de produtos que afeta os fluxos de produção.
- Ocorre mudança substancial na estratégia competitiva da operação.

Um bom arranjo físico deve proporcionar os seguintes benefícios:

- Racionalização, otimização e melhoria do uso do espaço físico.
- Redução de distâncias: com ganhos de tempo e de espaço e deslocamentos menores.
- Facilidade de acesso a operações e máquinas.

---

17 Alvarenga Netto, Clovis. Materiais e processos de produção IV, op. cit.

18 Alvarenga Netto, Clovis. Materiais e processos de produção IV, op. cit.

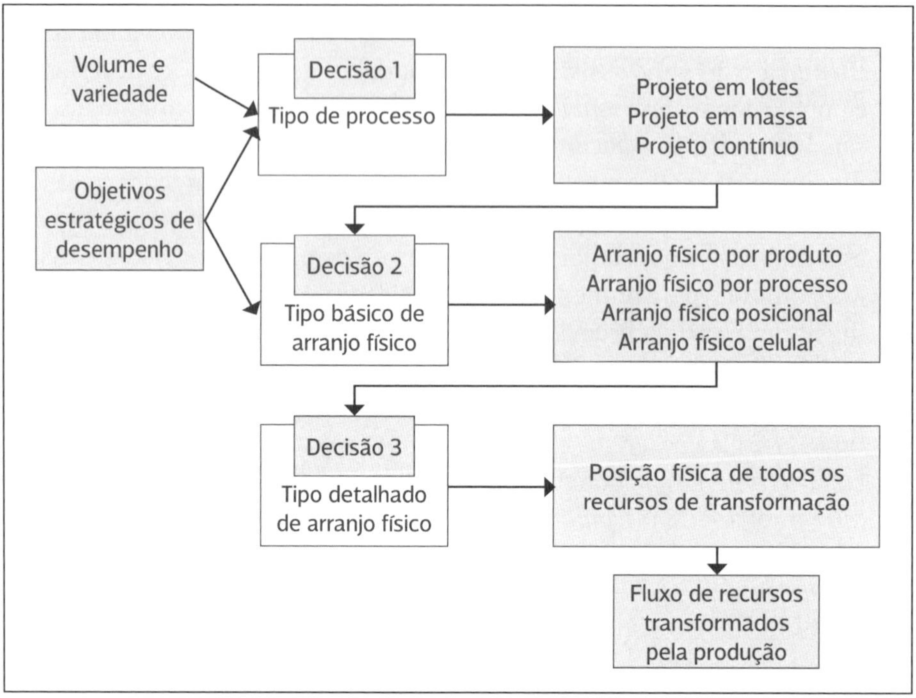

Figura 13 Decisões sobre o arranjo físico.[19]

- Maior facilidade de supervisão e coordenação.
- Segurança, com demarcações de passagens e isolamento de operações perigosas.
- Sinalização e informação.
- Conforto para as pessoas por meio de fatores físico-ambientais, como iluminação, temperatura e ausência de ruídos ou vibrações.
- Facilidade para possíveis mudanças de operações.

Ferramentas para o planejamento do arranjo físico

As principais ferramentas para o planejamento do arranjo físico são:

1. **Maquetes ou gabaritos bidimensionais ou tridimensionais:** por meio de desenhos ou blocos, mostra-se a disposição dos elementos básicos do processo produtivo.

19 Amaral, Fernando Gonçalves. Processos e *layouts* produtivos. Disponível em: <www.producao.ufrgs.br/arquivos/disciplinas/385_layout_processo_trabalho.pdf>. Acesso em: 3 set. 2013.

2. **CAD/CAM (do inglês, *computer aided design* e *computer aided manufacturing*):** é o desenho assistido por computador, nome genérico de sistemas computacionais em *softwares* utilizados em engenharia, arquitetura, *design*, geografia, para facilitar o projeto e o desenho técnico ou para criação, modificação, análise ou otimização de arranjos físicos. Em todos os casos – produtos como automóveis, indústrias, lojas, vestuário – os termos de cada especialidade são incorporados na interface do programa. Trata-se de *software* utilizado para aumentar a produtividade do desenhista ou arranjador, melhorar a qualidade do desenho, melhorar as comunicações por meio de documentação e criar uma base de dados para a manufatura.[20] Quase sempre, a saída do CAD são arquivos eletrônicos para análise ou impressão. Quando utiliza desenhos eletrônicos, o CAD se baseia no que se denomina EDA (*eletronic design automation*) e, no desenho mecânico, é conhecido por MDA (*mechanical design automation*). Na prática, o CAD é um processo de criar desenhos técnicos com o uso de *software* que utiliza a modelagem paramétrica capaz de oferecer modificações no desenho pela entrada de números indicando dimensões e relações entre todos os elementos ou objetos desenhados.[21] O CAM – manufatura auxiliada por computador – por sua vez, envolve modelos computacionais que simulam as condições de fabricação, e as ferramentas utilizadas no desenho são aquelas que existem no chão de fábrica. O CAD/CAM são exemplos da modelagem computacional.
3. **Simulação:** no campo das ciências e tecnologias, simular significa recriar comportamentos de um sistema ou processo – o sistema simulado – por meio de um sistema computadorizado – o simulador – de modo adequado para estudo, análise e interação. No fundo, a simulação é um processo de projetar um modelo computacional de um sistema real e efetuar experiências com este modelo para entender seu funcionamento e/ou avaliar estratégias para sua operação.[22] A vantagem da simulação e de outros ambientes de aprendizagem sintéticos baseia-se na capacidade de aumentar, substituir, criar e/ou gerir a vivência que o

---

20 Narayan, K. Lalit. Computer aided design and manufacturing. Nova Delhi: Prentice Hall of India, 2008. p. 3-4.

21 Madsen, David A. Engineering drawind and design. Clifton Park: Delmar, 2012. p. 10.

22 Bell, Bradford S.; Kanar, Adam M.; Kozlowski, Steve W.J. Current issues and future directions in simulation-based training. Cornell/Center for Advanced Human Resource Studies: Cornell University ILR School, 1990.

indivíduo tem a respeito do mundo que o rodeia, ao oferecer conteúdo realístico e instrumentos educacionais.[23] É o caso de simuladores de voo ou simuladores de arranjos físicos melhorados.

4. **Diagramas de fluxo de processos:** fluxogramas formados por símbolos que descrevem a movimentação de processos de produção. Será abordado no capítulo final do livro.

Arranjo físico e sistemas de produção

Cada um dos sistemas de produção requer um arranjo físico peculiar, que veremos a seguir.[24]

1. **Produção por encomenda:** o arranjo físico procura envolver o produto ou serviço com máquinas e equipamentos necessários para sua produção. Como o produto é de grande porte e sua construção é geralmente demorada, monta-se uma oficina de tecnologia flexível com máquinas e equipamentos que devem se movimentar ao seu redor. O produto é estático, enquanto máquinas e ferramentas fazem nele acréscimos, transformações, modificações, aplicações, etc.

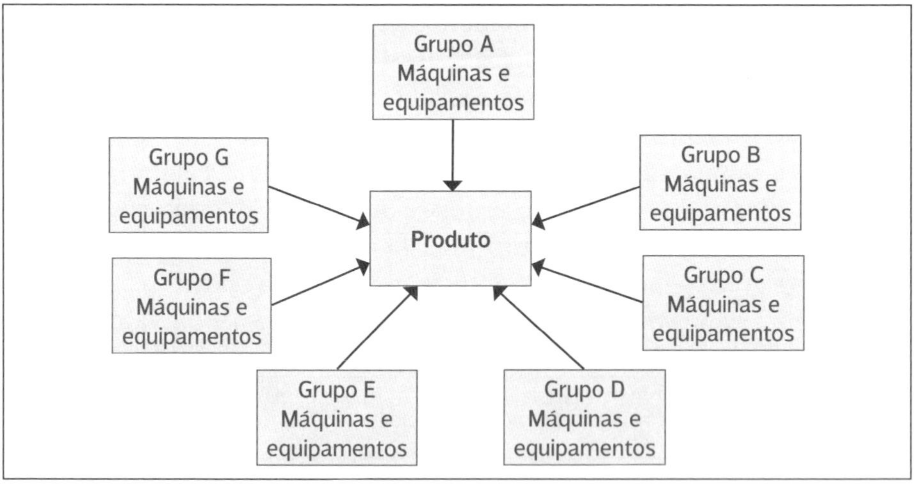

Figura 14 Arranjo físico da produção sob encomenda.

23 Kampis, George. Self-modifying systems in biology and cognitive science. Oxford: Pergamon Press, 1991.

24 Chiavenato, Idalberto. Introdução à teoria geral da administração, op. cit.

2. **Produção em lotes:** as máquinas e os equipamentos – que geralmente são de tecnologia flexível – são dispostos em locais previamente determinados, pelos quais os lotes de produção se movimentam, percorrendo a sequência do processo produtivo.

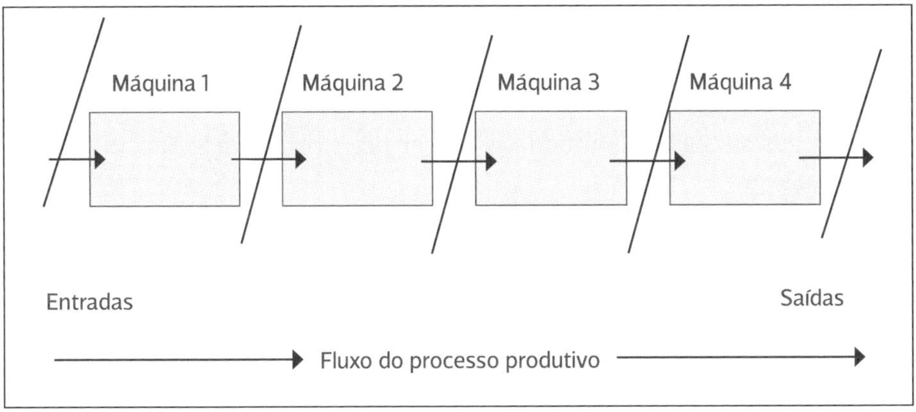

Figura 15 Arranjo físico na produção em lotes.

3. **Produção contínua:** o arranjo físico dispõe e distribui as máquinas e os equipamentos – que geralmente são de tecnologia fixa – em locais previamente determinados pelos quais os produtos/serviços fluem continuamente no decorrer do processo produtivo, que é sempre o mesmo.

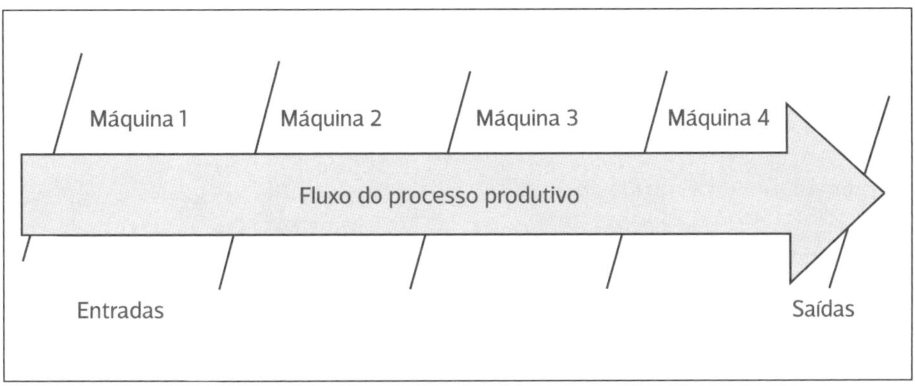

Figura 16 Arranjo físico na produção contínua.

Em qualquer um dos sistemas de produção apresentados, o arranjo físico visa a proporcionar um balanceamento adequado do processo produtivo para evitar gargalos, folgas ou restrições ao longo do fluxo. Balanceamento significa equilíbrio na sequência do processo produtivo, de tal maneira que as máquinas e os equipamentos proporcionem um fluxo estável e permanente de produção. Balancear a produção nada mais é do que arranjar as máquinas e os equipamentos de modo a evitar gargalos ou folgas, estrangulamentos ou ociosidade no processo de produção, permitindo que haja um fluxo uniforme de produção ao longo de todo o processo produtivo.

MANUTENÇÃO

Máquinas, equipamentos, prédios e instalações não são eternos, nem perfeitos ou definitivos. Eles sofrem desgastes e avarias e precisam receber constantes reparos, consertos, adaptações e manutenção. Este é o papel da manutenção: efetuar os reparos e consertos nas máquinas, equipamentos e instalações para que sejam mantidos em condições satisfatórias para sua atividade normal. Quanto melhor a manutenção, tanto menor o número de máquinas e equipamentos parados para reparos e consertos. Assim, a manutenção é importante para que a produção mantenha sua continuidade e eficiência. Se as máquinas pararem com frequência, o nível de eficiência tende a baixar.

Manutenção é a atividade da GP cujo objetivo é manter as máquinas e os equipamentos em condições satisfatórias para seu funcionamento normal. A manutenção é ótima quando as máquinas, equipamentos e instalações funcionam normalmente e não provocam problemas. Em outros termos, a manutenção é ótima quando permite a utilização do maquinário e equipamento durante todo o tempo disponível. Quando isso ocorre, a operação da fábrica se reduz ao menor custo possível, pois não há paradas ou interrupções imprevistas em razão de falhas nas máquinas e equipamentos.

A constante luta contra o desperdício

O desperdício é o maior inimigo da produtividade. Contudo, perdas e desperdícios são frequentes no processo produtivo. Quanto mais mão de obra intensiva for utilizada pela tecnologia, maior o volume de perdas, desvios e prejuízos, como ocorre na indústria de construção civil, por exemplo. O princípio da manutenção preventiva total (TPM), que veremos a seguir, recomenda enfaticamente a guerra contra seis tipos de perdas:[25]

---

25 Martins, Petronio Garcia; Laugeni, Fernando Piero. Administração da produção, op. cit., p. 469-71.

1. **Quebras de máquinas**: perda mais frequente e mais fácil de calcular. A manutenção preventiva eficaz pode reduzir tais perdas.
2. **Ajustes de máquinas**: as máquinas deixam de produzir quando devem ser ajustadas (*set-up*) para a fabricação de um novo e diferente item. Podem ser combatidos por meio de técnicas de redução de ajustes. A troca rápida é o melhor remédio. Veja o exemplo da Fórmula 1, quando os pilotos de prova param para trocar os pneus de seus carros.
3. **Pequenas paradas/tempo ocioso**: o bate-papo do operador ou a dificuldade em buscar material ou matéria-prima faz a máquina deixar de produzir.
4. **Baixa velocidade**: quando a máquina ou equipamento trabalha em velocidade mais baixa do que a velocidade nominal especificada pelo fabricante.
5. **Qualidade insatisfatória**: quantidade de itens perdidos quando são rejeitados por especificações abaixo do limite de tolerância. É como se não tivessem sido produzidos e representam custos adicionais pela sua rejeição. O refugo é uma perda que deve ser combatida.
6. **Perdas com *start-up* ou partida**: quando a máquina ajustada começa a trabalhar com um item novo, o índice de perda é maior.

O TPM procura atingir o zero de quebra ou zero de falha. Embora tal objetivo seja praticamente inalcançável, ele não é impossível. O TPM se fundamenta em três princípios:[26]

1. **Melhoria das pessoas:** por meio de treinamento, liderança e motivação. A filosofia do TPM precisa ser ressaltada e a multifuncionalidade das pessoas é indispensável.
2. **Melhoria dos equipamentos:** todos os equipamentos podem e devem ser melhorados para que permitam ganhos de produtividade.
3. **Qualidade total:** o TPM é parte integrante dos conceitos de qualidade total.

26 Martins, Petronio Garcia; Laugeni, Fernando Piero. Administração da produção, op. cit., p. 469.

Desperdício aumenta custos e diminui a competitividade[27]

1. **Existem desperdícios aparentes e visíveis**: são tradicionais e facilmente identificáveis, como luz, água, lixo, sucata.
2. **Existem desperdícios ocultos**: estão nos processos de trabalho com os quais nos acostumamos e não percebemos como anormais, como:
   - Tarefas realizadas com equipamento defeituoso exigindo maior tempo de operação: manter equipamentos em perfeitas condições de uso.
   - Tarefas de retrabalho para recuperar serviços rejeitados: organizar os processos e equipamentos e treinar os operadores para fazerem o certo sempre.
   - Tarefas com tempo elevado de preparação, causando longos períodos de espera: diminuir o tempo de preparação das atividades.
   - Tarefas com grande distância entre os recursos e os equipamentos, causando muita movimentação: diminuir a distância entre equipamentos e recursos.
   - Tarefas realizadas com uso excessivo de recursos, estoques exagerados, equipamentos em duplicidade ou funcionando sem necessidade: criar procedimentos, controles e indicadores visuais do uso dos recursos e equipamentos.
   - Tarefas realizadas com esforços elevados, repetitivos, causando cansaço físico: melhorar processos, automatizar tarefas cansativas e promover rotatividade no trabalho.

Existem dois tipos distintos de manutenção: preventiva e corretiva.

Manutenção preventiva

É a manutenção programada previamente para evitar paradas inesperadas de máquinas e equipamentos. Assim como os automóveis têm sua manutenção preventiva estabelecida a cada 5.000 ou 10.000 km – quando devem ir para a oficina para revisão e troca de peças ou componentes, lubrificação, troca de óleo lubrificante e determinadas verificações – também o maquinário e os equipamentos precisam, a cada número de horas de trabalho, passar por uma revisão total ou parcial. A manutenção preventiva é planejada e programada previamente em função do tempo e obedece a um

27 ACTTIVE. Cartilha de Qualidade. Disponível em: <www.pacpme.com.br/pacpme/web/arquivos/CartilhaQualidadeProdutividade.pdf>. Acesso em: 3 set. 2013.

cronograma que pode envolver seções inteiras ou unidades de máquinas e equipamentos a serem mantidos e reparados. Trata-se de planejar e programar a manutenção para garantir a máxima utilização de todo o maquinário e evitar paradas inesperadas em cada seção produtiva da empresa. Tanto o cronograma como o gráfico de Gantt são utilizados na manutenção preventiva.

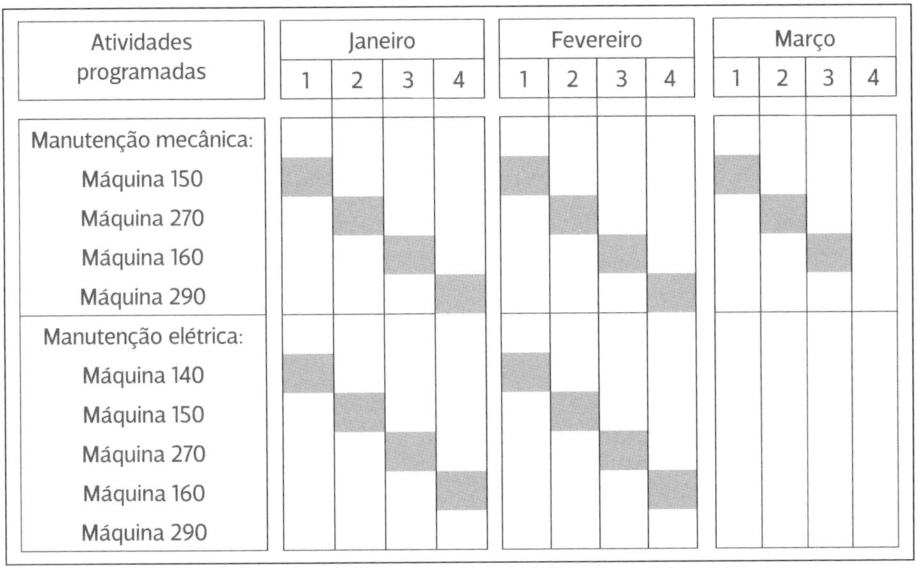

Figura 17 Manutenção preventiva programada em gráfico de Gantt.

A manutenção preventiva deve ser programada de tal forma a não tumultuar ou prejudicar o funcionamento de cada seção produtiva, uma vez que o seu objetivo é garantir a continuidade da operação da fábrica e que ela seja a melhor possível.

As principais vantagens da manutenção preventiva são:

1. Reduz sobremaneira as interrupções do fluxo do processo produtivo.
2. Aumenta a vida útil das máquinas e equipamentos.
3. Reduz custos operacionais.
4. Pode ser programada para os momentos mais oportunos.
5. Enfatiza uma mentalidade preventiva entre as pessoas.
6. Melhora a produtividade por evitar contratempos.
7. Melhora a qualidade dos produtos e serviços por garantir condições de operacionalidade das máquinas e dos equipamentos.

Antes prevenir do que remediar

A maioria das peças de uma máquina ou de um automóvel tem vida útil programada para um determinado tempo de uso. Dentre as duas alternativas – esperar quebrar para trocar ou trocar no momento certo –, esta última é a preferida por várias razões. A mais importante é que, em vez de esperar quebrar em um momento inesperado e inoportuno, é melhor trocar a peça no tempo certo e de maneira planejada. Esta é a maior vantagem da manutenção preventiva. Preparar o processo produtivo em um momento mais adequado.

Manutenção corretiva

A manutenção corretiva é a manutenção improvisada que funciona para os reparos e consertos inesperados e de emergência. Atende a máquinas e equipamentos subitamente parados por quebras ou defeitos e que causam transtornos para a seção produtiva, provocando paradas para consertos. Visa a corrigir, restaurar ou recuperar a atividade produtiva de um equipamento ou instalação. Cuida apenas dos reparos essenciais que permitam recolocar o maquinário e o equipamento novamente em funcionamento para não aumentar o custo da paralisação inesperada. Quanto melhor a manutenção preventiva, menos irá ocorrer a manutenção corretiva. Quando a manutenção corretiva é muito solicitada, deve-se avaliar o esquema de manutenção preventiva, pois esta não está garantindo o funcionamento normal do maquinário e está propiciando paradas inoportunas e imprevistas que poderiam ser perfeitamente evitadas. Tempo é dinheiro. Quanto menos paradas imprevistas, maior a eficiência do sistema produtivo.

Manutenção inteligente

A manutenção preventiva é planejada, previamente programada, racional e focada no futuro a fim de economizar tempo e evitar dissabores e paralisações imprevistas que trazem enormes prejuízos à empresa. A manutenção corretiva deve ser evitada, pois quando a produção é interrompida bruscamente por algum motivo inesperado, o planejamento da produção vai para o brejo e então reina o caos para apagar o incêndio e retomar a regularidade.

Housekeeping

Muitas empresas estão aplicando o conceito de que a manutenção é um dever de todos, e não de um órgão centralizado apenas. Trata-se de distribuir a responsabilidade por alguns aspectos da manutenção para todas as pessoas da empresa, e melhorar também a qualidade do trabalho. O *housekeeping* trata da limpeza da casa. O ambiente de trabalho deve ser agradável, limpo, higiênico, saudável. Todo programa de manutenção e de qualidade começa com a mudança de hábitos das pessoas com relação a limpeza, asseio, organização e ordem no local de trabalho. Essa atividade não é exclusiva de faxineiros, mas de todas as pessoas na empresa, indistintamente. Padrões de limpeza estão intimamente associados com atitudes gerenciais e padrões de comportamento. O *housekeeping* requer um método de uso sistemático fundamental para a qualidade e a produtividade no trabalho que os japoneses denominam 6 S:[28]

1. ***Seiri*: senso de uso e liberação de áreas.** Separar o essencial e desfazer-se de tudo o que seja desnecessário para o trabalho. Guardar ou armazenar qualquer coisa desnecessária significa estoques que ocupam espaço físico que custa dinheiro, armários e gavetas para guardar coisas que não têm proveito e que atrapalham a vida das pessoas e da empresa.
   - Elimine o que não necessita.
   - Acabe com os estoques além do necessário.
   - Deixe no local de trabalho apenas os materiais e equipamentos que vai utilizar no momento, na quantidade certa.
2. ***Seiton*: senso de organização.** Dispor as coisas essenciais de maneira organizada e adequada para serem facilmente localizadas e utilizadas. Tudo deve ter um lugar previamente definido, e o que é mais utilizado deve estar mais disponível.
   - Organize o seu local de trabalho.
   - Cada coisa no seu lugar e um lugar para cada coisa.
   - O que for de uso constante, deixe ao alcance das mãos.
   - O que for de uso eventual, coloque em segundo plano.
   - O que não tiver previsão de uso, remova do seu local de trabalho.
   - Identifique o local para cada coisa para que todos a encontrem com facilidade.

28 ACTTIVE. Cartilha de Qualidade. Disponível em: <www.pacpme.com.br/pacpme/web/arquivos/CartilhaQualidadeProdutividade.pdf>. Acesso em: 3 set. 2013.

3. ***Seiso*: senso de limpeza.** Manter limpo o local de trabalho, as máquinas e os utensílios, de maneira regular e constante. A segurança é melhorada quando as condições inseguras de trabalho – como sujeira, fumaça, barulho, itens quebrados, material supérfluo – são removidos com a limpeza, que melhora o ambiente de trabalho.
   - Ambiente limpo é qualidade.
   - A limpeza deve ser o resultado de atitudes preventivas. É proibido sujar.
   - Limpar tem que ser uma tarefa presente na rotina de trabalho.
   - Qualidade começa com a vassoura. Cada um é responsável pela limpeza do seu posto de trabalho.
4. ***Seiketsu*: senso de asseio e saúde.** Envolve asseio, arrumação e padronização; significa que todo colaborador deve ter hábitos profundamente arraigados de aplicar os 3 S anteriores. Enquanto os 3 S anteriores se referem a tarefas a executar, este princípio se refere a fazer da limpeza e da verificação uma prática rotineira.
   - A primeira imagem é aquela que fica gravada.
   - A apresentação do funcionário é o ponto-chave para a primeira impressão do cliente.
   - Uniforme ou roupa limpa, sapatos limpos, cabelos bem cuidados.
   - Postura e boa vontade expressa na aparência.
   - Cabeça erguida e disposição para o trabalho.
   - Qualidade de vida.
5. ***Shitsuke*: senso de disciplina e apoio.** É o coroamento dos demais S de maneira que o processo se torna contínuo e interminável. Significa usar de maneira disciplinada os equipamentos proporcionados pela empresa, como crachás, uniformes, equipamentos de proteção, instrumentos de trabalho, bem como manter asseado e limpo o local de trabalho.
   - Seguir as regras e as etapas do processo.
   - Atenção ao processo.
   - Faça certo como se fosse a primeira vez, sempre.
   - Qualidade é também a constância do processo de trabalho.
6. ***Shikari-Yaroh*: disciplina no posto de trabalho.** Toda atividade humana deve atender a um conjunto de disciplinas que norteiam o trabalho. São obrigações que toda pessoa deve atender em todas as suas atividades.
   - Tirou, guardou.
   - Abriu, fechou.
   - Emprestou, devolveu.

- Acabou, repôs.
- Estragou, consertou.
- Saiu, voltou.

Os 6 S são aplicáveis em qualquer tipo de organização ou empresa e, sem dúvida, melhoram não apenas o local físico de trabalho, mas principalmente o aspecto psicológico da atividade humana.

Sem dúvida, o traçado do sistema de produção deve necessariamente cuidar não somente do fluxo ótimo do processo produtivo, mas também do produto ou serviço, da tecnologia adotada e de todo o ambiente ao seu redor.

QUESTÕES PARA REVISÃO

1. Conceitue o traçado do sistema de produção.
2. O que é dimensionar o espaço disponível?
3. O que é tecnologia?
4. Quais são os dois tipos de aspectos que envolvem tecnologia?
5. Explique os aspectos conceituais ou abstratos da tecnologia.
6. Explique os aspectos físicos ou concretos da tecnologia.
7. O que é *software*?
8. O que é *hardware*?
9. Explique a operação da tecnologia intensiva.
10. Por que a operação de tecnologia intensiva é também denominada tecnologia de capital intensivo?
11. Explique a operação mão de obra intensiva.
12. Explique a operação de média tecnologia.
13. O que é mão de obra não qualificada?
14. O que é mão de obra qualificada?
15. O que é mão de obra especializada?
16. Dê exemplos dos três tipos de mão de obra.
17. Quais são as técnicas para reduzir a incidência da mão de obra?
18. O que é racionalização?
19. O que é mecanização?
20. O que é robotização?
21. O que é automação?
22. Explique o que é tecnologia fixa. Exemplifique.
23. Explique o que é tecnologia flexível. Exemplifique.
24. O que é localização industrial?
25. Quais são os principais fatores de localização industrial?
26. Explique a disponibilidade de mão de obra local.
27. Explique a proximidade das fontes de matérias-primas ou de fornecedores.
28. Explique a localização geográfica próxima aos mercados.
29. Explique a facilidade de transportes ou de acesso a comunicações.
30. Explique infraestrutura.
31. O que é localização industrial ideal ou ótima?
32. Conceitue capacidade instalada.
33. Conceitue capacidade de produção.

34. Quais são os determinantes da capacidade de produção?
35. Quais são as medidas de capacidade de produção?
36. Explique as medidas de tempo.
37. Explique as medidas em quantidades de produtos/serviços.
38. Explique as medidas de unidades monetárias.
39. O que é arranjo físico?
40. O que é leiaute?
41. O que é leiaute de produto?
42. O que é leiaute de processo?
43. Qual é o arranjo físico típico do sistema de produção sob encomenda?
44. Qual é o arranjo físico típico do sistema de produção em lotes?
45. Qual é o arranjo físico típico do sistema de produção contínua?
46. Conceitue manutenção.
47. Quais são os objetivos da manutenção?
48. Defina manutenção preventiva.
49. Como é elaborada a manutenção preventiva?
50. Defina manutenção corretiva.
51. Qual é a influência da manutenção preventiva sobre a corretiva e vice-versa?

Exercícios

1. Considere a escola em que você estuda. Quais tipos de tecnologia ela utiliza no seu funcionamento? Quais são o *hardware* e o *software* utilizados? Trata-se de operação de mão de obra intensiva? Por quê? Qual o tipo de mão de obra utilizado? Trata-se de tecnologia fixa ou flexível?
2. Considere novamente a escola em que você estuda e o local onde ela está situada. Aborde a localização de sua escola em relação aos fatores de localização.
3. Explique a sua escola em termos de capacidade instalada e capacidade de produção. Procure também exprimir a capacidade de produção com unidades de medida.
4. Procure dimensionar a sua escola em termos de arranjo físico e leiaute. Discuta o arranjo físico utilizado e desenhe o leiaute de parte ou de toda a sua escola.
5. Em qual sistema de produção você poderia enquadrar sua escola? Explique detalhadamente. Como você poderia abordar o arranjo físico?
6. Como é feita a manutenção de sua escola? Retrate sob o ponto de vista de manutenção preventiva e manutenção corretiva.

5

PLANEJAMENTO E CONTROLE DA PRODUÇÃO (PCP)

1. Conceito de PCP.
2. Finalidade e funções do PCP.
3. Rede de relações do PCP.
4. O PCP e o sistema de produção adotado pela empresa.
5. Fases do PCP.
6. *Manufacturing resources planning* (MRP II).
7. Questões para revisão.
8. Exercícios.

Para produzir e produzir bem, é necessário planejar, organizar, dirigir e controlar. Para atender a requisitos de eficiência e de eficácia, a produção precisa repousar em um sistema de planejamento e controle confiável. Há muita atividade a ser planejada, organizada e coordenada para que a produção ocorra da melhor maneira possível. A complexidade do sistema produtivo exige necessariamente um esquema adequado de planejamento e controle.

As empresas não produzem ao acaso nem funcionam de maneira improvisada. Para atingir seus objetivos e aplicar adequadamente seus recursos, as empresas precisam planejar com antecedência e controlar corretamente sua produção. Para isso, existe o planejamento e controle da produção (PCP). O PCP visa a aumentar a eficiência e a eficácia da empresa por meio da gestão de produção (GP).

CONCEITO DE PCP

O planejamento é a função administrativa que determina antecipadamente quais são os objetivos que devem ser atingidos e o que deve ser feito para alcançá-los da melhor maneira possível. O planejamento fixa rumos, focaliza o futuro e está voltado para a continuidade e a sustentabilidade da empresa. A sua importância reside no seguinte: sem o planejamento, a empresa fica perdida no caos, sem saber exatamente para onde ir.[1]

A partir da definição dos objetivos a alcançar, o planejamento determina, *a priori*, o que se deve fazer, quando fazer, quem deve fazer e de que maneira. Por essa razão, o planejamento é feito na base de planos. O planejamento constitui um conjunto integrado de planos intimamente interligados.

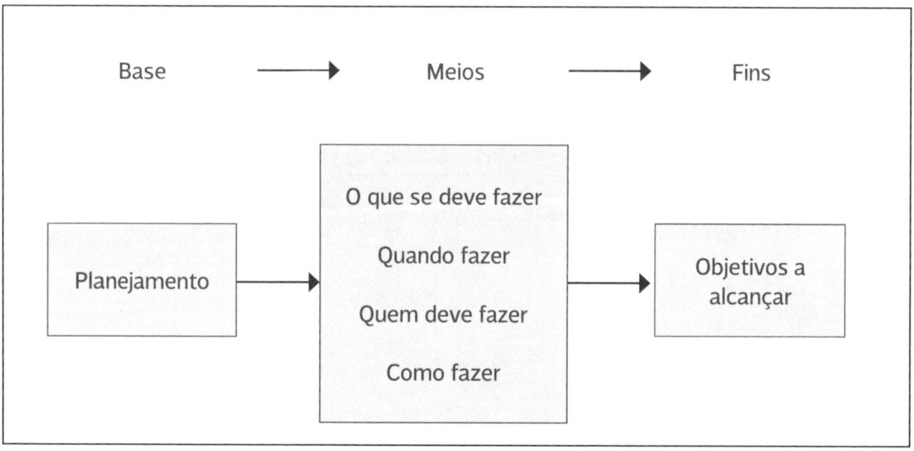

Figura 1 O planejamento e seus desdobramentos.

Por outro lado, o controle é a função administrativa que consiste em medir e corrigir o desempenho para assegurar que os planos sejam executados da melhor maneira possível. A tarefa do controle é verificar se tudo está sendo

1 Todo este capítulo está amplamente baseado em: Chiavenato, Idalberto. Iniciação ao planejamento e controle da produção. Barueri: Manole, 2010.

feito de acordo com o que foi planejado e organizado, com as ordens dadas, para identificar os erros ou desvios, a fim de corrigi-los e evitar sua repetição.

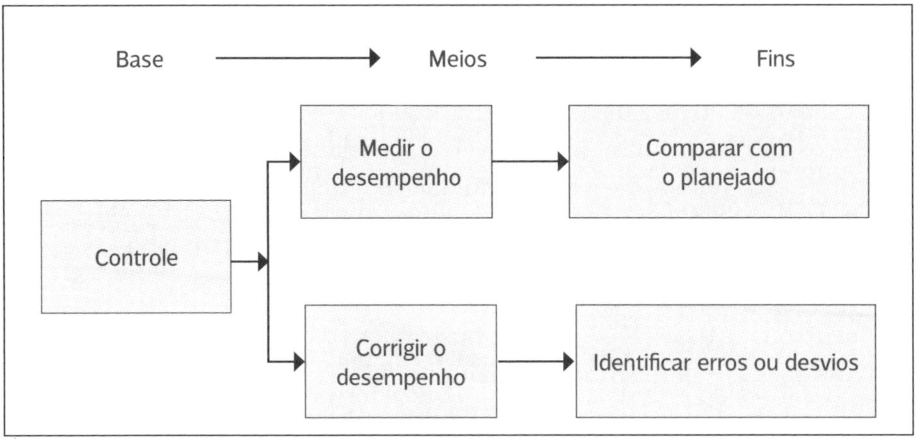

Figura 2 O controle e seus desdobramentos.

O planejamento e o controle são parte do processo administrativo, conforme mostra a Figura 3.

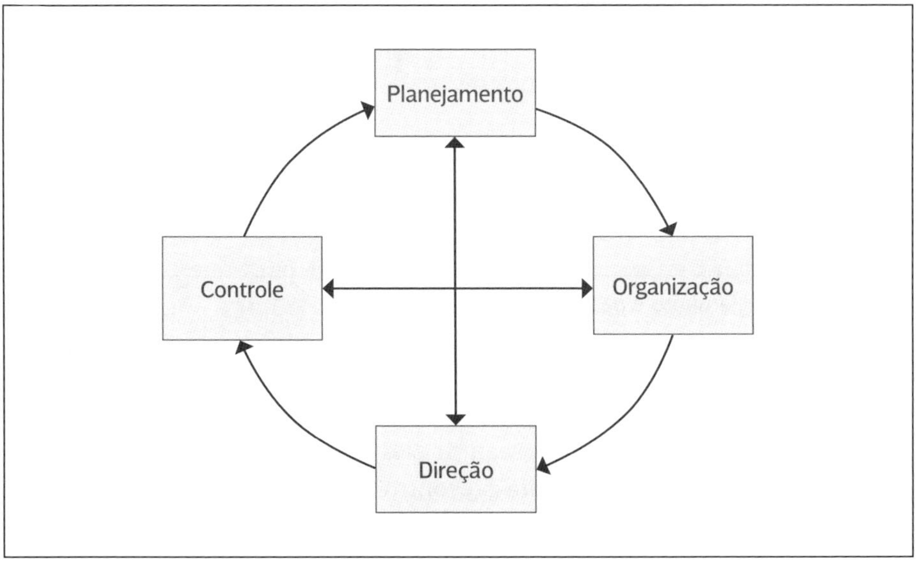

Figura 3 As quatro etapas do processo administrativo.[2]

2 Chiavenato, Idalberto. Administração nos novos tempos. 3. ed. Barueri: Manole, 2013.

Ambas as definições apresentadas – de planejamento e de controle – são genéricas, mas ilustram muito bem o seu significado. No caso específico da produção, o PCP planeja e controla todas as atividades produtivas da empresa. Se a empresa é produtora de bens ou mercadorias, o PCP cuida das matérias-primas necessárias, da quantidade de mão de obra, das máquinas e dos equipamentos e do estoque de produtos acabados disponíveis no tempo e no espaço, para que a área de vendas possa entregar aos clientes. Se a empresa é prestadora de serviços, o PCP planeja e controla a produção dos serviços e operações, cuidando da quantidade de talentos necessária, de instalações, máquinas e equipamentos e dos demais recursos necessários para a oferta dos serviços no tempo e no espaço, de modo a atender à demanda dos clientes e usuários.

Partindo dos objetivos da empresa, o PCP planeja e programa a produção e as operações da empresa, bem como as controla adequadamente para tirar o melhor proveito possível em termos de eficiência e eficácia.

Planejamento e controle são fundamentais no processo produtivo

Nada na empresa deve ser improvisado ou feito ao acaso. Tudo deve ser planejado e controlado para alcançar eficiência e eficácia. Para tanto, a finalidade e as funções do PCP deve ser claras e explícitas no sentido de permitir um trabalho conjunto e coordenado para alcançar resultados excelentes.

FINALIDADE E FUNÇÕES DO PCP

A finalidade do PCP é aumentar a eficiência e a eficácia do processo produtivo da empresa. É, portanto, uma dupla finalidade: atuar sobre os meios de produção para aumentar a eficiência e cuidar para que os objetivos de produção sejam plenamente alcançados para aumentar a eficácia.

Para atender a essa dupla finalidade, o PCP tem uma dupla função: planejar a produção e controlar o seu desempenho. De um lado, o PCP estabelece antecipadamente o que a empresa deve produzir – e, consequentemente, o que deve dispor de matérias-primas e materiais, de pessoas, de máquinas e equipamentos, bem como de estoques de produtos acabados para suprir as vendas. Por outro lado, o PCP serve para monitorar e controlar o desempenho da produção em relação ao que foi planejado, corrigindo eventuais desvios ou erros que possam surgir no decorrer das operações. Assim, o PCP atua antes, durante e depois do processo produtivo. Antes, planejando o processo produtivo, programando materiais, máquinas, pessoas e estoques. Durante, enquanto controla o funcionamento do processo produtivo para mantê-lo de acordo com o que foi planejado. Depois, verificando os resultados alcançados e comparando-os com os objetivos definidos previamente. Com essas funções, o PCP assegura a obtenção da máxima eficiência do processo de produção da empresa.

REDE DE RELAÇÕES DO PCP

Ao desenvolver as suas funções, o PCP mantém uma rede de relações com as demais áreas da empresa. As inter-relações entre o PCP e essas demais áreas ocorrem porque o PCP procura utilizar racionalmente os recursos empresariais, sejam eles materiais, humanos, financeiros, etc. Assim, as principais inter-relações do PCP com as demais áreas da empresa são as seguintes:

1. **Área de engenharia industrial:** o PCP programa o funcionamento de máquinas e equipamentos e se baseia em boletins de operações (BO) fornecidos pela engenharia industrial.
2. **Área de suprimentos e compras:** o PCP programa materiais e matérias-primas que devem ser obtidos no mercado fornecedor por meio do órgão de compras e estocados pelo órgão de suprimentos. Assim, a área de suprimentos e compras funciona com base no que é planejado pelo PCP.
3. **Área de recursos humanos:** o PCP programa a atividade da mão de obra, estabelecendo a quantidade de pessoas que devem trabalhar no processo de produção. O recrutamento, a seleção e o treinamento do pessoal são atividades estabelecidas em função do PCP.
4. **Área financeira:** o PCP se baseia nos cálculos financeiros fornecidos pela área financeira para estabelecer os níveis ótimos de estoques de matérias-primas e produtos acabados, além dos lotes econômicos de produção.
5. **Área de vendas:** o PCP se baseia na previsão de vendas fornecida pela área de vendas para elaborar o plano de produção da empresa e planejar a quantidade de produtos acabados necessária para suprir as entregas aos clientes.

6. **Área de produção:** o PCP planeja e controla a atividade da área de produção.

Essas inter-relações podem ser assim representadas:

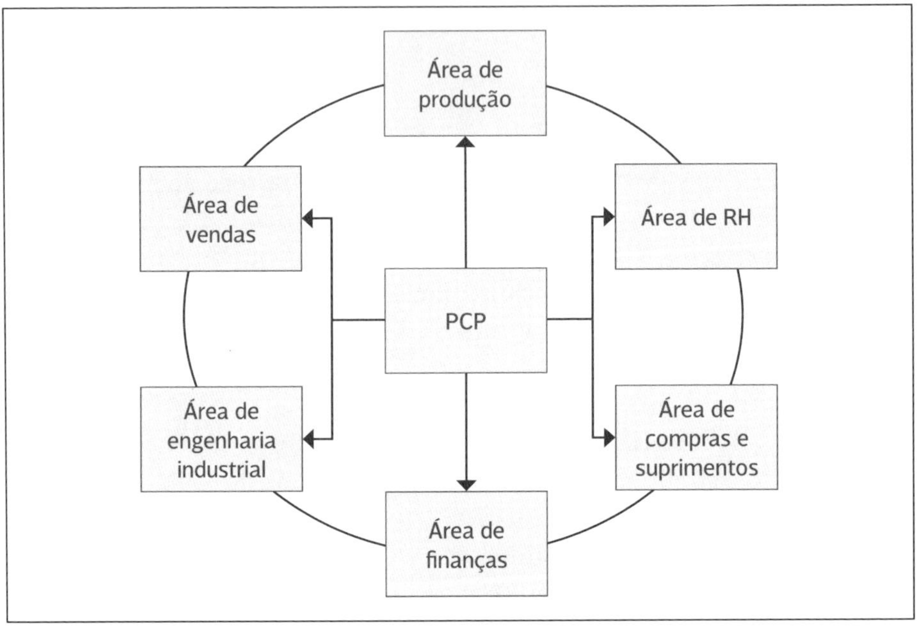

Figura 4 Inter-relações do PCP com as diversas áreas da empresa.

O PCP E O SISTEMA DE PRODUÇÃO ADOTADO PELA EMPRESA

O PCP está intimamente ligado ao sistema de produção utilizado pela empresa. As características de cada sistema de produção devem ser plenamente atendidas pelo PCP. Em outros termos, o PCP deve fazer funcionar da melhor maneira possível o sistema de produção utilizado pela empresa.

Principais aspectos	Produção por encomenda	Produção em lotes	Produção contínua
Produto	Um único produto de cada vez	Um lote de produtos de cada vez	Sempre o mesmo produto
Máquinas e equipamentos	Variedade de máquinas e pouca padronização	Máquinas agrupadas em baterias do mesmo tipo	Alto grau de padronização
Mão de obra	Variedade e especialização	Compensa o desequilíbrio entre departamentos	Regularmente utilizada
Métodos de trabalho	Mutáveis e genéricos	Mutáveis (com o lote) e rígidos	Fixos e rígidos
Ritmo de produção	Descontínuo e irregular	Contínuo no lote e descontínuo na mudança do lote	Contínuo e regular
Sucesso do processo produtivo	Depende do supervisor da oficina-base	Depende do PCP em planejar os lotes de produção	Depende do PCP no longo prazo

Figura 5 Características dos três sistemas de produção.

No fundo, os três sistemas de produção constituem gradações diferentes do *continuum* representado pela Figura 6.

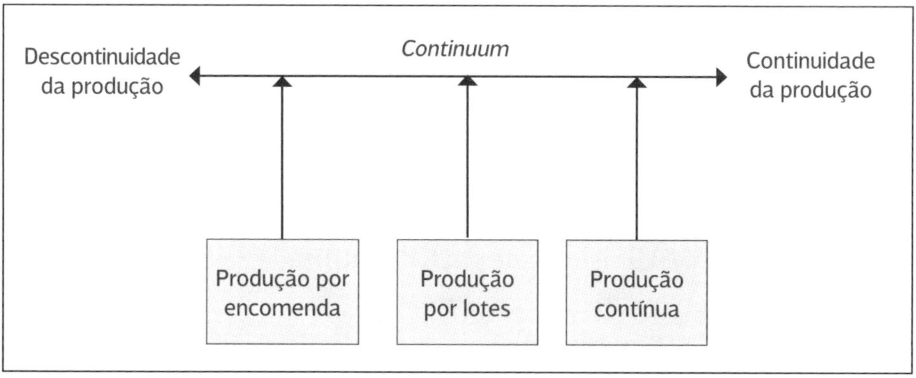

Figura 6 Os três sistemas de produção.

Assim, a produção por encomenda é o sistema no qual ocorre a maior descontinuidade e irregularidade na produção, enquanto a produção contínua é o sistema em que há maior continuidade e regularidade no processo produtivo. A produção por lotes representa o sistema intermediário, no qual a continuidade e a descontinuidade se alternam. Isso significa que o PCP é influenciado pela descontinuidade da produção por encomenda e alcança a máxima regularidade na produção contínua. Na realidade, o PCP é feito sob medida para cada encomenda na produção sob encomenda, enquanto é feito para o exercício mensal ou anual na produção contínua. A Figura 7 permite uma visão simplificada das três situações.

Sistema de produção	Almoxarifado de matérias-primas	Produção	Depósitos de produtos acabados
Produção por encomenda	Planejamentos e controle de matéria-prima (MP) em cada encomenda	Planejamento e controle da produção em cada encomenda	Planejamento e controle de produto acabado (PA) em cada encomenda
Produção em lotes	Planejamento e controle de MP em cada lote e no conjunto de lotes	Planejamento e controle da produção em cada lote e no conjunto de lotes	Planejamento e controle de PA em cada lote e no conjunto de lotes
Produção contínua	Planejamento e controle da MP para o período mensal ou anual	Planejamento e controle da produção para o período mensal ou anual	Planejamento e controle de PA para o período mensal ou anual

Figura 7 Sistemas de produção e sistemas de PCP.

FASES DO PCP

Para poder funcionar satisfatoriamente, o PCP trabalha com um enorme volume de informações. Na realidade, o PCP recolhe dados de várias fontes e produz informações incessantemente. Basicamente, é um centro de informações para a produção. Nesse sentido, o PCP apresenta quatro fases principais:

1. Projeto de produção.
2. Coleta de informações.
3. Planejamento da produção.
4. Controle da produção.

Essas quatro fases podem ser assim representadas.

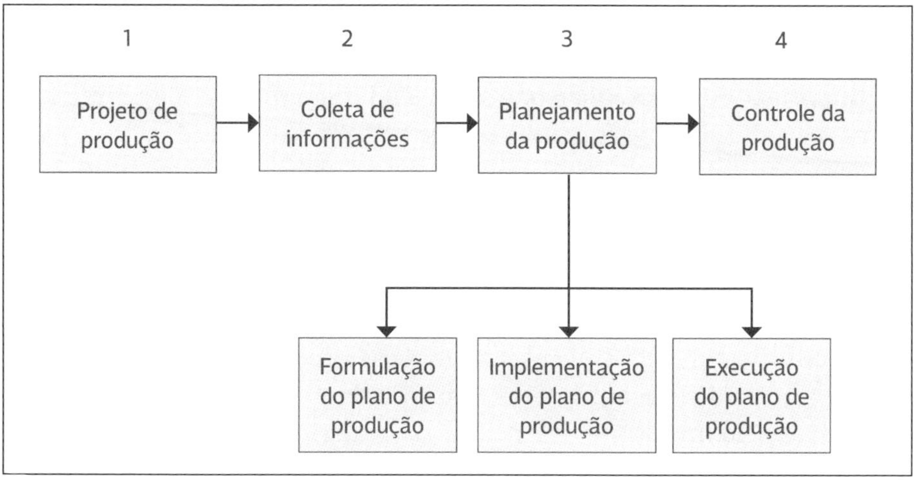

Figura 8 Fases do PCP.

Projeto de produção

É a primeira fase do PCP. O projeto de produção é também denominado pré-produção ou planejamento de operações. Nessa primeira fase, definem-se o sistema de produção e quais as suas dimensões para se estabelecer os parâmetros do PCP. O projeto de produção varia conforme o sistema de produção. No caso do sistema de produção por encomenda, cada encomenda requer um projeto específico de produção. No caso da produção em lotes, cada lote deve, em princípio, ter um projeto de produção. É relativamente estável na produção contínua e sofre poucas mudanças com o tempo, a não ser que o sistema de produção passe por alterações com a aquisição de novas máquinas, mais pessoal, novas tecnologias, etc. Essas mudanças alteram o projeto de produção.

O projeto de produção é um esquema básico que se fundamenta nos seguintes aspectos do sistema de produção da empresa:

1. **Quantidade e características das máquinas e suas baterias e dos equipamentos:** para se conhecer a capacidade de produção das máquinas de cada departamento ou seção da empresa. Esses dados são obtidos pelo inventário de máquinas por seção, que é um levantamento das máquinas e dos equipamentos existentes e disponíveis em cada seção e de sua capacidade de produção.
2. **Quantidade de pessoal disponível:** o efetivo de empregados e cargos ocupados em cada departamento ou seção, para se conhecer a capacidade de trabalho de cada um. Esses dados são obtidos pelo inventário do efetivo por seção, que é um levantamento dos funcionários existentes em cada seção e respectivos cargos ocupados para proporcionar uma ideia de força de trabalho existente em cada seção.
3. **Volume de estoques e tipos de matérias-primas:** vale também para procedimentos de requisição de materiais ao almoxarifado, para se conhecer a disponibilidade de insumos de produção. Esses dados são obtidos pelo inventário de estoques de matérias-primas. É um levantamento das matérias-primas disponíveis e das necessidades de compras a curto e médio prazo para garantir a produção.
4. **Métodos e procedimentos de trabalho**: também vale para cálculos dos tempos de execução das tarefas dos boletins da operação (BO), para conhecer como o trabalho deve ser realizado e qual a sua duração.

Todos esses aspectos do sistema de produção formam o arcabouço do projeto de produção sobre o qual o PCP deve se basear.

O projeto de produção procura oferecer um quadro geral de todo o conjunto do sistema de produção da empresa e de todas as suas possibilidades de operação, bem como suas necessidades e requisitos para produzir resultados. No fundo, o projeto de produção é uma visão estática e inerte do sistema de produção. É como se fosse um contêiner sem o seu conteúdo; esse conteúdo é a segunda fase do PCP.

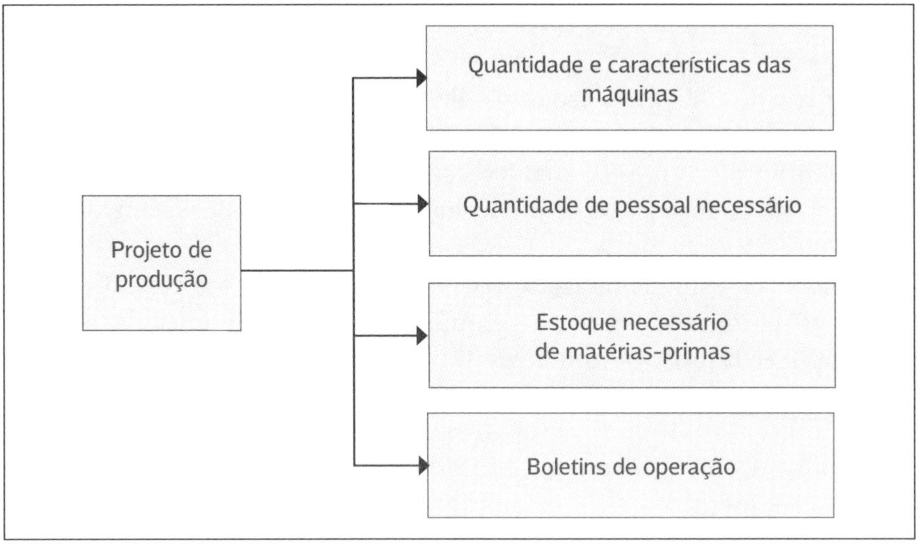

Figura 9 Arcabouço do projeto de produção.

Coleta de informações

A segunda fase do PCP resume-se à coleta de informações necessárias para que o esquema do projeto de produção possa ser devidamente montado, quantificado e dinamizado. No fundo, a coleta de informações é o detalhamento da primeira fase, isto é, do projeto de produção. A coleta de informações tem por finalidade dar subsídios para a formulação do plano de produção e engloba os seguintes fatores:

1. **Capacidade de cada máquina, bateria ou grupo de máquinas e os fatores de eficiência e de demora para cada máquina:** essa informação proporciona uma ideia da capacidade de produção de cada máquina, de cada bateria de máquinas e de cada seção produtiva da empresa. No conjunto, é a capacidade de produção que a empresa tem.
2. **Sequência do processo de produção:** fluxo de movimentação das matérias-primas ao longo do processo produtivo e seus gargalos ou pontos de demora. Essa informação permite uma visão de todo o fluxo de produção, ou seja, de toda a cadência e sequência do processo produtivo da empresa, bem como dos pontos de restrições.
3. **Métodos de trabalho de cada operário e tempo-padrão para cada tarefa executada:** permite saber quantos operários são necessários em cada

máquina, em cada bateria de máquinas e em cada seção produtiva da empresa.

4. **Horário de trabalho e esquema de incentivos de produção:** permite conhecer qual a carga normal de trabalho a ser atribuída a cada seção produtiva da empresa e qual a carga adicional que se poderia obter com a adoção de incentivos de produção (prêmios de produção) ou de horas extras.
5. **Volume de estoque de cada item de matéria-prima e controle de estoque**: permite saber qual o volume de matéria-prima necessário para abastecer o processo produtivo durante determinado período e como deve ser constituído o estoque.

A coleta de informações adentra em minúcias e detalhes na primeira fase, como na Figura 10.

Projeto de produção	Coleta de informações
Quantidade e características das máquinas	Capacidade de produção de cada máquina, de cada bateria de máquinas e de cada seção produtiva
Quantidade de pessoal necessário	Quantidade de empregados por cargo e por seção produtiva, com horários de trabalho
Estoque necessário de matérias-primas	Itens de matérias-primas e volumes de estoque para cada item Controle de estoque Procedimentos de requisição de MP
Boletins de operação	Sequência e cadência de processo produtivo, fluxo de trabalho e movimentação de MP e seus gargalos e demoras

Figura 10 Coleta de informações para detalhamento do projeto de produção.

Após a elaboração da 1ª fase (projeto de produção) e o detalhamento da 2ª fase (coleta de informações), dá-se início à 3ª fase, que é o planejamento da produção.

Planejamento da produção

O planejamento da produção (PP) é a terceira fase do PCP. O PP visa a estabelecer, com antecedência, o que a empresa deve produzir em um determinado período, tendo em vista, de um lado, a sua capacidade de produção e, de outro, a previsão de vendas que deve ser atendida. O PP busca compatibilizar a eficácia (alcance dos objetivos de vendas) e a eficiência (utilização rentável dos recursos disponíveis). O PP procura coordenar e integrar máquinas, pessoas, matérias-primas, materiais e vias e processos produtivos em um todo sistêmico, harmonioso e integrado.

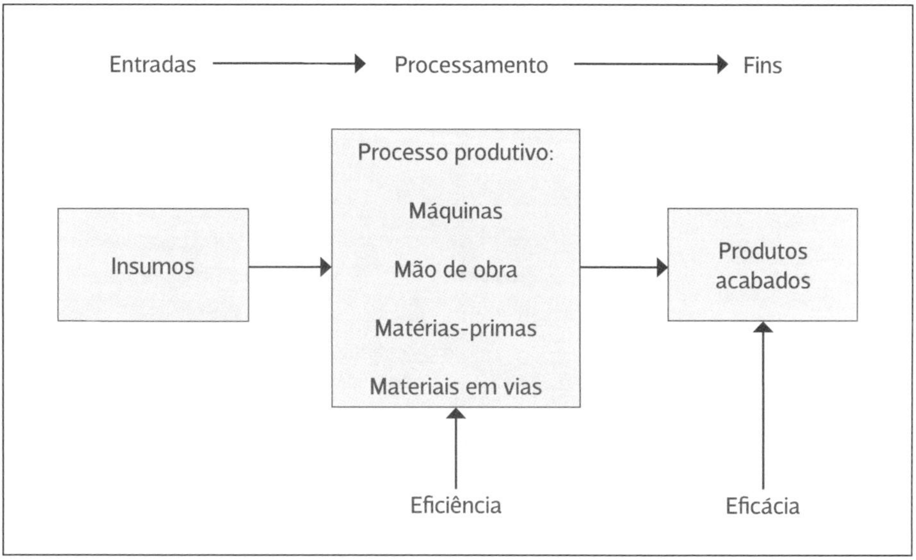

Figura 11 Eficiência e eficácia do processo produtivo.

O PP se assenta na 1ª e 2ª fases do PCP, isto é, no projeto de produção e na coleta de informações sobre o processo produtivo. O PP é realizado em três etapas:

1. Formulação do plano de produção.

2. Implementação do plano de produção por meio da programação da produção.
3. Execução do plano de produção por meio das emissões de ordens.

Formulação do plano de produção

O plano de produção ou plano-mestre representa o que a empresa pretende produzir dentro de um determinado exercício ou período. Geralmente, esse exercício ou período é de um ano, quando se trata de produção contínua e em lotes. Quando se trata de produção sob encomenda e produtos de grande porte (p. ex. construção de navios, edifícios ou fábricas), o plano de produção cobre o tempo necessário para a execução do produto. A elaboração do plano de produção depende do sistema de produção utilizado pela empresa.

Se a empresa utiliza o sistema de produção sob encomenda, a própria encomenda ou pedido do cliente é que vai definir o plano de produção, pois cada encomenda é, em si mesma, um plano de produção. Se a empresa utiliza o sistema de produção em lotes ou de produção contínua, a previsão de vendas é transformada em plano de produção.

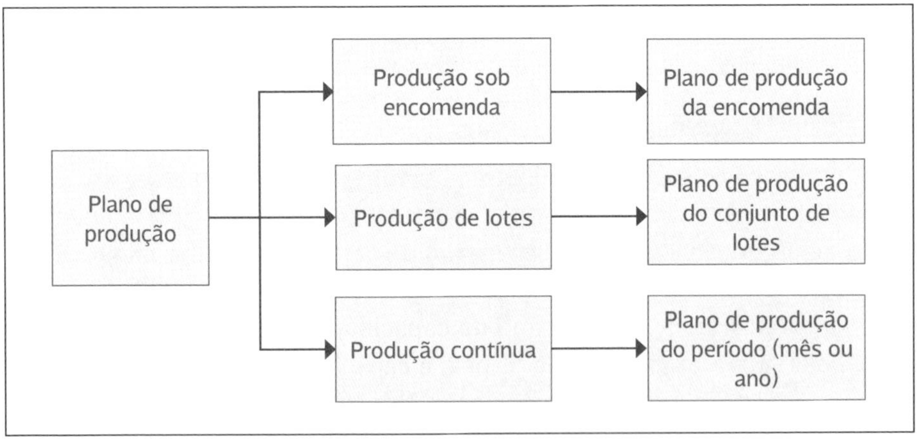

Figura 12 Plano de produção nos três sistemas de produção.

No sistema de produção em lotes e no de produção contínua, o plano de produção é função da previsão de vendas. Se houver estoque de produtos acabados no depósito de PA no início do período, isso representa uma produção já executada no período anterior. A previsão de vendas é a estimativa do volume de vendas que a empresa pretende atingir em um dado período. A capacidade de produção, como vimos no capítulo anterior, representa o potencial de produção que a empresa pode desenvolver.

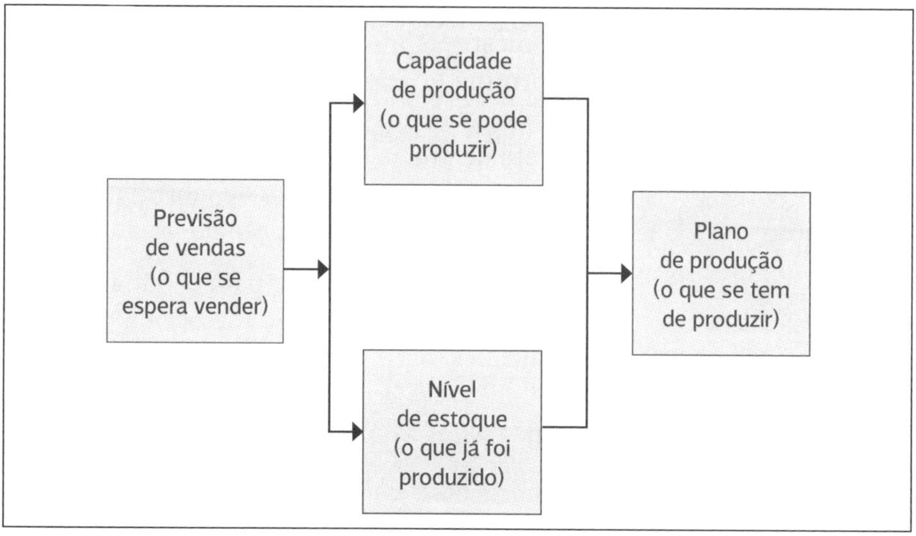

Figura 13 Elaboração do plano de produção.

O plano de produção – qualquer que seja o sistema de produção utilizado pela empresa – deve dimensionar a carga de trabalho que aproveite integralmente a capacidade de produção da empresa da melhor maneira possível. Carga de trabalho é o cálculo do volume de trabalho a ser atribuído a cada seção ou máquina, em um determinado período, para atender ao plano de produção. O dimensionamento da carga de trabalho não pode ser exagerado nem insuficiente. No primeiro caso, pode provocar sobrecarga, ou seja, atribuição de carga acima da capacidade de produção. No segundo caso, pode provocar capacidade ociosa, a capacidade de produção não aproveitada e que permanece sem utilização. Um custo que não tem retorno.

Implementação do plano de produção por meio da programação da produção

A partir da formulação do plano de produção, o PCP cuida da sua implementação por meio da programação da produção. A programação da produção é o detalhamento do plano de produção, para que ele possa ser executado de maneira integrada e coordenada pelos diversos órgãos produtivos, com a ajuda dos demais órgãos de assessoria.

Programar a produção é determinar quando devem ser realizadas tarefas e operações de produção e quanto deve ser feito. Na verdade, programar produção é estabelecer uma agenda de compromissos para as diversas seções envolvidas no processo produtivo.

A programação da produção detalha e fragmenta o plano de produção – que é amplo e genérico – para que possa ser executado no dia a dia da empresa. Para tanto, a programação da produção faz o roteiro (sequência do processo produtivo) e o aprazamento (estabelecimento de datas de início e fim de cada atividade).

A programação da produção utiliza duas variáveis para detalhar o plano de produção: o tempo (definido em dias, semanas ou meses) e a produção (definida em quantidade de unidades, quilos, metros, etc.). Em resumo, a programação da produção trata de estabelecer cronogramas detalhados de execução do plano de produção. Assim, as técnicas de programação se resumem basicamente em cronogramas, como o gráfico de Gantt, do qual damos um exemplo a seguir.

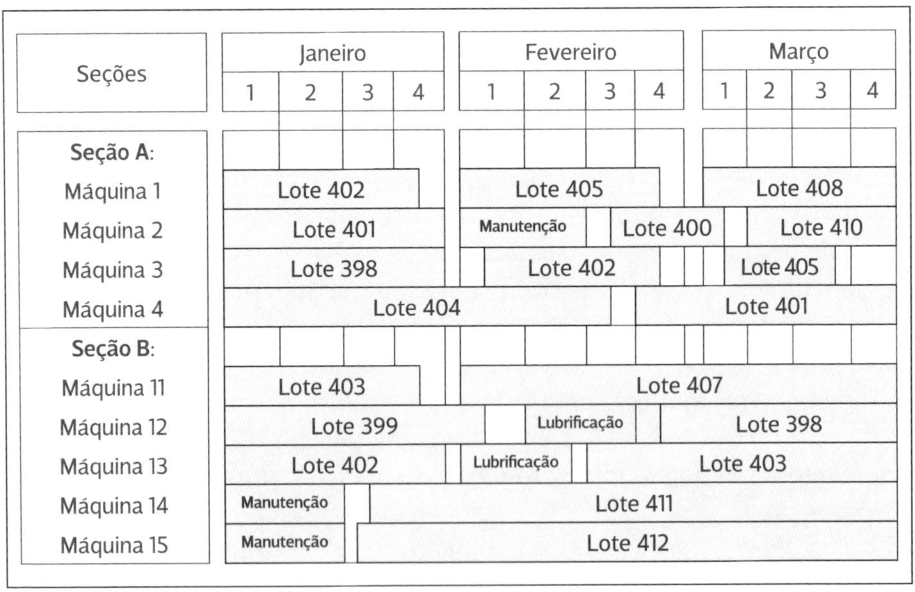

Figura 14 Programação da produção pelo gráfico de Gantt.

Quando a programação de produção envolve casos de montagens, pode-se utilizar o gráfico de montagem, cujo exemplo é apresentado a seguir.

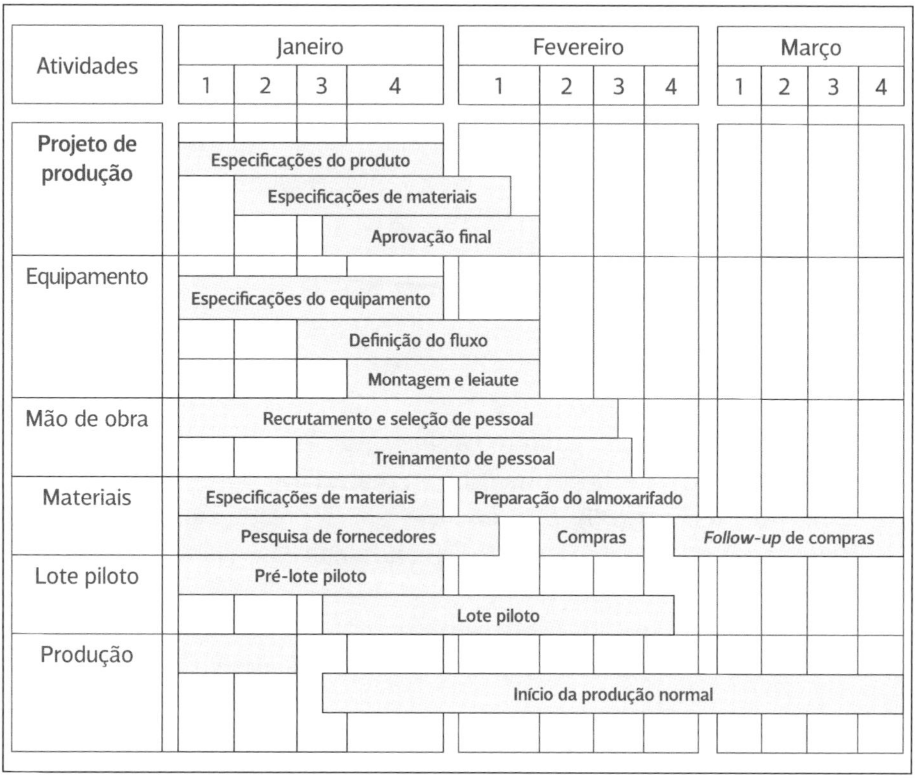

Figura 15 Programação da produção pelo gráfico de montagem.

Em casos mais complicados de programação de produção, quando há muitas interdependências no processo produtivo, é comum utilizar técnicas de programação mais sofisticadas, como o PERT (*program evaluation review technique*), também denominado técnica de avaliação e revisão de programas, ou COM (*critical path method*), também denominado método do caminho crítico.

Feito o roteiro e o aprazamento por meio de cronogramas, a programação da produção passa a cuidar da emissão de ordens para os órgãos envolvidos direta ou indiretamente no processo produtivo.

Execução do plano de produção por meio da emissão de ordens

Uma vez programada a produção, os diversos órgãos envolvidos direta e indiretamente no processo produtivo têm condições de executá-la de maneira integrada e coordenada. Para que isso possa acontecer, a programação da produção transforma o plano de produção em uma infinidade de ordens que devem ser executadas no devido tempo pelos diversos órgãos da empresa, como: produção, compras, almoxarifado, depósito, controle de qualidade, custos, contabilidade, pessoal, etc. Para tanto, existem vários tipos de ordens que o PCP adota:

1. **Ordem de produção (OP):** comunicação enviada para a seção produtiva autorizando-a a executar determinado volume de produção.
2. **Ordem de montagem (OM):** OP destinada aos órgãos produtivos de montagem ou de acabamento.
3. **Ordem de compra (OC)**: comunicação enviada ao órgão de compras para que se compre matéria-prima (MP) ou material.
4. **Ordem de serviço (OS):** comunicação sobre prestação interna de serviços, como serviço de inspeção de qualidade, serviço de reparo ou de manutenção de máquinas, etc.
5. **Requisição de materiais (RM):** comunicação que solicita matéria-prima ou material do almoxarifado para alguma seção produtiva.

Por serem rotineiras e constantes, essas ordens envolvem um grande número de formulários destinados aos diversos órgãos envolvidos no processo produtivo para que cada um saiba exatamente o que fazer e quando fazer. Assim, ocorre um fluxo de comunicação que é coordenado pela programação da produção para integrar todo o processo produtivo.

Com as emissões das diversas ordens, todos os órgãos envolvidos direta ou indiretamente no processo produtivo passam a trabalhar em conjunto e articuladamente. No fundo, as ordens representam as decisões previamente tomadas pelo PCP que cada órgão deve executar para que todo o processo produtivo se desenvolva da melhor maneira possível. Isso significa coordenação e, sobretudo, sinergia, para que a atividade produtiva possa alcançar eficiência e eficácia.

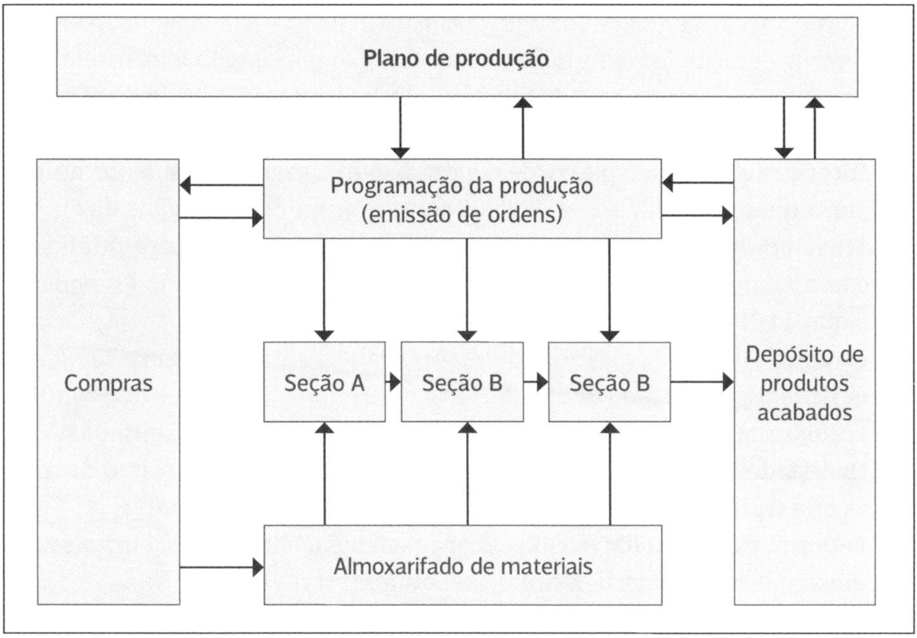

Figura 16 Fluxo de comunicações da programação da produção.

Controle da produção

O controle da produção (CP) é a quarta e última fase do PCP. A finalidade do CP é acompanhar, monitorar, avaliar e regular as atividades produtivas para mantê-las dentro do que foi planejado e assegurar que atinjam os objetivos pretendidos.

O Capítulo 7 será totalmente dedicado aos controles da produção.

MANUFACTURING RESOURCES PLANNING (MRP II)

Dá-se o nome de *material requirement planning* (MRP) ao planejamento de necessidades de materiais, e de *manufacturing resources planning* (MRP II) ao planejamento dos recursos de manufatura. Tanto o MRP (que será tratado no próximo capítulo) como o MRP II surgiram com o advento da informática.

O MRP II é um *software* que parte do plano mestre que integra estoques de materiais, estoques de componentes, lista de materiais, restrições de mão de obra, disponibilidade de equipamentos, gera as necessidades de compra (ou até mesmo as ordens de compras) para os itens fornecidos por terceiros e ordens de produção para as necessidades de fabricação própria.

Em geral, o MRP II envolve os seguintes parâmetros:[3]

1. **Estoque de segurança (ES):** quantidade mínima do item que se deseja manter em estoque.
2. **Lote:** quantidade em que o item é produzido internamente ou fornecido por terceiros.
3. **Tempo de atendimento (TA):** ou *lead time*, é o prazo de entrega, ou seja, o tempo previsto para a produção dos lotes ou para a entrega dos pedidos feitos.
4. **Estoque em mãos:** quantidade disponível do item quando se faz o planejamento.
5. **Períodos consecutivos de planejamento:** geralmente em semanas.
6. **Necessidade de produção projetada (NP):** demanda projetada, ou seja, as quantidades que devem estar disponíveis em cada semana.
7. **Recebimentos previstos (RP):** quantidades encomendadas e cuja entrega está prevista para o período planejado.
8. **Disponível à mão (DM):** estoque que estará disponível no fim de cada semana.
9. **Necessidade líquida de produção (NL):** quantidades que devem ser produzidas ou compradas.
10. **Liberação da ordem:** quantidade que deve ser pedida e a semana em que deve ser efetuada.

Além disso, o MRP II envolve tempos de entrega para os itens comprados, tempos de fabricação para os itens produzidos internamente, estoques de segurança e quantidade requisitada. Outros dados sobre o produto, como preço unitário, fornecedores, processo de fabricação, equipamento, roteiros de fabricação e respectivos centros de custos, mão de obra utilizada por categorias profissionais e ferramentas utilizadas, também são comuns no MRP II.

Toda a atividade do planejamento e controle da produção visa à dinamização do processo produtivo. Ela faz acontecer a produção e a torna mais eficiente e eficaz. Sem o PCP, todo o processo produtivo estaria fadado ao azar ou à inércia.

---

3 Martins, Petronio Garcia; Laugeni, Fernando Piero. Administração da produção. São Paulo: Saraiva, 2005. p. 358.

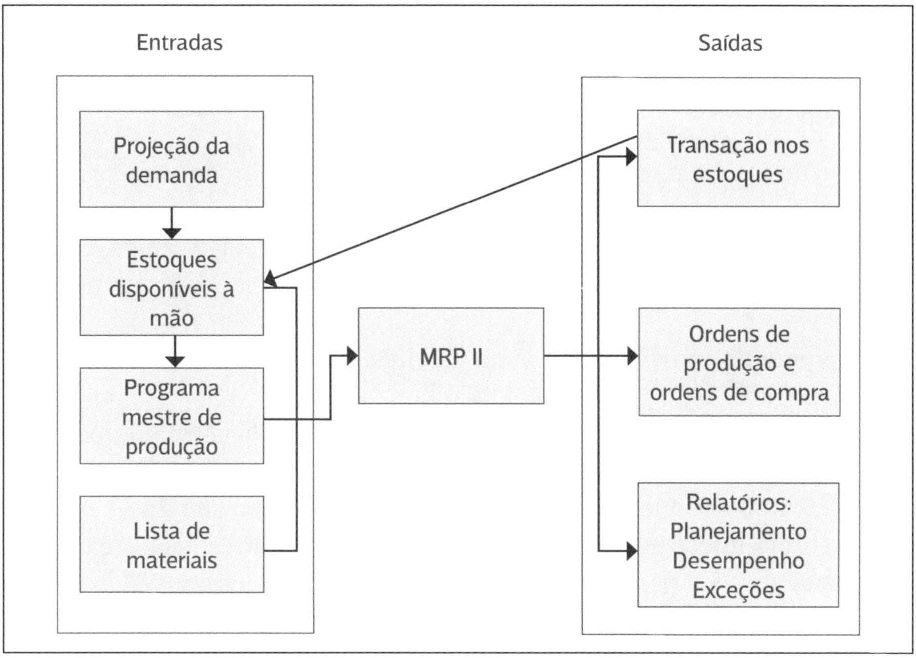

Figura 17 Esquema do MRP II.[4]

4 Adaptada de: Martins, Petronio Garcia; Laugeni, Fernando Piero. Administração da produção, op. cit., p. 366.

QUESTÕES PARA REVISÃO

1. Defina o planejamento como função administrativa.
2. Defina o controle como função administrativa.
3. Qual é a situação do planejamento e do controle no processo administrativo?
4. Quais são os desdobramentos do planejamento?
5. Quais são os desdobramentos do controle?
6. Conceitue PCP.
7. Qual é a finalidade do PCP?
8. Quais são as funções do PCP?
9. Explique as inter-relações entre o PCP e as áreas da empresa.
10. Explique as inter-relações entre o PCP e a área de vendas.
11. Explique as inter-relações entre o PCP e a área de produção.
12. Explique as inter-relações entre o PCP e a área de suprimentos.
13. Explique as inter-relações entre o PCP e a área de pessoal.
14. Descreva as características do PCP em produção unitária.
15. Descreva as características do PCP em produção sob encomenda.
16. Descreva as características do PCP em produção contínua.
17. Compare a continuidade/descontinuidade da produção em cada um dos sistemas de produção.
18. Compare o aproveitamento da mão de obra em cada um dos sistemas de produção.
19. Compare o planejamento e o controle de almoxarifado de MP em cada um dos sistemas de produção.
20. Compare o planejamento e o controle do subsistema de produção em cada um dos sistemas de produção.
21. Compare o planejamento e o controle do depósito de PA em cada um dos sistemas de produção.
22. Quais são as fases do PCP?
23. Explique sucintamente a 1ª fase do PCP (projeto de produção).
24. Em que aspectos do sistema de produção se fundamenta o projeto de produção?
25. Descreva o arcabouço do projeto de produção.
26. Explique sucintamente a 2ª fase do PCP (coleta de informações).
27. Quais são os aspectos de produção detalhados pela coleta de informações?

28. Estabeleça um comparativo entre a 1ª e a 2ª fases do PCP.
29. Explique sucintamente a 3ª fase do PCP (planejamento da produção).
30. Como o PP procura compatibilizar a eficiência e a eficácia?
31. Quais são as três etapas do PP?
32. Explique a formulação do plano de produção em cada um dos sistemas de produção.
33. Explique a elaboração do plano de produção.
34. O que é carga de trabalho?
35. Explique sobrecarga e ociosidade.
36. Explique a 2ª fase do PP (implementação do plano de produção por meio da programação de produção).
37. O que é programar a produção?
38. Quais são as duas variáveis utilizadas pela programação da produção?
39. Explique a programação da produção pelo gráfico de Gantt.
40. Explique a programação da produção pelo gráfico de montagem.
41. O que é roteiro e aprazamento?
42. O que é PERT?
43. O que é COM?
44. Explique a 3ª etapa do PP (execução do plano de produção por meio da emissão de ordens).
45. O que significa uma ordem?
46. Quais são os tipos de ordens emitidas pela programação da produção?
47. O que significa uma OP?
48. O que significa uma OM?
49. O que significa uma OC?
50. O que significa uma RM?
51. O que significa uma OS?
52. Como funciona o fluxo de informações da programação da produção?
53. Explique sucintamente a 4ª fase do PCP (controle da produção).

Exercícios

1. Considere a escola em que você estuda. Suponhamos que você precise planejar e controlar a sua produção. Como você elaboraria a 1ª fase do PCP, ou seja, como faria o projeto de produção (obviamente, as máquinas, o estoque de MP, o boletim de operações e o lote econômico de produção deveriam ser substituídos pelo número de salas de aulas, número de professores e pessoal de apoio, número de alunos em cada uma das séries, etc.)?
2. Como você elaboraria a 2ª fase do PCP, ou seja, como você faria a coleta de informações?
3. Como você elaboraria a 3ª fase do PCP, ou seja, o planejamento da produção? Iniciemos pela 1ª etapa, isto é, pela formulação do plano de produção.
4. Agora, a 2ª etapa do PP, isto é, a implementação do plano de produção por meio da programação da produção. Nesse aspecto, você deve trocar o gráfico de montagem ou o gráfico de Gantt por um gráfico de horário para cada um dos dias da semana, para cada série e para cada sala de aula.
5. Como funcionaria a terceira etapa do PP, isto é, a execução do plano de produção por meio da emissão de ordens? Isto não seria um quadro de horários?

6

GESTÃO DE MATERIAIS

1. Conceitos básicos.
2. Fluxo de materiais.
3. Classificação de materiais.
4. Programação de materiais.
5. Compras.
6. Estoques.
7. *Material requirement planning.*
8. Logística.
9. Questões para revisão.
10. Exercícios.

Ao longo do processo produtivo de toda fábrica, pode-se encontrar uma enorme quantidade de materiais. Alguns em processamento, outros já parcialmente processados e muitos outros aguardando, em algum lugar ou desvio, a oportunidade de serem processados. Sem contar o volume de materiais disponíveis no almoxarifado. Em geral, isso pode significar um grande desperdício de espaço, de tempo, de capital desnecessário empatado e um enorme risco de acidentes, incêndios, além do pessoal necessário para manter esse material. Muitas empresas já se deram conta disso e estão tomando providências para que o volume de materiais dentro da fábrica seja o menor possível, sem qualquer risco para o andamento normal da produção. Esse cuidado já foi tomado há muito tempo por indústrias japonesas que iniciaram profundas inovações na gestão de materiais. Primeiro, elas pensaram no *housekeeping*. Depois, no *just-in-time* (JIT), e chegaram à fábrica enxuta. Agora, estão em plena excelência operacional, dando lições a muitas empresas do mundo todo, mas estas também não ficaram estacionadas à espera de novidades.

A produção de bens requer o processamento de matérias-primas e componentes que serão transformadas em produtos acabados ao longo do processo de produção. Na realidade, toda a produção nas empresas secundárias constitui, quase sempre, em transformação de materiais e matérias-primas em produtos acabados. Neste capítulo, os materiais e matérias-primas serão doravante denominados simplesmente de materiais.

A gestão de materiais nas empresas primárias, secundárias ou terciárias é um desafio crucial. Tanto fabricantes como distribuidores – atacadistas e varejistas – estão constantemente às voltas com a obtenção, a movimentação e a utilização de materiais para garantir a continuidade de suas operações cotidianas.

Os materiais precisam ser adequadamente administrados. Suas quantidades devem ser planejadas e controladas para evitar possíveis faltas que paralisem ou atrasem a produção, e excessos que elevem os custos de estocagem desnecessariamente. Nem menos, nem mais. A gestão de materiais consiste em ter os materiais necessários disponíveis na quantidade certa, no local certo e no tempo certo à disposição dos órgãos que compõem o processo produtivo da empresa. O enorme volume de dinheiro investido em materiais leva as empresas a procurarem sempre o mínimo tempo de estocagem e o mínimo volume possível de materiais em processamento no sentido de garantir a continuidade e a regularidade do processo produtivo sem riscos adicionais.

CONCEITOS BÁSICOS

O termo gestão de materiais tem tido diferentes definições. Na prática, utilizam-se indistintamente vários termos – como suprimento, fornecimento, abastecimento, materiais, compras, logística, etc. – para designar áreas com nomes diferentes, mas com idênticas responsabilidades. Serão apresentados a seguir alguns conceitos básicos a respeito da gestão de materiais.

Conceito de gestão de materiais

É o conceito mais amplo de todos. A gestão de materiais envolve a totalidade dos fluxos de materiais na empresa, desde o planejamento até o controle de materiais, compras, recepção, tráfego de entrada, controle de qualidade na recepção, almoxarifado, armazéns, controle do inventário, movimentação de materiais e transporte interno. Tudo isso dentro do moderno conceito de logística, que veremos adiante.

Na realidade, poucas empresas possuem essa ampla totalidade de funções. Quase sempre, as empresas têm adotado uma posição mais restrita e parecida com o conceito de suprimentos.

Conceito de suprimentos

A palavra suprimentos designa todas as atividades de programação, aquisição (compras) e movimentação dos materiais para disponibilizá-los às seções produtivas para que estas possam realizar suas atividades. Assim, suprir significa programar as necessidades de materiais, comprar, armazenar e movimentar (transporte interno) os materiais para abastecer as diversas seções. Muitas vezes, o termo suprimento é substituído pelos termos fornecimento ou abastecimento, com o mesmo significado.

Conceito de compras

O conceito de compras já é mais restrito. Envolve o processo de pesquisa e localização de fornecedores, aquisição de materiais por meio de negociação de preço e condições de pagamento e acompanhamento do processo de entrega (*follow-up*) para garantir o fornecimento.

Conceito de movimentação de materiais

Os materiais não podem ficar eternamente inativos e à espera de suas requisições pelos órgãos produtivos. Esse esquema pertence ao passado. A gestão de materiais implica tê-los sempre ativamente disponíveis. Isso significa que a gestão de produção e a gestão de materiais devem trabalhar consistentemente em uma íntima interação, e não apenas como duas atividades totalmente separadas e distintas, sob pena de ocorrerem atrasos, paradas, estrangulamentos ou restrições que causam enormes perdas de eficiência e de eficácia no processo produtivo. A maior parte das empresas modernas está fazendo inovações incríveis nesse sentido.

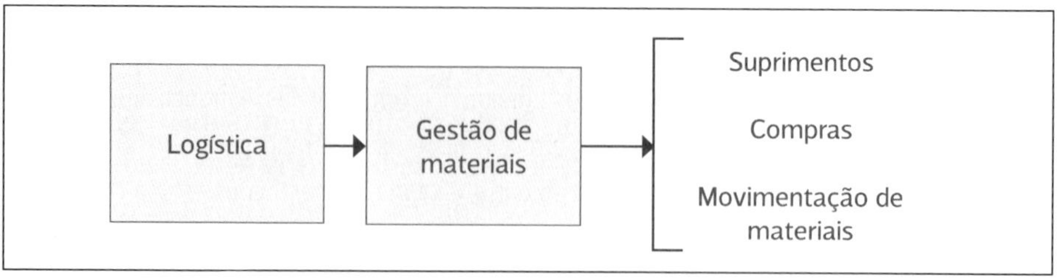

Figura 1 Bases da gestão de materiais.

FLUXO DE MATERIAIS

Em toda a empresa, os materiais não podem ficar estáticos ou parados. Manter materiais parados e sem uso representa um custo desnecessário. Os materiais seguem um movimento incessante que vai do recebimento do fornecedor, passando pelas diversas etapas do processo produtivo até chegar ao depósito de produtos acabados em direção ao mercado. Em outros termos, os materiais entram na empresa, fluem, transitam através dela e saem pelo depósito com destino aos clientes como produtos acabados.

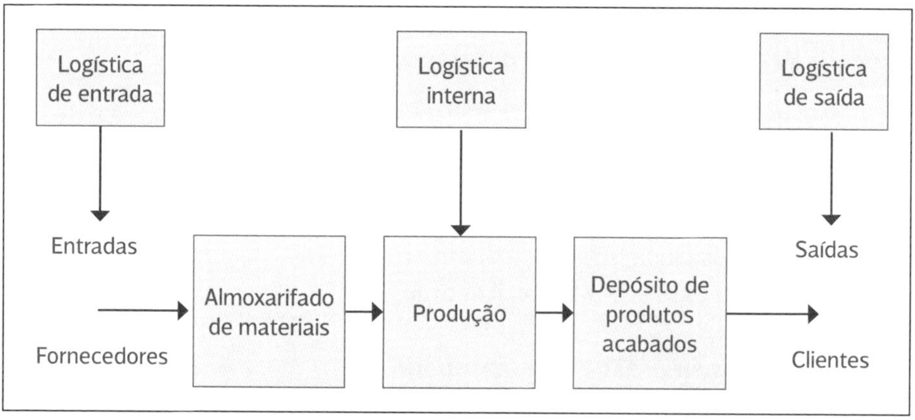

Figura 2 Fluxo de materiais desde a entrada até a saída da empresa.

A essa movimentação incessante dá-se o nome de fluxo de materiais. Todo o processo produtivo envolve um fluxo constante de materiais. Quase sempre o fluxo envolve algumas paradas ou passa por alguns gargalos de produção, nos quais o material fica estacionado em algum lugar durante algum tempo. Gargalo de produção é o ponto em que a produção é mais demorada, deixando o material parado por mais tempo do que seria necessário.

Teoria das restrições

Todo processo produtivo apresenta pontos em que ocorrem gargalos, estrangulamentos ou restrições que atrasam ou paralisam o processo por algum tempo, gerando congestionamento de um lado e esperas do outro. A teoria das restrições estuda como melhorar o fluxo produtivo por meio da localização desses gargalos e sua solução para liberar o fluxo e evitar pontos de estrangulamento ou ruptura temporária.

À medida que caminham pelo processo produtivo, os materiais recebem acréscimos, transformações, adaptações, reduções, alterações, etc., que vão mudando progressivamente suas características. No fluxo, eles passam a ser materiais em processamento (em vias ou em trânsito de uma seção para outra), depois se transformam em materiais semiacabados (estocados após algumas operações para serem transformados em submontagens) e materiais acabados ou componentes (peças isoladas), para, então, se completarem como produtos acabados. Assim, do almoxarifado de materiais até chegar ao depósito como produtos acabados, os materiais sofrem várias e sucessivas modificações em seu trânsito ao longo do processo produtivo. O exemplo a seguir é de uma indústria de peças plásticas.

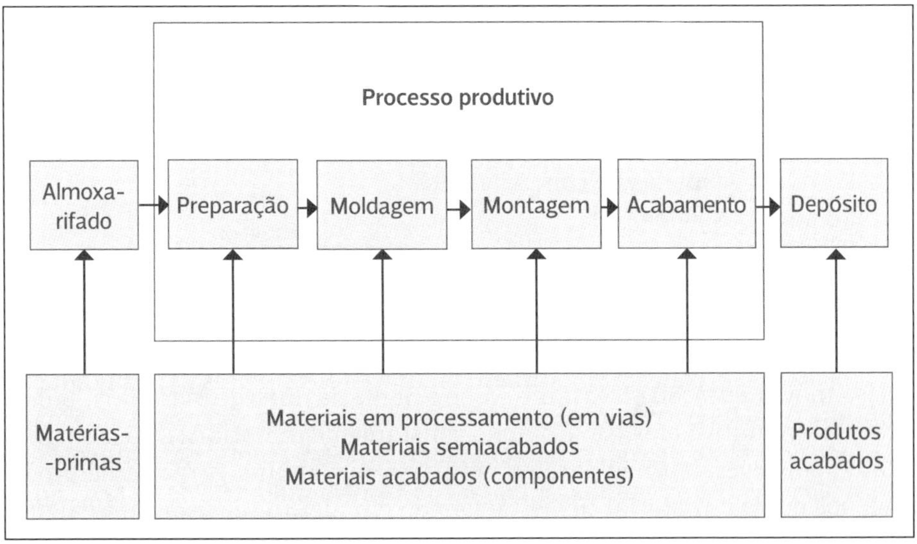

Figura 3 Fluxo de materiais no processo produtivo.

Cada empresa tem um fluxo de materiais específico que depende do produto, do sistema de produção utilizado, da tecnologia, etc.

O dilema da produção

O problema básico para muitas empresas está em definir claramente o volume de materiais necessário para uma produção excelente. Excesso de materiais significa perdas, pois tudo aquilo que excede as necessidades não é produtivo nem agrega valor. Pelo contrário, agrega desperdícios e custos adicionais de espaço e capital empatado. Por outro lado, escassez de materiais significa parada de máquinas e pessoas, o que também significa perdas e custos adicionais. O meio-termo significa buscar o necessário e o suficiente. Não é fácil definir esse ponto ótimo de modo que não traga nenhum risco de parada para a produção.

CLASSIFICAÇÃO DE MATERIAIS

À medida que os materiais correm pelos meandros do sistema produtivo, eles vão recebendo novas denominações, vão se tornando gradativamente diferentes em vista das modificações e anexações que sofrem no decorrer da produção. Assim, tendo em vista o fluxo dos materiais, estes podem ser classificados em cinco diferentes tipos:

1. Matérias-primas.
2. Materiais em processamento.
3. Materiais semiacabados.
4. Materiais acabados ou componentes.
5. Produtos acabados.

Matérias-primas

As matérias-primas (MP) são os insumos e materiais básicos que ingressam no processo de produção. Constituem todos os itens iniciais para a produção. Em uma tecelagem, por exemplo, as matérias-primas são os fios dos quais se produz o tecido. Na indústria de geladeiras, são os metais, parafusos, material plástico, tintas, caixas, embalagens, etc. Na indústria de tintas, são os pigmentos, produtos químicos e petroquímicos, latas para embalagem, etc. Geralmente, as matérias-primas precisam ser adquiridas de fornecedores externos, isto é, precisam ser compradas de fornecedores. Como nenhuma empresa tem condições de produzir todos os materiais de que necessita, ela passa a depender de fornecedores.

Materiais em processamento

São também denominados materiais em vias porque vão sendo processados ao longo das diversas seções que compõem o processo produtivo da empresa. São, portanto, os materiais em processo que estão sendo utilizados nas diversas seções da empresa. Na realidade, os materiais em processamento ingressam na empresa na forma de matérias-primas e estão no fluxo passando pelas etapas do processo produtivo.

Materiais semiacabados

São os materiais parcialmente acabados cujo processo está em algum estágio intermediário de acabamento e que se encontra ao longo das diversas seções que compõem o processo produtivo. Diferem dos materiais em processamento pelo estágio mais avançado, pois se encontram quase acabados, faltando apenas algumas etapas do processo produtivo para se transformarem em materiais ou produtos acabados.

Materiais acabados

São também denominados componentes porque constituem peças isoladas ou componentes já acabados e prontos para serem anexados ao produto. São, na realidade, partes prontas que, quando unidas, constituirão o produto acabado.

Produtos acabados

São os produtos já prontos e cujo processamento já foi completado. Constituem o estágio final do processo produtivo e já passaram pelas fases de matérias-primas, materiais em processamento, materiais semiacabados e materiais acabados ou componentes.

Assim, o fluxo incessante dos materiais os faz passar gradativamente de uma classe para a outra, à medida que sofrem acréscimos e transformações ao longo do processo produtivo.

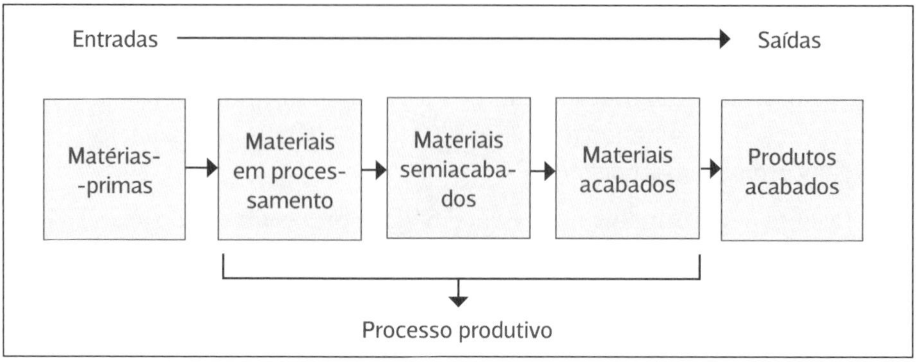

Figura 4 Classificação dos materiais em função de seu fluxo.

Na realidade, os materiais são classificados em função do seu estágio no processo produtivo da empresa. Como já foi dito, conforme passam pelas diversas etapas do processo de produção, vão sofrendo acréscimos e alterações que provocam sua gradativa diferenciação até se tornarem produtos acabados. Assim, para que haja um produto acabado, ele deve ter passado pelos estágios de material acabado, material semiacabado, material em processamento, e inicialmente, matéria-prima básica.

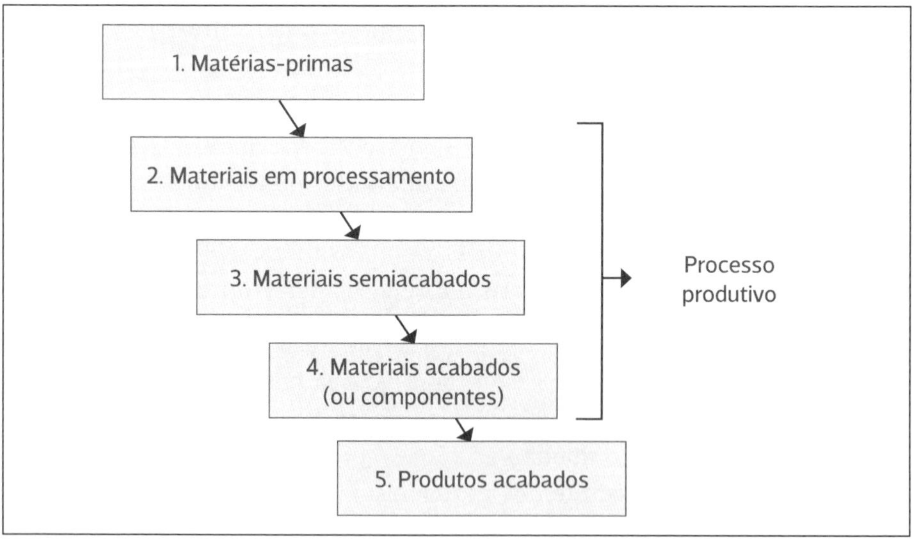

Figura 5 Tipos de materiais como estágios do processo produtivo.

Ao se avaliar a empresa em um dado momento, ela terá certa quantidade de cada um desses tipos de materiais ao longo do processo de produção, totalizando um volume de materiais em geral. Essa quantidade pode variar em sua proporção, dependendo do maior ou menor trabalho realizado em cada uma das seções produtivas.

Onde está o segredo?

Focalizar materiais em processamento e minimizar ou eliminar os demais tipos de materiais. O ideal é ter apenas materiais em vias. E, se possível, em vias bem rápidas. Como? Programando adequadamente os materiais necessários para uma produção limpa e isenta de materiais estacionados ou parados. Fábrica enxuta é isso. *Just-in-time*: exatamente o volume de materiais necessário no tempo adequado para um fluxo sempre normalizado. Nada mais.

PROGRAMAÇÃO DE MATERIAIS

Os materiais não são adquiridos dos fornecedores nem convertidos no processo produtivo ao acaso. Eles são previamente programados pelo PCP com enorme antecedência. Ao programar a produção – detalhando as máquinas e a mão de obra necessária –, o PCP também detalha os materiais necessários ao programa de produção da empresa. Com um detalhe: como os materiais precisam ser comprados – e isto leva tempo – torna-se necessária uma antecedência de dias, semanas ou meses para que possam ser pedidos, comprados e recebidos para ingressar no processo produtivo, conforme mostra o gráfico de Gantt ou o cronograma simples.

Com a programação de materiais, a empresa fica sabendo antecipadamente as quantidades de materiais e as épocas determinadas para colocá-los à disposição dos órgãos que compõem o processo produtivo. A partir da programação de materiais, o PCP pode emitir as ordens de compras (OC) para que o órgão de compras possa trabalhar juntamente com os fornecedores.

COMPRAS

Toda atividade empresarial requer matérias-primas, materiais, máquinas, equipamento e serviços para poder operar. Em todo o processo produtivo, o início de cada operação exige que os materiais e os insumos estejam dispo-

Itens (código e descrição)	Janeiro				Fevereiro				Março			
	1	2	3	4	1	2	3	4	1	2	3	4
0120 parafuso 1"	100	100	100	100	100	100	100	100	-	-	200	
0135 parafuso 2"	250	250	250	250	250	250	250	250	-	-	200	
0142 parafuso 3"	100	100	100	100	100	100	100	100	-	-	200	
0148 parafuso 4"	220	220	220	220	220	220	220	220	-	-	200	
1122 rebite 030	580	580	580	580	580	580	580	580	580	580	580	
1138 rebite 040	600	600	600	600	600	600	600	600	600	600	600	
1145 rebite 050	250	250	250	250	250	250	250	250	250	250	250	
1157 rebite 060	600	600	600	600	-	-	-	-	-	100	100	
1190 arruela 1"	500	500	500	500	-	-	-	-	-	100	100	
1195 arruela 2"	500	500	500	500	-	-	-	-	-	100	100	

Figura 6 Exemplo de uma programação de materiais.

níveis e o seu abastecimento seja garantido com certo grau de certeza para atender às necessidades atuais e futuras.

A área de compras tem por objetivo a aquisição de materiais, componentes e serviços para suprir as necessidades do sistema de produção da empresa nas quantidades certas e nas datas aprazadas, além de, certamente, com a melhor qualidade, os menores preços e as melhores condições de pagamento. Para atingir tal objetivo, a finalidade básica do órgão de compras é pesquisar, localizar, desenvolver e manter fontes de suprimentos. Se a empresa pode ser visualizada como um sistema aberto, o subsistema de compras é que garante seus insumos e entradas, atuando como interface em relação ao ambiente externo. Apesar de ser um subsistema orientado para fora da empresa – isto é, voltado para os fornecedores externos –, o órgão de compras interage internamente com vários órgãos da empresa, como PCP, engenharia de produto, controle de qualidade, controle de estoques, área financeira, etc. Em síntese, a atividade de compras envolve um relacionamento com diversos órgãos da empresa para assegurar um perfeito esquema de apoio e suporte ao subsistema de produção.

A atividade de compras envolve um ciclo composto de cinco etapas:

1. Análise das OC recebidas.
2. Pesquisa, identificação e seleção de fornecedores.
3. Negociação da OC com o fornecedor selecionado.
4. Acompanhamento do fornecimento e entrega da OC.
5. Recebimento do material da OC.

O ciclo de compras pode ser representado da seguinte maneira:

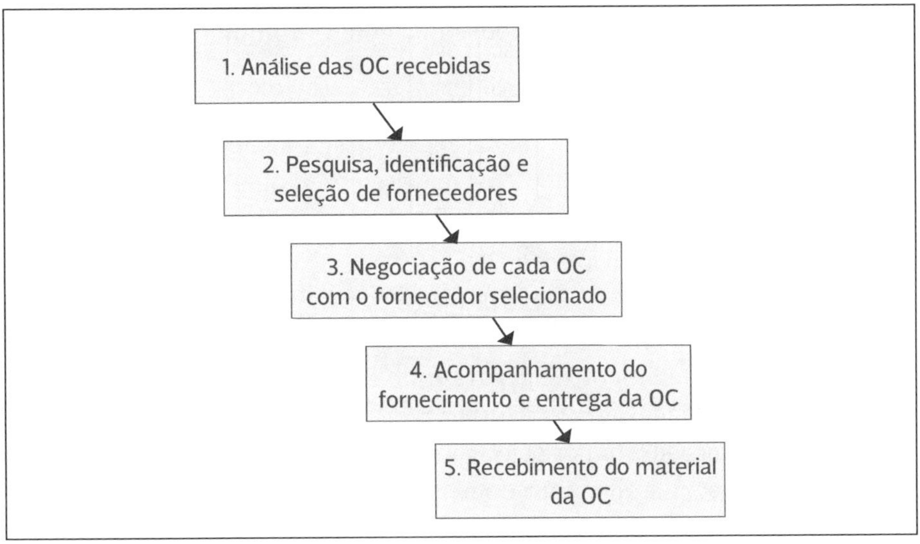

Figura 7 Etapas do ciclo de compras.

Análise das OC recebidas

A primeira etapa do ciclo de compras começa com o recebimento das OC emitidas pelo PCP e sua análise para conhecer as especificações dos materiais solicitados, suas respectivas quantidades e épocas adequadas para recebimento. Em muitas empresas, as OC são encaminhadas ao órgão de compras por meio de listas ou listagens por computador, quantidade fornecida e preço de venda da útima compra.

Nessa primeira etapa, o órgão de compras planeja as suas atividades de modo a atender às OC e providenciar as compras necessárias.

Pesquisa, identificação e seleção dos fornecedores

A segunda etapa consiste em pesquisar os possíveis fornecedores dos materiais requisitados, consultar seus preços e condições de pagamento, bem como especificações, dados de qualidade e prazos de entrega. Nesta etapa, é feito um levantamento dos fornecimentos já efetuados de cada fornecedor para obter uma ideia da qualidade dos materiais entregues e da confiabilidade quanto a prazos contratados, além de preços e condições de pagamento. Com esses dados, o órgão de compras seleciona os fornecedores confiáveis (que entregam no prazo combinado) e que apresentam melhores condições de preço e prazos de pagamento.

Fornecedor é a empresa que produz as matérias-primas e os insumos necessários e que se dispõe a vendê-los e entregá-los. O órgão de compras deve ter um banco de dados sobre os fornecedores contendo os fornecimentos já efetuados e as condições negociadas, para facilitar os futuros trabalhos de localização e seleção de fornecedores.

A seleção dos fornecedores deve atender a critérios como preço, condições de pagamento, qualidade, confiabilidade, prazos de entrega, etc.

Negociação da OC com o fornecedor selecionado

Escolhido o fornecedor mais adequado segundo os critérios citados, o órgão de compras negocia a aquisição do material requisitado dentro das condições mais adequadas de preço e de pagamento. O atendimento às especificações exigidas do material e o estabelecimento de prazos de entrega devem ser assegurados na negociação. Feita a negociação, faz-se a emissão do pedido de compra (PC) ao fornecedor.

Acompanhamento do fornecimento e da entrega da OC (*follow-up*)

Feito o pedido de compra, o órgão de compras precisa assegurar que a entrega do material seja feita de acordo com as especificações dos materiais e dentro dos prazos estabelecidos. Para tanto, deve haver um acompanhamento ou seguimento (*follow-up*) do pedido de compra por meio de constantes contatos pessoais ou telefônicos com o fornecedor, para saber como está sendo providenciada a produção do material requisitado. O seguimento permite localizar problemas e evitar surpresas desagradáveis, pois, com ele, o órgão de compras pode urgenciar o pedido, cobrar a entrega nos prazos estabelecidos ou tentar complementar possível atraso com outros fornecedores.

Recebimento do material da OC

É a última etapa do ciclo, quando a empresa recebe do fornecedor o material solicitado no pedido de compras. Muitas empresas recebem o material comprado via almoxarifado, que deve informar imediatamente ao órgão de compras que o material foi recebido, para verificar as quantidades, providenciar a inspeção da qualidade e comparar a adequação do material com as especificações contidas no pedido de compra. Efetuado o recebimento do material e confirmada a quantidade e a qualidade, o órgão de compras encaminha, para a tesouraria ou o setor de contas a pagar, a autorização para pagamento do pedido de compras dentro das condições de preço e prazo de pagamento.

O ciclo de compras é contínuo e ininterrupto, sucedendo-se a cada OC recebida pelo PCP. Algumas etapas podem ser eliminadas em casos de compras repetitivas, em que a análise da OC e a localização e a seleção dos fornecedores podem ser omitidas.

Modernamente, o órgão de compras tem sido visualizado como um centro de lucro na medida em que traz grandes economias e retornos para a empresa. Saber produzir é uma grande vantagem para a empresa, mas ela precisa também saber comprar, fazendo economias e evitando desperdícios.

O segredo de comprar

Comprar exige estratégia para alcançar objetivos e oferecer resultados. É preciso saber localizar fornecedores confiáveis em termos de qualidade, quantidade, preço e entrega. Muitas empresas estão selecionando seus fornecedores para atuar com eles como se fossem parceiros do negócio. Assim, elas estão reduzindo o leque de fornecedores para transformá-los em partes do seu processo produtivo. Uma espécie de terceirização em que os fornecedores trabalham em conjunto com a empresa dentro de seu processo produtivo, entregando não apenas materiais, mas instalando componentes inteiros dentro de padrões de qualidade assegurada.

ESTOQUES

Uma vez negociada e realizada a compra e recebidos os materiais, eles passam a fazer parte dos estoques de materiais da empresa. Estoque é a composição dos materiais que não são utilizados em determinado momento na empresa, mas que existem em função de futuras necessidades. Estocar significa guardar algo para utilização futura. Se essa utilização for muito remota no tempo, sua guarda se torna prolongada: ocupa espaço alugado ou comprado, requer pessoal adicional para cuidar dele, significa capital empatado, exige seguro contra incêndio ou roubo, etc. Isso significa que ter estoque é ter despesas de estocagem. Por outro lado, se essa utilização for imediata, pode não haver tempo suficiente para estocar, havendo risco de paralisação da empresa por qualquer atraso no fornecimento.

Essas duas situações extremas – estoque demasiado e por longo tempo ou estoque insuficiente e atrasado – são totalmente indesejáveis e devem ser evitadas. O desafio é conhecer o meio-termo e aplicá-lo a todos os itens de estoque.

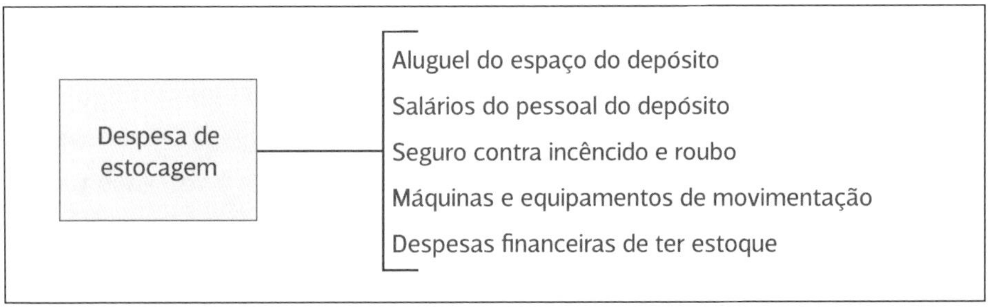

Figura 8 Despesas de estocagem.

Item de estoque é toda matéria-prima, material, componente, ferramenta ou produto acabado que esteja em estoque. Quanto mais complexo e diversificado for o produto final, maior será a diversidade de itens estocados e mais complicado o seu controle. Fornecedor é a empresa que produz ou comercializa os insumos necessários para o processo produtivo e os coloca no mercado. O suprimento ou fornecimento é o ato de proporcionar a entrada de insumos ou itens necessários ao processo produtivo ou ao funcionamento da empresa.

As finalidades básicas do estoque são:

1. Garantir a regularidade da operação ou do funcionamento da empresa, neutralizando os efeitos de:
    - Demora ou atraso no fornecimento.
    - Sazonalidade no suprimento.

- Riscos de dificuldade no fornecimento.
- Falta de insumos no mercado.

2. Proporcionar economias de escala:
   - Pela compra ou produção em lotes econômicos.
   - Pela flexibilidade no processo produtivo.

Flexibilidade dos estoques

Apesar da necessidade de minimizar estoques, é bom não esquecer que eles constituem um vínculo entre as etapas do processo de compra e venda (no processo de comercialização em empresas comerciais) e as etapas de compra, transformação e venda (no processo de produção das empresas industriais). Em qualquer ponto do processo formado por essas etapas, os estoques desempenham um papel importante na flexibilidade operacional da empresa. Eles funcionam como amortecedores das entradas e saídas entre as duas etapas dos processos de comercialização e produção, pois minimizam os efeitos de erros de planejamento e as oscilações inesperadas de oferta e procura, ao mesmo tempo em que isolam ou diminuem a interdependência das diversas partes da organização empresarial ou a dependência em relação aos fornecedores. Assim, os estoques funcionam como uma espécie de pulmão ou regulador do fluxo de materiais e de amortecimento em função das variações de oferta e demanda dos materiais, permitindo dessincronizar as velocidades de entrada e saída dos materiais. É o caso do volume armazenado na caixa d'água nas residências para compensar as possíveis variações no abastecimento da água. Em suma, a finalidade principal dos estoques é amortecer as consequências das incertezas quanto ao suprimento.

A responsabilidade pelo estoque se dilui por toda a empresa e por quase todos os níveis hierárquicos de sua administração. A direção quase sempre se preocupa apenas com o volume global de estoques, sem se ater a detalhes sobre o estoque específico de cada item. Cabe aos gerentes e às equipes a responsabilidade do controle específico de cada item de estoque.

Os estoques são um ativo circulante necessário para que a empresa possa produzir e vender com um mínimo de risco ou preocupações. Representam um meio de investimento de recursos e podem alcançar uma proporção enorme dos ativos totais da empresa. A gestão dos estoques apresenta aspectos financeiros que exigem um estreito relacionamento entre o órgão (ou órgãos) da empresa que cuida dos estoques – como produção, almoxarifado ou depósito de produtos acabados – com o órgão de gestão financeira. O órgão que cuida dos estoques sempre está voltado para a facilitação do fluxo físico de produção e comercialização, enquanto a gestão financeira se preocupa com o lucro, a liquidez da empresa e a boa aplicação dos recursos empresariais. É comum haver certo conflito entre as ações do órgão que cuida dos estoques (quase sempre tentando aumentar o volume e a disponibilidade dos estoques, o que provoca aumento de custos) e a área financeira (quase sempre tentando reduzir os estoques para reduzir custos).

Manter estoques	Reduzir estoques
• Abastecer o processo produtivo • Garantir a continuidade da produção • Prevenir flutuações e incertezas na oferta e na demanda de materiais • Evitar a falta de materiais que prejudica a produção e o faturamento da empresa • Evitar a falta do produto no mercado, levando o cliente a comprar produto concorrente • Importante quando a demanda do mercado é maior que a capacidade instalada da empresa • Todavia, estoque significa capital empatado, espaços ocupados e riscos adicionais • Manter estoque provoca perdas por obsolescência dos materiais	• Reduzir estoque significa maior liquidez • É preciso reduzir o custo de financiamento do capital de giro investido em estoque • É preciso reduzir espaço de armazenagem, seguros e perdas por manuseio • Itens parados não agregam valor à empresa ou ao cliente • Maior diversificação de produtos exige utilizar materiais de maneira produtiva • Estoque reduzido facilita a retroação que melhora a qualidade e permite resposta rápida na mudança de linha de produtos • Reduzir estoque simplifica o processo produtivo e facilita sua gestão • *Just-in-time*, fábrica enxuta e processos simples dependem de estoque reduzido

Figura 9 Desafio entre manter e reduzir estoques.

O desafio entre manter ou reduzir estoques é um dilema – *trade-off* – ou encruzilhada pela qual a escolha de um caminho requer abrir mão das vantagens do outro caminho. São decisões comuns que os gestores de materiais enfrentam cotidianamente. Para tanto, eles precisam adotar ferramentas gerenciais capazes de indicar acertos ou desvios em suas decisões e ações.

Dilema da gestão de materiais

Existem dois indicadores que ajudam na decisão entre manter e reduzir estoques na empresa:

1. **Indicador de capital de giro**: envolve todo o valor monetário (dinheiro) investido em materiais, matérias-primas ou materiais em processamento. Pode envolver também os produtos acabados. Trata do aspecto econômico-financeiro da gestão de materiais do ponto de vista do acionista e requer *softwares* especializados em gestão empresarial – como o ERP (*enterprise resources planning*) – baseados em informações a partir de critérios contábeis sobre custos diretos dos materiais.
2. **Indicador de nível de serviço (*fill rate*)**: trata do aspecto mercadológico do ponto de vista do cliente, refletindo as expectativas e exigências dos clientes quanto à disponibilidade dos produtos e prazos de entrega. É calculado pela relação entre a quantidade de itens solicitados pelo cliente e a quantidade de itens efetivamente entregues dentro do prazo preestabelecido. O nível de serviço (parâmetro) mostra (como indicador) o desempenho no atendimento das necessidades dos clientes em relação àquele estoque. O nível de serviço não deve ser confundido com aspectos de qualidade do serviço, como presteza, competência, habilidade ou educação do atendente.

Assim, a gestão de materiais precisa balancear os dois indicadores para responder ao dilema entre reduzir custos e melhorar o atendimento ao cliente final.[1]

Como os estoques são um investimento, torna-se necessário minimizá-los, por meio da rotação mais rápida como objetivo financeiro. Contudo, esse objetivo pode conflitar com a manutenção de estoques suficientes para atender às necessidades da produção e reduzir o risco de faltas de estoque. Assim, a empresa precisa determinar qual o nível de estoques capaz de conciliar esses objetivos antagônicos e conflitantes.

1 Gasnier, Daniel. Gestão de materiais: a finalidade dos estoques. Disponível em: <www.portalpeg.eb.mil.br/artigos/materiais.pdf>. Acesso em: 3 set. 2013.

Funções dos estoques

Além da função operacional de prover os materiais necessários ao processo produtivo, os estoques podem assumir outras funções adicionais:

1. **Função estratégica**: ocorre quando existe algum risco extraordinário. O estoque pode ser criado para reduzir o impacto de uma possível falta de oferta. É a resposta contingencial que a Petrobrás, por exemplo, mantém um estoque estratégico de petróleo de 15 dias de cobertura para garantir o abastecimento de emergência caso haja uma interrupção repentina e inesperada na importação.
2. **Função especulativa**: a empresa compra deliberadamente materiais ou produtos quando os preços estão em baixa para vendê-los quando estiverem em alta. A empresa opera como agente financeiro para aproveitar oportunidades de comprar materiais ou produtos quando os preços estão em baixa.

Vimos que os estoques não ficam apenas no almoxarifado ou no depósito. Eles se distribuem também pelas diversas seções produtivas na medida em que as MP estão sendo processadas e transitam de uma seção para outra, como materiais semiacabados (partes do produto) e como materiais acabados (componentes que, depois de montados, constituirão o PA). Assim, em uma ponta, temos a MP e, na outra, o PA. Entre as duas pontas estão os materiais em vias de processamento, os materiais semiacabados e os materiais acabados. Na medida em que evoluem no processo produtivo e lhes são incorporados outros materiais, componentes, mão de obra, energia, etc., as matérias-primas se transformam em materiais em processamento, em curso de fabricação, em materiais semiacabados ou, ainda, em materiais acabados ou componentes. Uma vez terminado o processo de produção, os produtos prontos constituirão o estoque de PA.

Tipos de estoque

Em resumo, podemos distinguir cinco tipos de estoque:

1. Estoques de matérias-primas (MP).
2. Estoques de materiais em processamento ou em trânsito de uma seção para a outra.

---

3. Estoque de materiais semiacabados, isto é, estocados após algumas operações e que serão transformados em um ou mais produtos.
4. Estoques de materiais acabados ou componentes, que são peças isoladas e submontagens.
5. Estoques de produtos acabados (PA).

Estoques de matérias-primas

O estoque de matérias-primas (MP) é constituído de materiais básicos que entram diretamente no processo de produção. O estoque de MP é formado por todos os itens comprados de fornecedores e que são utilizados para a produção dos produtos ou serviços produzidos pela empresa. O estoque de MP pode ser constituído de: plásticos, chapas de aço, parafusos, tecidos, produtos químicos, embalagens, etc. Em muitos casos, o estoque de MP pode incluir também componentes, que são itens já processados e constituídos de diversos tipos de MP, por exemplo: rádios, motores, caixas de câmbio, sistemas de freios, no caso das indústrias automobilísticas, ou teclados, *chips*, cartões de memória, monitores, *mouses*, no caso das indústrias de computadores.

Nem sempre o estoque de MP está presente no almoxarifado. Ele pode estar distribuído entre as várias seções produtivas esperando o momento de sua utilização na produção.

O nível ótimo de estoque de cada MP depende do tempo de espera para receber novos pedidos de fornecedores, da frequência de sua utilização, das características físicas do estoque e, sobretudo, do investimento exigido. As MP ficam geralmente estocadas no almoxarifado. Toda vez que nos referimos ao almoxarifado, queremos dizer que ali se encontram os estoques de MP que serão utilizados no processo produtivo.

Estoques de materiais em processamento

São os estoques de materiais que estão sendo processados nas diversas seções que compõem o processo de produção. São também denominados estoques de materiais em vias ou em processo e se encontram sendo trabalhados nas diversas seções que compõem o processo produtivo. Quase sempre os estoques de materiais em processamento se encontram distribuídos entre as seções produtivas, seja em operação ou aguardando o momento de sua utilização na produção.

Estoques de materiais semiacabados

Os estoques de materiais semiacabados são constituídos de todos os itens que estão sendo usados ao longo do processo produtivo. São, na realidade, materiais parcialmente acabados que estão em algum estágio intermediário de produção. Assim, são geralmente estocados ao longo das diversas seções que compõem o processo produtivo da empresa. Seu nível ótimo de estocagem depende da extensão e complexidade do processo de produção. São também denominados estoques de materiais em vias, mas esta denominação os confunde com os materiais em processamento.

Estoques de materiais acabados ou componentes

Os estoques de materiais acabados constituem peças isoladas ou componentes já montados e prontos para serem anexados ao produto. São, na realidade, partes prontas que, quando unidas, formarão o produto acabado. Quase sempre estão distribuídos entre as seções produtivas, podendo ou não ser estocados no almoxarifado para economizar espaço produtivo.

Estoque de produtos acabados

Os estoques de produtos acabados (PA) são constituídos dos itens que foram produzidos pela empresa, mas que ainda não foram vendidos ou entregues aos clientes. As empresas que produzem sob encomenda costumam manter estoques de PA muito baixos, pois praticamente todos os itens são vendidos antes de serem produzidos. Contudo, nas empresas que produzem em lotes ou em produção contínua, a maioria dos produtos é feita antes da venda. Neste caso, o nível ótimo de estoque de PA é determinado em conjunto pela previsão de vendas, pelo processo produtivo e pelo investimento exigido em produtos acabados. Os PA geralmente ficam estocados no depósito de PA. Em alguns casos, ficam estocados durante curto tempo nas seções produtivas enquanto aguardam sua movimentação para o depósito.

O conjunto desses cinco tipos de estoque compõe o estoque geral da empresa. À medida que caminham pelo processo produtivo, os estoques aumentam gradativamente a sua liquidez, pois vão se aproximando do produto acabado que pode ser finalmente vendido e transformado em moeda corrente.

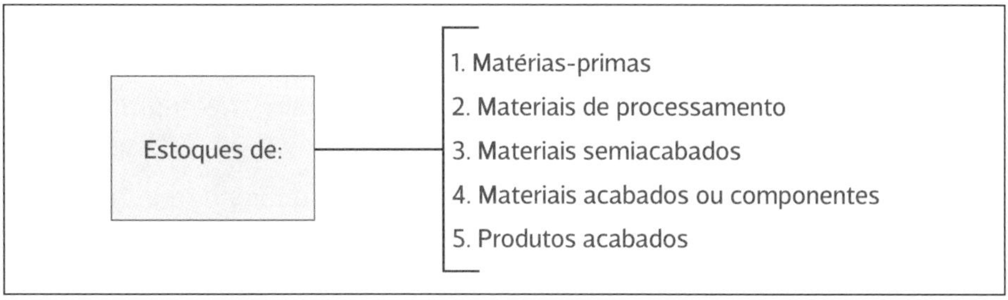

Figura 10 Classificação de estoques.

MATERIAL REQUIREMENT PLANNING

O *material requirement planning* (MRP) ou planejamento das necessidades de materiais é um sistema integrado que proporciona uma visão geral das necessidades de materiais. Seu ponto de partida é a demanda dependente, isto é, a decorrência da demanda independente que define as necessidades do mercado quanto a produtos acabados que devem ser entregues ao consumidor. Na maioria dos casos, a GP cuida de muitos produtos que utilizam vários e diferentes materiais ou componentes comuns, e seria extremamente complexo tratar de cada um em termos de estoques disponíveis, entregas previstas, compras em seguimento e prazos de entrega e possíveis atrasos. Todos esses dados precisam ser processados com auxílio da informática. Assim, cada produto é esmiuçado em seus componentes até o último nível de detalhamento para definir a lista de materiais – também denominada lista técnica ou BOM (*bill of material*). A lista de materiais é a estrutura do MRP. Em geral, o MRP é um *software* destinado a processar todos os dados referentes aos itens (comuns ou não) dos produtos para verificar se há estoque suficiente ou lista de itens faltantes.

Em geral, o MRP envolve os seguintes aspectos:[2]

1. **Lista de materiais (BOM):** todos os produtos são descritos em seus componentes, subcomponentes e peças para alimentar o *software*. A lista de materiais deve ser continuamente atualizada pelo pessoal da engenharia.
2. **Controle de estoques:** os estoques disponíveis são essenciais para o sistema.

2 Martins, Petronio Garcia; Laugeni, Fernando Piero. Administração da produção. São Paulo: Saraiva, 2005, p. 375.

3. **Plano mestre:** define a demanda a ser atendida, ou seja, aquilo que deve ser realmente produzido.
4. **Compras:** o MRP fornece a relação dos itens a serem comprados para que o departamento de compras possa agir com os fornecedores.

Como muitas empresas trabalham em parcerias, elas costumam interligar seus sistemas aos sistemas dos fornecedores para que os pedidos de reabastecimento sejam feitos via computador, dispensando compradores × vendedores e dispensando o uso de almoxarifados de entrada de materiais, inspeção de qualidade no recebimento, bem como dispensando o uso de depósitos de produtos acabados. Essa interligação íntima entre fornecedor e produtor torna as fronteiras da organização permeáveis no sentido de permitir a participação do fornecedor diretamente no processo produtivo. Em vez de fornecer o material, aquele participa diretamente do processo produtivo instalando o material com pessoal próprio. É o que está acontecendo em toda a indústria automobilística, na qual os fornecedores participam da produção, instalando componentes e materiais no produto em processamento. Neste caso, temos o EDI – *electronic data interchange*, cujo maior expoente é o *supply chain management*, que veremos adiante.

LOGÍSTICA

A logística (do grego *logos* = discurso, razão, racionalidade e, mais especificamente, da palavra grega *logistiki* = contabilidade e organização financeira) é uma visão holística da organização que administra recursos humanos, materiais e financeiros onde exista movimento, no sentido de gerenciar desde a compra e entrada de materiais, passando pelo planejamento da produção, armazenamento, transporte e distribuição dos produtos, gerenciando informações e monitorando operações. É a área da gestão que cuida de prover recursos, equipamentos e informações para a execução de todas as atividades da empresa.

Uma breve história da logística

O conceito de logística (do verbo francês *loger* = acolher ou alojar) surgiu por volta de 1670, com a adoção de uma nova estrutura organizacional do exército francês realizada pelo Marechal General des Logis, responsável pelo planejamento, transporte, armazenamento e abastecimento das tropas. A ideia era disponibilizar todos os meios necessários – armas, munição, ferramentas, transportes, pontes, alimentos, medicamentos, etc. – para que o exército pudesse avançar com toda sua força e com um mínimo de restrições. O conceito foi utilizado para descrever a ciência da movimentação, do suprimento e da manutenção de forças militares no terreno. Somente por volta de 1940 – quase 300 anos depois – é que se desenvolveu a logística nas empresas, com novas ideias sobre o armazenamento de materiais até os produtos acabados e sua movimentação (distribuição física) ao cliente como aspectos inseparáveis do fluxo de materiais através e fora da empresa. Contudo, a necessidade de maior controle e identificação de oportunidades de flexibilizar a fabricação, reduzir custos, reduzir prazos de entrega e melhorar a programação de entregas e cumprimento de prazos e disponibilidade dos produtos no mercado, com a inserção de novas metodologias e tecnologias, trouxe um incrível desenvolvimento da logística.

A partir das décadas de 1950 e 1960, as empresas começaram a se preocupar também com a satisfação do cliente em função de uma nova atitude e comportamento do consumidor. Na década de 1970, surgiram novos conceitos, como o planejamento de requisições de materiais que posteriormente se consolidaria como o MRP. Após a década de 1980, com o advento da globalização da economia, quando as empresas passaram a competir em nível mundial mesmo dentro de seu território local, houve uma evolução do modelo multinacional para um modelo mundial de operações. Contudo, foi na década de 1990 que surgiu o conceito de logística integrada conduzida pela revolução da tecnologia da informação (TI) e pelas exigências de desempenho em termos de produção e distribuição.

Modernamente, a logística é a atividade que coordena estocagem, transporte, inventários, armazéns e toda a movimentação dos materiais dentro da fábrica até a entrega dos produtos acabados ao cliente. Dentro dessa conceituação, a logística compreende a coordenação do movimento de materiais desde sua entrada no estoque de matérias-primas, passando pelas instalações da empresa, até o recebimento do produto acabado pelo cliente. Quando todo esse fluxo de materiais fica concentrado em um único órgão da empresa, a ênfase é colocada na sua movimentação ou no transporte interno. Todavia, além da logística interna, existe a logística externa, que vem antes da chegada dos materiais dos fornecedores até a empresa ou que vai da empresa até o local onde está o consumidor final, passando por todos os agentes intermediários.

Conceituação de logística

O Council of Logistics Management conceitua a logística como o processo de planejar, implementar e controlar o fluxo e a armazenagem, eficaz e eficiente em termos de custos, de matérias-primas, materiais em elaboração e produtos acabados, bem como as informações correlatas, desde o ponto de origem até o ponto de consumo, com o propósito de atender às exigências dos clientes. Olhando de maneira reversa, a logística significa abastecer os clientes, tanto os clientes externos, como os clientes internos da empresa. Para tanto, exige a melhoria de conceitos e técnicas capazes de garantir a disponibilidade do produto certo, na quantidade e qualidade certas, ao preço certo, na hora certa, sem qualquer avaria e devidamente documentado.

Esta conceituação é importante para a compreensão da enorme complexidade da gestão de materiais. Como veremos adiante, os materiais permeiam e se movimentam por toda a empresa dentro de um fluxo incessante e contínuo para alimentar as operações e atividades do negócio. Na verdade, o fluxo de materiais na empresa guarda semelhanças com o fluxo de sangue nas artérias humanas alimentando os tecidos e órgãos. Sem esse fluxo de materiais, a gestão da produção não teria como funcionar adequadamente.

O conceito de logística costuma incluir várias atividades, como distribuição física, gestão de materiais, engenharia de distribuição e gestão de transportes. Na verdade, logística significa o "processo de planejar, implementar e controlar o fluxo e o armazenamento eficientes e eficazes de bens, serviços e informação relacionada desde o ponto de origem até o ponto de consumo com o propósito de adequar-se aos requisitos do consumidor".[3]

Logística como fluxo de materiais e de produtos

Assim, a logística significa o fluxo de produtos para dentro e para fora do processo produtivo. Três tendências são evidentes na logística atual:

1. **Centralização da gestão logística:** para manter a integração e a coordenação dos processos de entrada e saída da empresa. Para ganhar sinergia

3 Davis, Markland Vickery. Operations management: concepts in manufacturing and services. St. Paul: South-Western College, 1995, p. 385-6, comentando o conceito de logística do Council of Logistics Management.

entre as unidades de negócios, as empresas estão centralizando sua logística em um grupo composto de especialistas com experiência em diferentes tipos de transporte (ferroviário, rodoviário, aéreo, fluvial, marítimo) para reduzir custos e aumentar a agilidade e o tempo de entrega.[4]

2. ***Outsourcing***: em geral, a frota de caminhões costuma ser terceirizada por questões de custos, qualidade e, principalmente, por se tratar de atividade que escapa do *core business* da empresa e exige especialização.
3. **Uso da internet:** para planejar, organizar, dirigir e controlar o fluxo dos transportes em termos de curta, média ou longa distância.

Apesar de todos os progressos da moderna tecnologia da informação, o problema básico de entregar os materiais e produtos com rapidez, presteza e segurança permanece e desafia as empresas.

Componentes do sistema logístico

Os principais componentes de um sistema logístico são:

1. **Cadeia de fornecedores:** abastece o processo produtivo da empresa.
2. **Unidade de manufatura:** o conjunto de etapas utilizadas para transformar a matéria-prima e os componentes entrantes em produtos acabados.
3. **Cadeia de consumidores:** o grupo de centros de distribuição, atacadistas, varejistas e os consumidores finais que recebem os produtos acabados da empresa.
4. **Interface entre fornecedores, manufatura e consumidores:** transporte propriamente dito de materiais e produtos acabados.

Não se deve esquecer que deve haver uma íntima interface entre produção, marketing e logística, como se pode ver na Figura 11.

A rede logística permite identificar as origens e os destinos de cada item da gestão de materiais e, com isso, avaliar as posições estratégicas dos estoques, definindo políticas de cobertura e minimizando redundâncias, enquanto agiliza o abastecimento e a distribuição. Por exemplo, na Figura 11, é mostrado o caso de um depósito ao longo da cadeia de abastecimento.

---

4 Wheelen, Thomas L.; Hunger, David. Strategic management and business policy. Upper Saddle River: Prentice-Hall, 2002, p. 174-17.

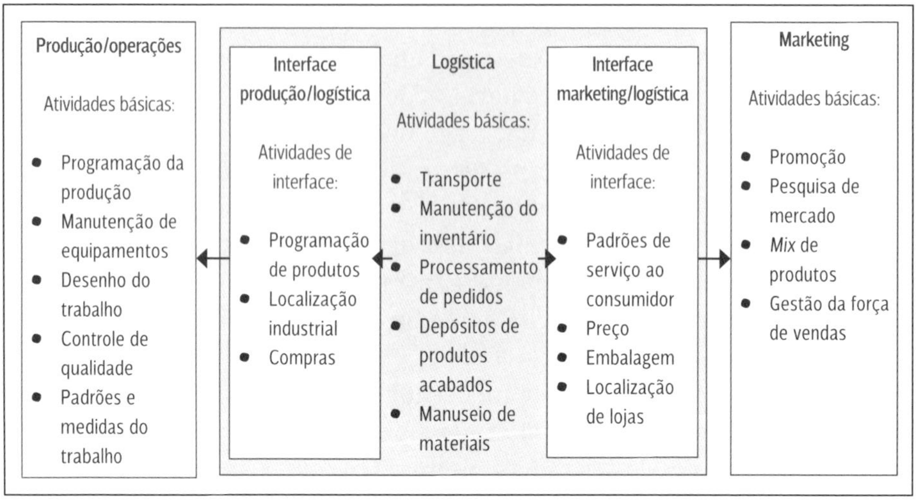

Figura 11 Interfaces entre produção, marketing e logística.[5]

Visualizando o sistema como um todo, verificamos que todo item armazenado apresenta transações de entrada, transações de saída e saldos resultantes dessas movimentações. A entrada de matérias-primas é documentada por notas fiscais, enquanto a saída de produtos acabados é registrada por algum documento ou folha de produção. Os *softwares* de gestão de estoques, em geral, mantêm registros de todas as movimentações por meio de apontamentos nos coletores de dados ou digitações, como base de dados para levantamentos, análises e parametrizações necessárias.[6]

Ferramentas utilizadas na logística

Dada a complexidade dos dados que envolvem a logística moderna, as empresas utilizam vários *softwares* de gestão, como:

- ***Warehouse management system* (WMS)**: literalmente é um sistema de automação e gestão de depósitos, armazéns e linhas de produção. É uma peça importante da cadeia de suprimentos (SCM) e fornece a rotação necessária de estoques e opções de

---

5 Ballou, Ronald H. Business logistics management. Upper Saddle River: Prentice Hall, 1985.

6 Gasnier, Daniel. Gestão de materiais: a finalidade dos estoques. Disponível em: <www.portalpeg.eb.mil.br/artigos/materiais.pdf>. Acesso em: 3 set. 2013.

movimentação para maximizar o uso de espaço nos armazéns, depósitos ou linhas de produção.

- *Transportation management system* (TMS): *software* utilizado para melhorar a qualidade e a produtividade de todo o processo de distribuição, permitindo controlar toda a operação e a gestão de transportes de forma integrada. É oferecido em vários módulos com gradativas aplicações de acordo com as necessidades da empresa.
- *Enterprise resource planning* (ERP): sistema integrado de gestão empresarial composto por vários sistemas de informação que integram todos os dados e processos da empresa em um único sistema integrado. Essa integração pode ser vista sob a perspectiva funcional (como sistemas de fabricação, finanças, marketing, vendas, compras, recursos humanos) ou sob a perspectiva sistêmica (como sistemas de informações gerenciais, sistemas de apoio à tomada de decisões, sistemas de processamento de transações).
- *Materials requirement planning* (MRP): utilizado no planejamento das necessidades de materiais.

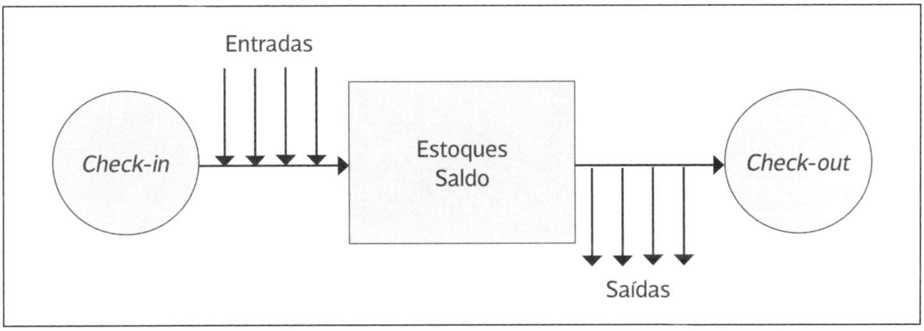

Figura 12 Fluxo genérico do material em um depósito.[7]

Cadeia de valor

Cada empresa pode ser definida como uma coleção de atividades que desenha, produz, comercializa, entrega e apoia seus produtos ou serviços para entregar algo de valor ao mercado. Cada atividade pode contribuir para uma posição de custo da companhia em relação aos concorrentes ou capacitar a empresa a diferenciar seus produtos ou serviços.[8] Para examinar as ativi-

7 Adaptada de: Gasnier, Daniel. Gestão de materiais: a finalidade dos estoques. Disponível em: <www.portalpeg.eb.mil.br/artigos/materiais.pdf>. Acesso em: 3 set. 2013.

8 Davis, Markland Vickery. Operations management: concepts in manufacturing and services, op. cit., p. 18.

dades de uma empresa e suas relações que contribuem para agregar vantagens competitivas, pode-se utilizar o conceito de cadeia de valor. A cadeia de valor é um modelo conceitual que ajuda a empresa a reconhecer as atividades estrategicamente importantes, examinar seus custos e identificar meios potenciais para diferenciar seus produtos e serviços.

Em termos competitivos, valor significa a quantidade de consumidores que querem pagar por um produto ou serviço. A medida de valor é o faturamento total, ou seja, o preço multiplicado pelo número de unidades vendidas. Para que uma empresa seja rentável, o valor de seus produtos ou serviços deve exceder seu custo. Proporcionar melhor valor para os compradores – e acima dos concorrentes – é o objetivo último da estratégia de negócios de uma empresa. A cadeia de valor traduz esquematicamente o valor total gerado por uma empresa e é composta de atividades de valor e margem, como mostra a Figura 13.

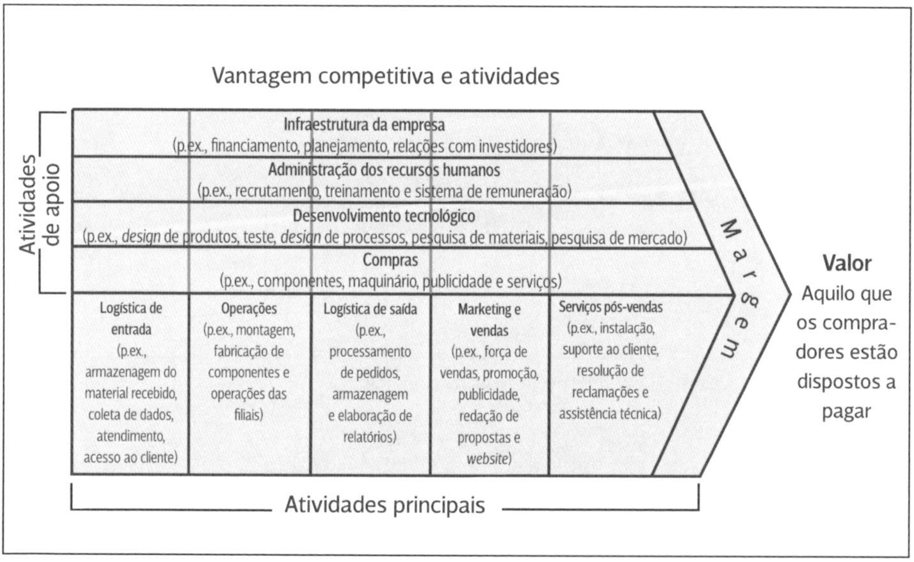

Figura 13 Cadeia de valor de Porter.[9]

9 Adaptada de: Porter, Michael E. Vantagem competitiva: criando um desempenho superior sustentado. Rio de Janeiro: Campus, 1989, p. 309.

As atividades de valor podem ser desdobradas em atividades principais e atividades de apoio. As atividades principais estão relacionadas com a criação física do produto ou serviço e sua venda e transferência ao consumidor. As atividades de apoio envolvem compras, insumos, tecnologia, recursos humanos e outras funções internas da empresa. Embora as atividades de valor estejam colocadas em blocos de vantagem competitiva, na verdade, a cadeia de valor não é uma mera coleção de atividades independentes. O que vale é sua integração e seu íntimo inter-relacionamento para proporcionar resultados alavancados.

Supply chain management

Integrar e inter-relacionar atividades envolvidas com o fluxo de materiais e de produtos para dentro e para fora é o desafio das empresas modernas. A gestão da cadeia de suprimentos – *supply chain management* (SCM) – é uma filosofia que descreve como a organização deve gerenciar suas várias cadeias de suprimento para alcançar vantagem estratégica. O objetivo da SCM é sincronizar os requisitos do consumidor final com o fluxo de materiais e informação ao longo da cadeia de suprimentos para atingir um balanço entre elevada satisfação do consumidor com os custos. A satisfação do consumidor é a meta do sistema inteiro e os resultados dos esforços combinados de todos os elementos que constituem a cadeia de suprimentos.[10]

10 Davis, Markland Vickery. Operations management: concepts in manufacturing and services, op. cit., p. 384.

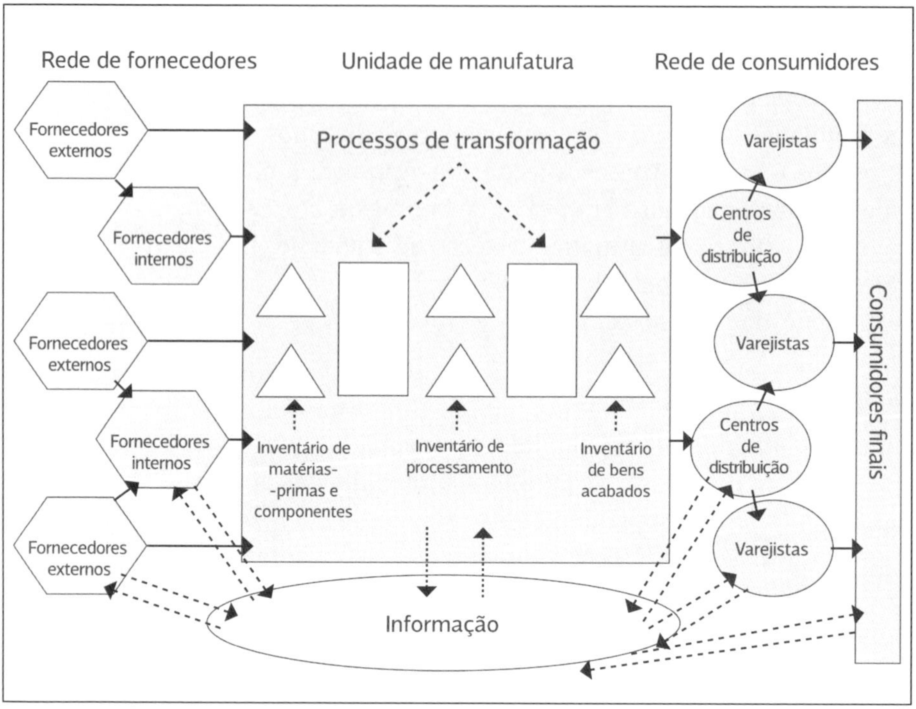

Figura 14 Cadeia de suprimentos.[11]

CONCLUSÃO

Todo o processo de gestão de materiais precisa ser devidamente planejado, organizado, executado e controlado para garantir sua eficiência e eficácia em seus ciclos repetitivos. O modelo seguinte dá algumas dicas a respeito.

Tabela 1 Análise crítica do processo de gestão de materiais[12]

A. PLANEJAMENTO (*Plan*):
Os itens estão sendo bem identificados, de maneira inequívoca? Explique.
Existe uma política para materiais? Descreva-a.
A política de materiais sugere tratamento diferenciado para cada uma das categorias de itens?

(continua)

11 Davis, Markland Vickery. Operations management: concepts in manufacturing and services, op. cit., p. 385.

12 Gasnier, Daniel. Gestão de materiais: a finalidade dos estoques. Disponível em: <www.portalpeg.eb.mil.br/artigos/materiais.pdf>. Acesso em: 3 set. 2013.

(continuação)

Está definido um nível de disponibilidades ou uma tolerância em termos de faltas?
Os estoques estão sendo criteriosa e estrategicamente dimensionados?
Como está sendo determinado o estoque de segurança e o ponto de pedido?
Existe alguma forma dinâmica de revisão e ajuste deste ponto de pedido?
Como são determinadas as quantidades nos lotes de reposição?
Existe algum processo de análise de riscos e planos de contingência para itens faltantes? Como ele é realizado?
Existem indicadores e metas de desempenho? Quais?
Existe um processo de comunicação entre os envolvidos?
B. EXECUÇÃO (*Do*):
O *software* de estoques está atendendo às necessidades dos diversos envolvidos?
Existe plena visibilidade das informações para subsídio ao entendimento?
A administração está aplicando o conceito da classificação ABC? Detalhe.
Como é ativada a reposição de materiais: projeção, ponto de pedido ou sob demanda?
C. CONTROLE (*Check*):
Você sabe quanto representa o capital de giro em estoques? Por grupos?
Ocorrem frequentes faltas de materiais necessários? Tem isso quantificado?
O atendimento aos clientes (externos ou internos) está adequado ou comprometido?
Os erros ou desvios na projeção da demanda provocam faltas críticas de materiais?
O estoque de segurança está protegendo o atendimento dentro da tolerância?
Os tempos de atendimento chegam a comprometer o prazo de entrega ao cliente?
O giro e/ou a cobertura dos itens estão sendo continuamente acompanhados?
Os saldos indicados no sistema informatizado são confiáveis?
Existe necessidade de frequentes ajustes de saldo?
As causas são identificadas e as medidas corretivas/preventivas implementadas?
D. INTERVENÇÃO (*Act*):
Da forma como está, a gestão atende e satisfaz os objetivos da organização?
Existe um programa de melhoria da gestão de materiais?
Quais foram as mudanças significativas implementadas nos últimos dois anos?
Quais serão os próximos projetos de melhoria?
Estes projetos asseguram o sucesso da gestão de materiais?

A gestão de materiais é um desafiante meio não só de melhorar e incentivar o processo produtivo, mas também de trazer economias para a empresa por meio de uma intensiva e constante redução de custos. No fundo, ela representa para a empresa o mesmo que o sistema circulatório representa para o organismo humano: o sangue que corre pelas veias.

Em plena Era da Informação, na qual os negócios são cada vez mais competitivos, dinâmicos, instáveis e interativos, as empresas precisam adaptar-se a essa nova realidade para que possam conquistar e fidelizar seus clientes. O ciclo de vida cada vez mais rápido e curto dos produtos logo os torna verdadeiras *commodities*, seja pelo preço, características ou utilidade. Por outro lado, a crescente globalização dos negócios obriga as empresas a inovar de maneira mais ágil seus processos e técnicas de gestão para enfrentar a forte concorrência mundial. Além disso, o consumidor está cada vez mais exigente com qualidade, rapidez e preço, obrigando as empresas a inovarem por meio de uma gestão eficiente e eficaz. Agora, não se trata apenas de satisfazer o cliente: é necessário encantá-lo e fidelizá-lo com oferta de produtos e serviços excelentes. Isso tudo exige a adoção de metodologias adequadas para planejar, implementar e controlar, de maneira eficiente e eficaz, o fluxo de produtos, serviços e informações desde o ponto de origem – fornecedores – com a compra de matérias-primas, componentes ou produtos acabados, passando pela produção, armazenamento, estocagem, transportes até o ponto final de consumo – clientes.[13] Todos esses aspectos são importantes no tratamento e utilização da moderna gestão de materiais da empresa. O papel do novo gestor de materiais é fundamental no sucesso empresarial. Não se trata apenas de oferecer ao processo produtivo os materiais necessários à sua condução eficiente e eficaz. O papel do novo gestor de materiais vai muito além disso.

---

13 Dornier, Philippe-Pierre et al. Logística e operações globais: textos e casos. São Paulo: Atlas, 2000.

QUESTÕES PARA REVISÃO

1. O que são materiais?
2. Por que os materiais devem ser administrados?
3. Em que consiste a administração de materiais?
4. Conceitue gestão de materiais.
5. Conceitue suprimentos.
6. Conceitue compras.
7. Conceitue logística.
8. O que significa fluxo de materiais?
9. Conceitue movimentação de materiais.
10. Explique o fluxo de materiais em termos de acréscimos, reduções, transformações, alterações e adaptações nos materiais.
11. O que é classificação de materiais? Em que se baseia?
12. Explique a classificação de materiais.
13. Conceitue matérias-primas. Exemplifique.
14. Conceitue materiais em processamento. Exemplifique.
15. Conceitue materiais semiacabados. Exemplifique.
16. Conceitue materiais acabados ou componentes. Exemplifique.
17. Conceitue produtos acabados. Exemplifique.
18. O que é programação de materiais?
19. Para que serve a programação de materiais?
20. Como é feita a programação de matérias-primas?
21. Conceitue compras.
22. Explique o ciclo de compras.
23. O que é emissão e recebimento da OC?
24. O que é análise de OC?
25. O que é fornecedor?
26. O que é seleção de fornecedores?
27. O que é colocação da OC?
28. O que é acompanhamento da OC?
29. O que é recebimento da OC?
30. Conceitue estoque.
31. Explique as despesas de estocagem.
32. O que é sistema de estoque? Explique suas finalidades.
33. De quem é a responsabilidade pelo estoque?

34. Onde ficam os estoques? No almoxarifado? No depósito?
35. Quais são os cinco tipos de estoque?
36. Explique os estoques de matérias-primas.
37. Explique os estoques de materiais em processamento.
38. Explique os estoques de materiais semiacabados.
39. Explique os estoques de materiais acabados ou componentes.
40. Explique os estoques de produtos acabados.
41. O que é estoque geral da empresa?
42. Explique a cadeia de valor e como incrementá-la.
43. Explique a gestão da cadeia de suprimentos (SCM).
44. Faça uma apreciação crítica do processo de gestão de materiais.

Exercícios

1. Descreva dez exemplos de matérias-primas em diferentes empresas do ramo industrial.
2. Descreva dez exemplos de produtos acabados em empresas do ramo industrial. Faça uma correlação entre as matérias-primas e os produtos acabados.
3. Escolha três tipos de indústrias diferentes e indique os diferentes tipos de materiais processados ao longo do processo produtivo, desde MP até chegar ao produto acabado.
4. Se você dirigisse um órgão de compras, como usaria uma ficha de fornecedor como meio para localizar e selecionar os prováveis fornecedores para atender a uma OC?
5. Se você dirigisse um órgão de administração de materiais, que meio imaginaria para conhecer os estoques gerais e os estoques específicos de MP, materiais em processamento, semiacabados e produtos acabados?

7

CONTROLES DE PRODUÇÃO

1. Conceito de controle.
2. Opções de controle.
3. Controle da produção.
4. Controle de estoques.
5. Controle de qualidade.
6. Questões para revisão.
7. Exercícios.

Não basta planejar, programar e executar os planos de produção. É preciso também monitorar e controlar o desempenho e os resultados do processo produtivo para se certificar de que estão ou não satisfatórios. É preciso também acompanhar o grau de eficiência e de eficácia para fazer as correções e os ajustes necessários dentro do menor tempo possível. Quanto melhores e mais eficazes os controles, mais agilidade e flexibilidade o processo produtivo alcançará e mais rápido terá condições de melhorar rumo à excelência. Além de planejamento, organização e execução, deve haver um controle adequado para que a produção alcance níveis elevados de excelência. A repetição cotidiana do processo produtivo não significa que o processo seja o melhor, mas proporciona uma excelente oportunidade para que possa ser continuamente aperfeiçoado. A cada repetição do processo, deve haver um grau acima em termos de eficiência, eficácia e produtividade. Isso é melhoria contínua.

Todo o sistema depende de insumos ou entradas que procedem do seu meio ambiente para poder funcionar adequadamente. Esses insumos ou entradas (materiais, matérias-primas, energia, informação, etc.) são processados pelos diversos subsistemas e então transformados em saídas ou resultados (produtos ou serviços) que retornam ao meio ambiente. A eficiência do sistema consiste em manter uma relação viável entre suas entradas e saídas de tal modo que alcance um equilíbrio dinâmico. O sistema perde eficiência quando seus insumos ou entradas tardam a chegar por qualquer motivo, acarretando paradas ou esperas desnecessárias dos subsistemas. Por outro lado, quando o sistema tem mais entradas do que saídas, isto é, acumula insumos por receio de parar por falta deles, também perde eficiência, pois tem excesso de recursos não utilizados, o que representa um custo adicional. Assim, tanto a escassez quanto o excesso de insumos são extremos ou desvios que devem ser evitados em qualquer sistema de produção.

Da mesma maneira, o sistema cujas saídas não atendem às necessidades do mercado também perde eficácia, pois deve acumular rejeições e devoluções. Quando suas saídas são maiores do que a demanda do meio ambiente, elas tendem a ficar retidas no sistema aguardando o momento de serem liberadas. Tudo isso representa custos adicionais e perdas financeiras.

Como sistemas abertos, as empresas procuram continuamente controlar suas atividades, mantendo-as sempre dentro dos parâmetros ou balizamentos adequados. Disso decorre o conceito do controle.

CONCEITO DE CONTROLE

É comum a palavra controle lembrar punições, restrições e impedimentos. Na vida prática, controlar geralmente significa proibir, impedir, restringir, limitar, fiscalizar, etc. Em administração, a palavra controle apresenta outro significado bem diferente.

Em administração, o controle visa a guiar e regular as atividades da empresa a fim de garantir o alcance dos objetivos da melhor maneira possível. Se as coisas ocorressem de acordo com o que foi planejado, não haveria necessidade de controle. Ele existe porque alguma coisa pode sair diferente daquilo que foi planejado quanto a demora, falhas, erros, variações, imperfeições e defeitos.

O controle é a função administrativa que consiste em medir, avaliar e corrigir o desempenho ou os resultados para assegurar que os objetivos da empresa sejam plenamente atingidos. A tarefa do controle é verificar se tudo está sendo feito em conformidade com o que foi planejado e organizado, de acordo com as ordens dadas, para identificar possíveis erros ou desvios que devam ser corrigidos e evitar sua repetição.

Objetivos do controle

O controle visa a atender a duas finalidades principais:

1. **Correção das falhas ou erros existentes:** serve para detectar falhas ou erros – seja no planejamento ou na execução – e apontar as medidas corretivas para saná-los.
2. **Prevenção de falhas ou erros:** ao corrigir as falhas ou erros existentes, o controle aponta os meios para evitá-los no futuro.

O controle é importante porque ele assegura que os objetivos pretendidos foram realmente alcançados conforme os planos, esquemas e ordens transmitidas. O que sai dos padrões previstos deve ser devidamente corrigido o quanto antes para que os desvios não se acumulem. No fundo, o controle procura avaliar se tudo ocorreu conforme os padrões estabelecidos. Os padrões representam a base fundamental do controle.

Fases do controle

Na realidade, todo o controle é um processo composto de quatro fases distintas:[1]

1. **Estabelecimento dos padrões:** é a primeira fase do processo e estabelece previamente os padrões ou critérios de avaliação ou de comparação. Um padrão é uma norma ou critério que serve de base para a avaliação ou

1 Chiavenato, Idalberto. Introdução à teoria geral da administração. 9. ed. Barueri: Manole, 2014.

comparação de alguma coisa. Metro, litro, grama são padrões universalmente aceitos. Em gestão de produção (GP), um dos maiores cuidados é estabelecer padrões para controlar as coisas. O padrão é o ponto de referência para aquilo que será feito. Existem quatro tipos de padrões:

- **Padrões de quantidade:** volume de produção, quantidade de estoque de matéria-prima (MP) ou produto acabado (PA), número de horas trabalhadas, capacidade de produção, etc.
- **Padrões de qualidade:** controle de qualidade (CQ), de MP recebida, CQ da produção, especificações do produto, etc.
- **Padrões de tempo:** tempo-padrão para produzir determinado produto/serviço, tempo médio de estoque de determinada MP, etc.
- **Padrões de custo:** custos de produção, custos de vendas, custos de estocagem, etc.

2. **Avaliação do desempenho:** segunda fase do controle e consiste em avaliar o que está sendo feito comparando-o com os padrões previamente estabelecidos. Nesta fase, ocorre o acompanhamento e a monitoração daquilo que está sendo executado.
3. **Comparação do desempenho com o padrão estabelecido:** terceira fase do controle e consiste em comparar o desempenho com aquilo que foi previamente estabelecido como padrão de comparação, para verificar se há desvio ou variação, isto é, se há falha ou erro em relação ao desempenho-padrão desejado.
4. **Ação corretiva:** última fase do controle, consiste em corrigir o desempenho para adequá-lo ao padrão. O objetivo do controle é indicar quando, onde e quanto corrigir para manter o processo de acordo com o que foi previamente estabelecido.

As quatro fases do controle podem ser representadas conforme a Figura 1.

Na verdade, o controle é um processo cíclico e repetitivo. É cíclico por envolver um ciclo contínuo composto das quatro fases que acabamos de enumerar. E é repetitivo porque se repete indefinidamente no tempo. À medida que se repete, o controle tende a aperfeiçoar as coisas controladas, reduzindo seus desvios e variações em relação aos padrões previamente estabelecidos. Significa dizer que quanto mais se repete, maior a tendência e a oportunidade de corrigir gradativamente os possíveis erros e desvios. Os conceitos de controle como função administrativa são amplamente utilizados na GP.

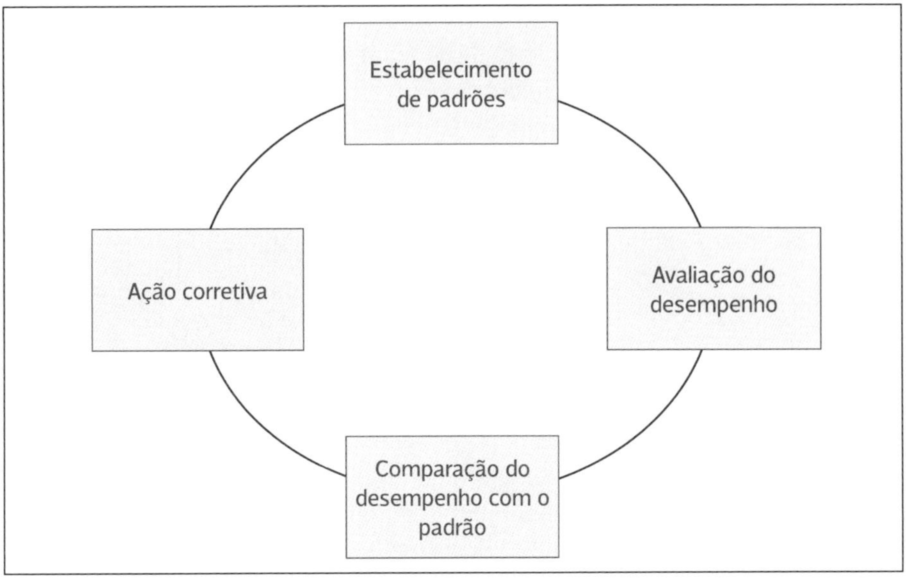

Figura 1 O controle como um processo cíclico e repetitivo.[2]

O que significa controlar?

Na verdade, o controle é um processo típico da Era Industrial. No século XX, um dos fatores críticos das empresas bem-sucedidas era o controle, ou seja, monitorar o desempenho para que os resultados esperados fossem realmente alcançados. Hoje, embora o controle seja um elemento básico para o sucesso empresarial, o fundamental é olhar não apenas para o passado, mas principalmente para o presente e para o futuro. O passado se foi e não volta mais, porém pode ajudar a preparar o futuro com a experiência adquirida. O importante é mirar metas e resultados a serem alcançados, e o controle pode ajudar muito nesse aspecto. Nunca o passado foi tão importante para tentar melhorar o futuro.

O controle permite aferir o desempenho que conduz aos resultados finais. A Figura 2 dá uma ideia resumida do seu funcionamento cíclico.

2 Chiavenato, Idalberto. Introdução à teoria geral da administração, op. cit.

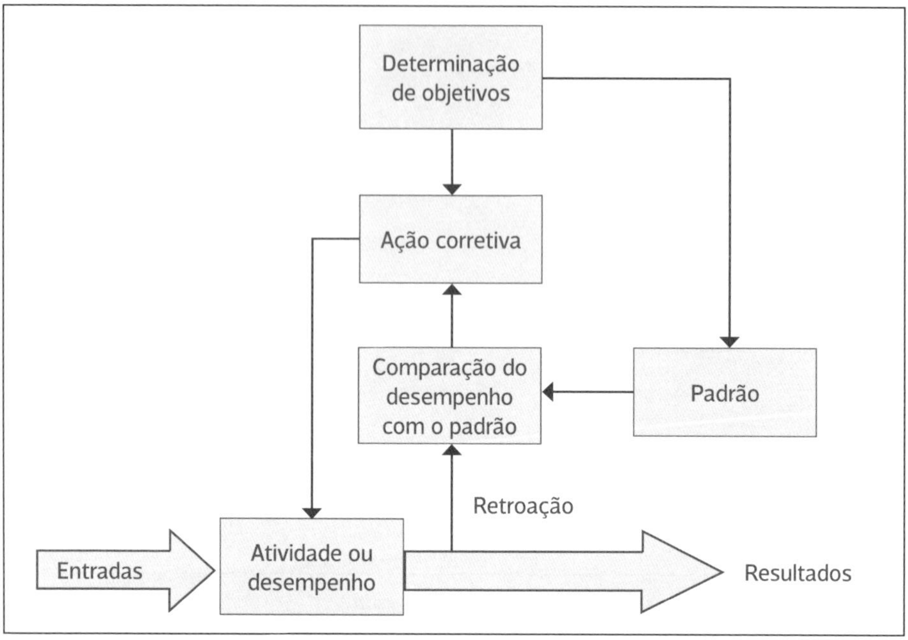

Figura 2 Ciclo de controle.[3]

Comparação de desempenho com o padrão estabelecido

É a terceira etapa do processo de controle e consiste em comparar o desempenho com o que foi previamente estabelecido como padrão, para verificar se há desvio ou variação, isto é, se há falha ou erro em relação ao desempenho desejado. Trata-se de alinhar o desempenho com o padrão planejado e esperado e verificar possíveis distorções ou falhas.

A comparação do resultado ou do desempenho em relação ao padrão pode resultar em três possibilidades:

1. **Conformidade ou aceitação:** o resultado ou desempenho está de acordo com o padrão e, portanto, é aceito.
2. **Aceitação:** o resultado ou desempenho apresenta leve desvio quanto ao padrão, mas dentro da tolerância permitida, e, portanto, é aceito, embora a conformidade não seja a ideal.
3. **Rejeição:** o resultado ou desempenho apresenta desvio, afastamento ou discrepância para mais ou para menos em relação ao padrão, além da tolerância permitida; portanto, é rejeitado e sujeito à ação corretiva.

3 Chiavenato, Idalberto. Introdução à teoria geral da administração, op. cit.

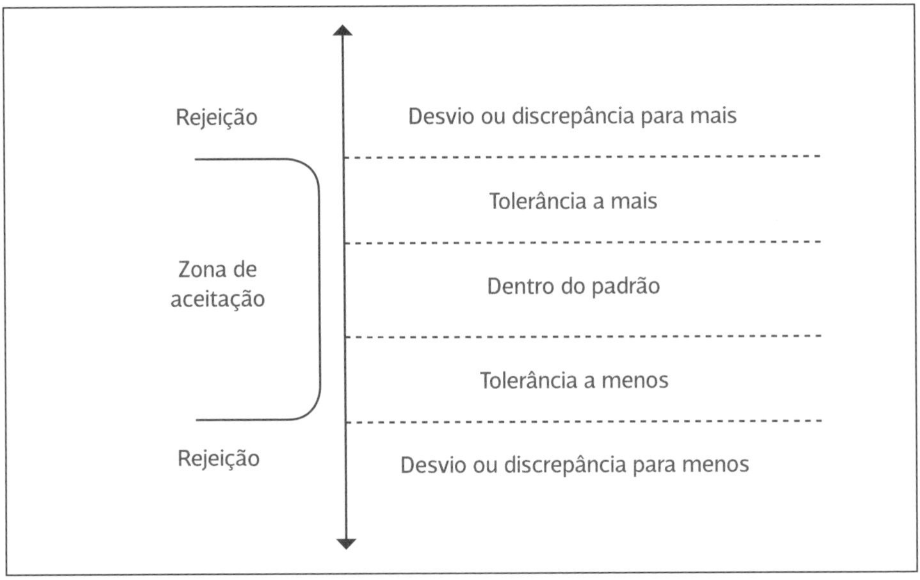

Figura 3 Possibilidades de comparação com o padrão.

A comparação dos resultados obtidos com os resultados planejados utiliza vários meios de apresentação, como gráficos, relatórios, índices, porcentagens, medidas, estatísticas, etc. Esses meios de apresentação supõem técnicas à disposição do controle para que este tenha maior informação sobre aquilo que deve ser controlado.

Ação corretiva

É a última etapa do processo de controle e consiste em apontar medidas corretivas caso surjam falhas, distorções, erros, variações ou desvios no desempenho avaliado para adequá-lo ao padrão estabelecido. Se o desempenho foi de acordo com o padrão, não há ação corretiva a aplicar. O objetivo do controle é indicar quando, onde e quanto corrigir para manter o processo de acordo com o que foi previamente estabelecido.

Nenhuma atividade é perfeita. Toda atividade ocasiona algum tipo de variação. Assim, torna-se importante determinar os limites dentro dos quais essa variação pode ser aceita como normal ou aceitável. As variações que ocorrem dentro desses limites não exigem correções. Apenas as variações que ultrapassam os limites dos padrões é que são denominadas exceções, erros, desvios, afastamentos ou anormalidades. O controle procura separar o que é normal e o que é excepcional, para que a correção se concentre nas exceções. Esse aspecto lembra muito o princípio da exceção proposto por Taylor: o administrador deve preocupar-se com o que é excepcional, ou seja, com aquilo que se afasta dos padrões. Para que possa localizar as exceções, o controle deve dispor de técnicas que indiquem rapidamente onde se encontra o problema.

OPÇÕES DE CONTROLE

As empresas têm à sua disposição uma variedade de opções de controle.

Flexibilidade ou rigidez nos controles

Algumas preferem controles formais e rígidos para garantir a conformidade com padrões, enquanto outras preferem dar mais liberdade e autonomia às pessoas e, portanto, opções mais informais e flexíveis. A Figura 4 permite uma visualização dessas opções.

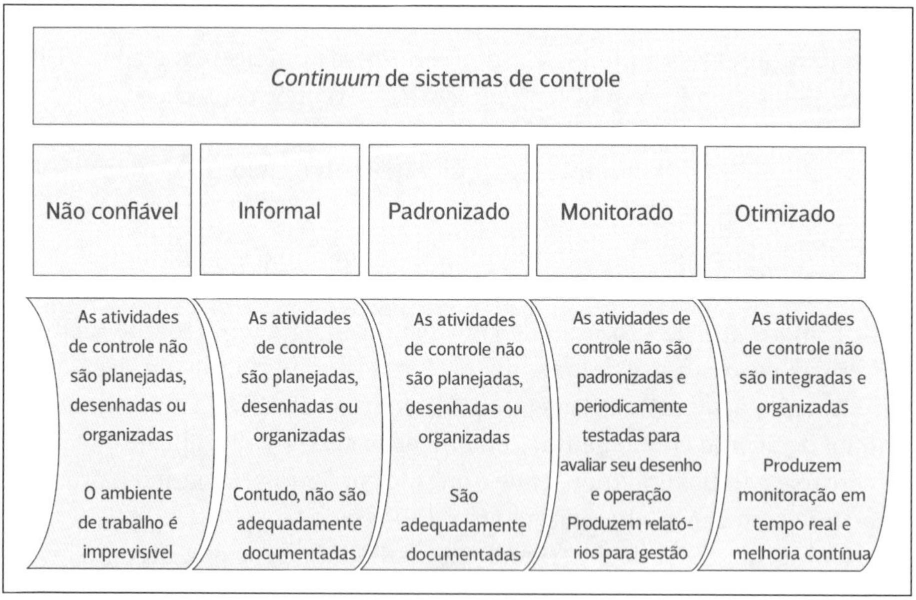

Figura 4 *Continuum* de sistemas de controle.[4]

4 Chiavenato, Idalberto. Administração: teoria, processo e prática. Barueri: Manole, 2014.

Antecipação, concomitância ou posterioridade dos controles

As empresas podem optar por controles preventivos, simultâneos ou posteriores, dependendo de seus objetivos, características ou necessidades. A Figura 5 dá uma ideia resumida dessas opções.

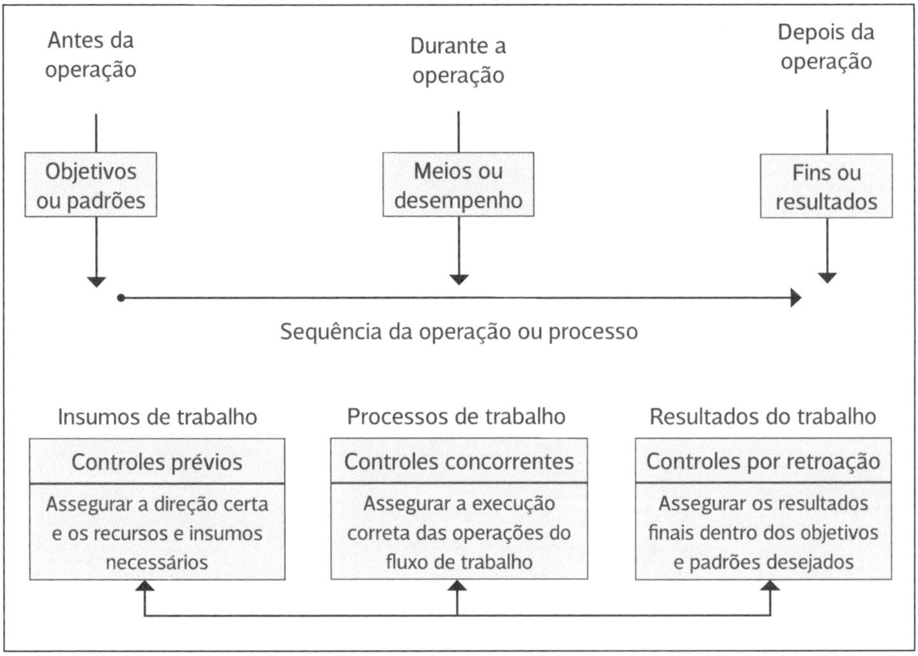

Figura 5 Categorias de controle.[5]

Essas três categorias de controle podem ser exemplificadas na Figura 6.

Grau de centralização ou descentralização dos controles

As empresas têm ainda a opção de centralizar seus controles em um só órgão, descentralizar totalmente os controles nos níveis hierárquicos mais baixos ou adotar soluções mistas ou intermediárias.

Quando há centralização dos controles, a GC tende a ser baseada na autoridade (*top-down models*). O fluxo das informações e processos estão sob controle dos níveis mais elevados da organização. Geralmente ocorre quando os produtos e serviços são similares aos que foram bem-sucedidos an-

5 Chiavenato, Idalberto. Administração nos novos tempos. Barueri: Manole, 2013.

Antes da operação	Durante a operação	Depois da operação
• Plano estratégico • Planos táticos e operacionais • Plano de ação • Orçamentos • Descrição de cargos • Objetivos de desempenho • Planos de treinamento	• Observação • Acompanhamento • Plano de ação • Inspeção e correção • Revisão do progresso • Reuniões de *staff* • Sistemas de dados e informações internas • Programas de treinamento	• Relatórios mensais • Relatórios anuais • Auditorias periódicas • Pesquisas • Revisão do desempenho • Avaliação de resultados do treinamento
↓	↓	↓
Pré-controle	Controle simultâneo	Controle por retroação

Figura 6 Categorias de controle.[6]

teriormente e quando os níveis hierárquicos superiores possuem *expertise* ou recursos ou quando os custos de possíveis erros dos níveis mais baixos são proibitivos. Esse modelo pode ser previsível e eficiente, mas também se torna fechado a hábitos ultrapassados.

Quando há descentralização dos controles, as informações e os processos são originados dos níveis mais baixos e de maneira aberta e improvisada (*bottom-up*). Pode funcionar bem em situações em que os níveis mais baixos possuem *expertise* ou recursos e quando os custos dos erros não são preocupantes. O modelo de descentralização gera alternativas que o modelo centralizado não pode assumir, mas pode ser caótico e, muitas vezes, ineficiente.

6 Adaptada de: Oakland, John S. Gerenciamento da qualidade total – TQM. São Paulo: Nobel, 1994, p. 38.

Graus de centralização/ descentralização	Natureza do controle	
	Tipo de padrão	Natureza de avaliação
Centralização ↓↓↓	Padrões detalhados sobre como o trabalho deve ser realizado e sobre o resultado apresentado pela pessoa ou posição	Avaliação diária e detalhada com horários definidos sobre os resultados alcançados no período
↑↑↑ Descentralização	Resultados globais finais e indicadores de possíveis desvios, falhas ou variações	Avaliação mensal e genérica sobre resultados principais e avaliação semestral ou anual sobre resultados globais

Figura 7 Impacto de controles centralizados e descentralizados.[7]

CONTROLE DA PRODUÇÃO

O controle da produção (CP) é a última fase do planejamento e controle da produção (PCP), tema do Capítulo 5. Geralmente, o CP é realizado pelo próprio órgão de PCP da empresa como retroação (*feedback*) do planejamento da produção. Todavia, tal responsabilidade é funcional, ou seja, de *staff*. A responsabilidade maior pelo controle é do pessoal de linha: executivos e funcionários envolvidos diretamente no sistema produtivo. Assim, o CP serve para acompanhar, monitorar, avaliar e regular as atividades produtivas a fim de mantê-las dentro do que foi planejado e assegurar que atinjam os objetivos pretendidos. Ao monitorar o sistema produtivo, o CP deve oferecer continuamente retroação a todos os envolvidos nele a fim de proporcionar informação de retorno para que tomem as providências necessárias no caso de possíveis correções no sistema.

7 Chiavenato, Idalberto. Administração: teoria, processo e prática, op. cit.

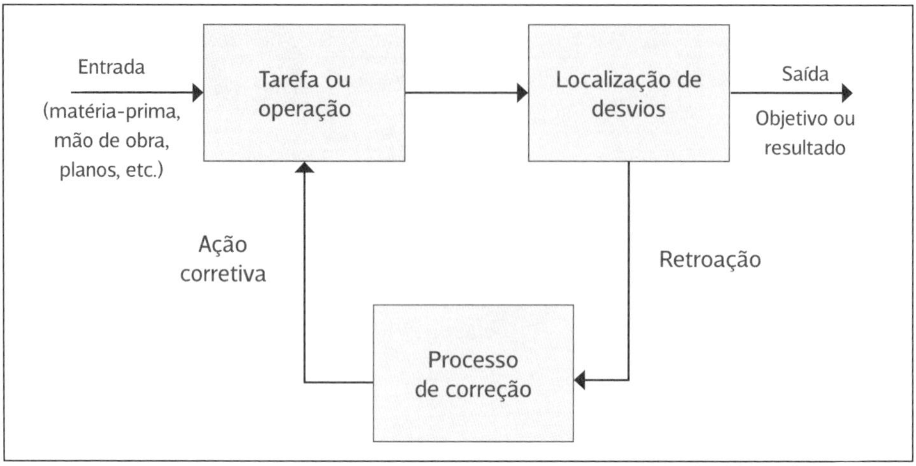

Figura 8 Processo de controle da produção.

Você já ouviu falar em teoria homeostática de riscos?

Essa teoria salienta que as pessoas têm um senso inato do nível de risco que consideram aceitável. Mesmo quando um determinado sistema tem segurança e confiabilidade, as pessoas se comportam com cuidado, mesmo que anulando os ganhos dessa segurança. A Universidade de Bath fez uma pesquisa com motoristas e notou que eles dirigem mais cuidadosamente nas ruas quando se aproximam ciclistas. O comportamento humano é importante no controle do processo produtivo. Existem pessoas cautelosas e disciplinadas, mas também existem pessoas descuidadas ou impulsivas que podem fazer balançar ou prejudicar o controle da produção. Isso tem que ser levado em conta.

Padrões de produção

Como dissemos antes, os padrões representam a base fundamental do controle. Funcionam como indicadores ou métricas de desempenho que devem governar o controle do processo produtivo. Padrões constituem a referência, o balizamento que define como deve fazer e como está caminhando o processo produtivo.

O CP geralmente avalia a produção de acordo com os padrões descritos a seguir.

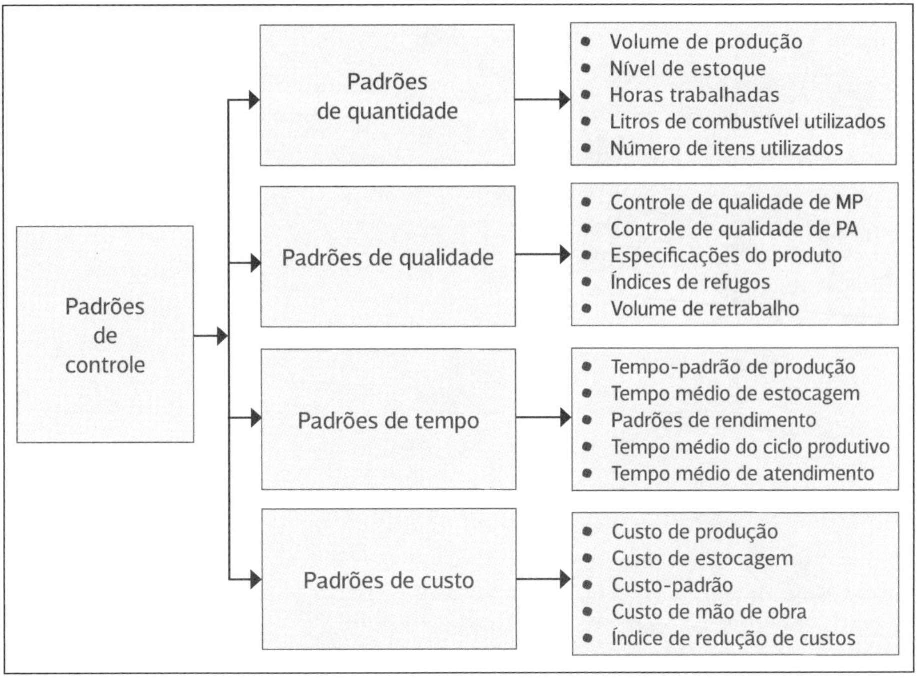

Figura 9 Padrões de controle.[8]

Padrões de quantidade

Os principais padrões de quantidade são:[9]

1. **Volume de produção:** quantidade de produtos/serviços produzidos dentro de um determinado período. Na realidade, esse padrão representa a saída do sistema de produção, isto é, o resultado final da atividade produtiva. Se a empresa produz carros, o volume de produção é o número de carros produzidos no dia, na semana, no mês ou no ano. Em um banco, o volume de produção pode ser avaliado em termos de número de cheques compensados no dia, na semana ou no mês, ou número de clientes atendidos. O volume de produção também pode ser medido por seção produtiva ou por máquinas ou equipamentos no decorrer do tempo. Geralmente, utilizam-se gráficos para melhor visualização, como histograma, cronograma, gráfico de Gantt, etc.

8 Chiavenato, Idalberto. Administração: teoria, processo e prática, op. cit.

9 Chiavenato, Idalberto. Introdução à teoria geral da administração, op. cit.

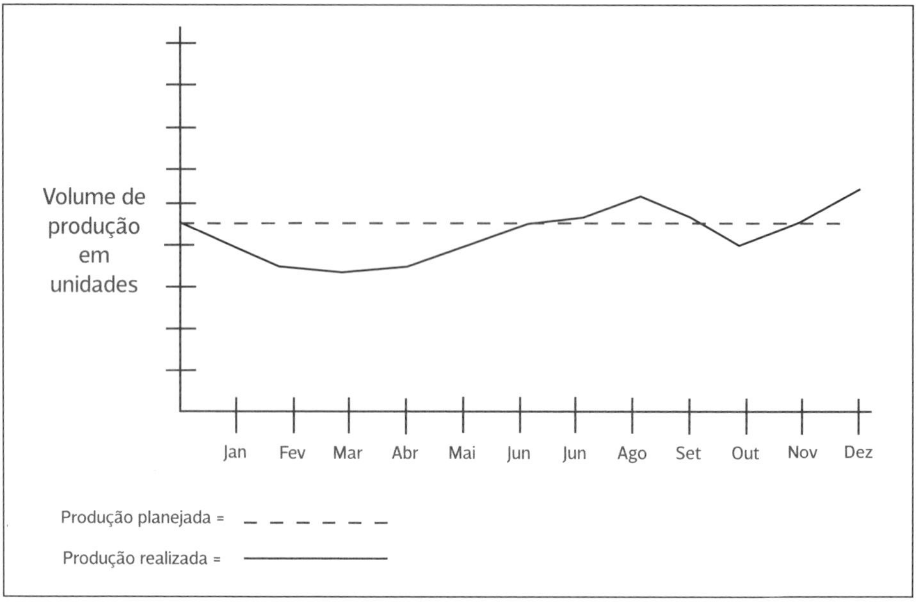

Figura 10 Controle de produção em termos de quantidade.

Os gráficos de controle de produção permitem comparar a produção planejada com a produção efetivamente realizada, para verificar causas de problemas imprevistos no processo.

Por que o volume de produção é tão importante?

A produtividade de uma empresa é medida pela relação entre o volume de produção e os recursos utilizados ou os fatores de produção, como pessoas, máquinas, tecnologias, materiais, etc. Quanto maior a relação entre a quantidade produzida pelos recursos utilizados, maior é a produtividade. Muitas vezes, a produtividade é medida por trabalhador (volume de produção dividido pelo número de trabalhadores), por espaço utilizado (volume de vendas dividido pelo número de metros quadrados da loja) ou até pela área (quantidade de produção agrícola em quilogramas dividida por hectare). As medidas de produtividade medem a quantidade produzida em função dos recursos utilizados, os quais podem ser medidos em pessoas, horas de trabalho, máquinas ou dinheiro aplicado. O grau de produtividade de uma empresa ou pessoa é um dos melhores indicadores para a medição do nível de eficiência e eficácia. Para aumentar a produtividade, dois aspectos

---

são essenciais: a racionalização do trabalho e a motivação das pessoas nele envolvidas, além das seguintes providências:

1. Produzir mais com os mesmos recursos.
2. Controlar custos.
3. Combater desperdícios.
4. Buscar imaginação e criatividade para melhoria contínua.
5. Trabalhar em equipe.

2. **Número de horas trabalhadas:** quantidade de trabalho efetuado em número de horas que foram trabalhadas. Em geral, utiliza a expressão homens/horas trabalhadas, que é obtida pela seguinte equação:

Número de homens/horas trabalhadas	=	Número de operários diretos	×	Número de horas de trabalho no mês

Figura 11 Cálculo de homens/horas trabalhadas na produção.

O cálculo do número de homens/horas trabalhadas geralmente utiliza apenas a mão de obra direta como referência. É uma importante informação para dar a dimensão do esforço de trabalho realizado no período diário, semanal ou mensal. O número de homens/horas trabalhadas é geralmente expresso em gráficos, da mesma forma como o controle do volume de produção que acabamos de verificar.

Padrões de qualidade

Qualidade pode significar muitas coisas:

1. **Adequação às especificações do produto:** como foram definidas no seu projeto original. Representa a conformidade aos padrões estabelecidos internamente pela empresa como norma de produção.

2. **Satisfação do cliente ou consumidor:** em relação ao seu uso. Representa o grau de satisfação do consumidor quanto ao produto.
3. **Inexistência de desvios ou falhas no processo produtivo.**

Os padrões de qualidade serão abordados mais adiante na sequência deste capítulo.

Por que a qualidade é tão importante?

Há muito tempo, a qualidade deixou de ser uma prerrogativa de certas empresas. Hoje é uma obrigação normal no mercado, uma questão de sobrevivência de um produto. Contudo, quando a qualidade é realmente insuperável, ela se torna uma importante vantagem competitiva e deixa os concorrentes para trás. Em igualdade de condições de preço e de condições de pagamento, a melhor qualidade é o elemento desempatador. Sem dúvida, a qualidade nos dias de hoje é sinônimo de que um produto apresenta efetivamente as características e especificações oferecidas pela empresa ao mercado.

Padrões de tempo

Os principais padrões de tempo são:

1. **Tempo-padrão de produção:** representa o nível satisfatório de produção determinado para cada trabalhador em um determinado período. O tempo-padrão é obtido por meio do estudo do trabalho, geralmente realizado pelo órgão de engenharia industrial. O termo estudo de trabalho significa o conjunto de técnicas científicas utilizadas para analisar e medir o trabalho realizado pelo ser humano. No sentido mais restrito, o estudo do trabalho é a verificação de um trabalho realizado por um trabalhador para medir o tempo gasto na sua execução e melhorar a eficiência. O estudo do trabalho envolve o estudo do método (meios) e a medida de trabalho (fins ou resultados).
   - **Estudo do método:** registro sistemático e análise dos métodos existentes de execução e busca de métodos mais eficientes e eficazes.
   - **Medida de trabalho:** feita pela aplicação de técnicas para avaliar o tempo necessário para um trabalhador realizar um trabalho es-

pecífico em um nível satisfatório de desempenho. Esse nível satisfatório de desempenho é denominado tempo-padrão de produção e corresponde à eficiência = 100%.

Estudo do método	Medidas do trabalho
• Método de trabalho	• Tempo-padrão
• Movimentação de materiais	• Capacidade de produção
• Projeto do produto	• Máquinas disponíveis
• Projeto do processo	• Programação da produção
• Arranjo físico do local	• Sistema de incentivo salarial
• Movimentos do trabalhador	• Necessidade de mão de obra
• Ergonomia	• Necessidade de ferramentas
• Fluxo da produção	• Necessidade de materiais

Figura 12 Áreas de estudo do trabalho: estudo do método e medida do trabalho.

Conhecendo-se previamente o estudo de trabalho de uma fábrica e tendo-se a quantidade prevista de homens/horas de trabalho em um determinado período, pode-se prever o volume de produção a ser realizado pela simples multiplicação dos dados.

2. **Padrões de rendimento:** com a determinação dos tempos-padrão individuais, é possível estabelecer os padrões de rendimento para todas as seções produtivas, os quais servirão de base para o acompanhamento da produção.

Por que o tempo é tão importante?

Tempo é dinheiro quando se trata de produção ou de negócios. A economia de tempo se traduz em economia de recursos e economia de esforços, além de reduzir prazos de produção e de entrega ao mercado. Além das horas trabalhadas a serem pagas. E o cliente, no final das contas, não fica esperando o produto chegar indefinidamente. Daí o foco na

---

rapidez, agilidade e prontidão no processo produtivo para se antecipar à concorrência e oferecer ao cliente o melhor produto ou serviço no menor tempo possível.

Padrões de custo

Normalmente, as empresas definem previamente quais serão os custos de produção para conhecer com antecipação quais serão os custos de seus produtos. É o que geralmente recebe o nome de planejamento de custo ou pré-cálculo de custo; por ele, são determinados os padrões de custo de produção ou do produto.

Verificamos no Capítulo 2 que um dos componentes do produto/serviço é o seu custo. O custo do produto compreende o custo de produção mais o custo de distribuição. O custo de produção envolve custos diretos e custos indiretos, que podem ser assim desdobrados:

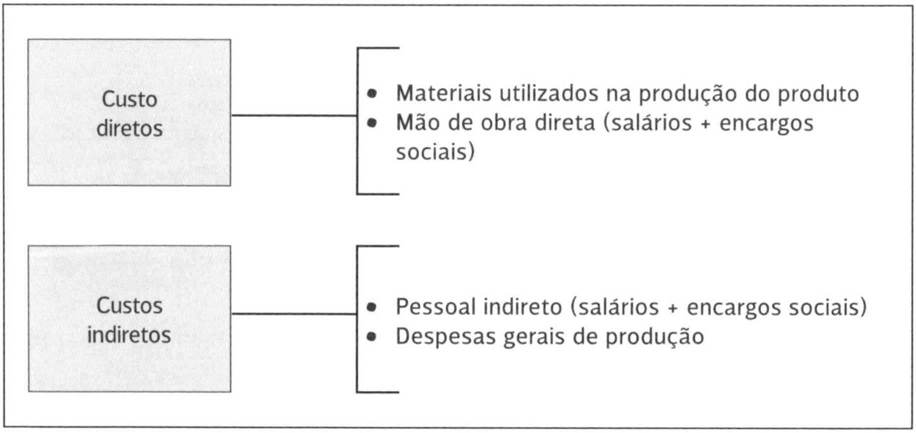

Figura 13 Custos diretos e indiretos de produção.

Com os custos planejados, a empresa pode examinar seus custos de produção e fazer as devidas comparações a fim de aplicar as medidas corretivas adequadas para corrigir desvios e sanar os problemas existentes.

Programas de redução de custos

Os custos de produção impactam fortemente o preço final dos produtos ou serviços. Alguém deve pagar por eles e este alguém é geralmente o cliente ou consumidor. Quando o preço se torna mais elevado, o consumidor busca produto semelhante no mercado. Daí advém o foco constante na redução de custos. Isso pode ser alcançado por meio da contínua racionalização do trabalho, economias na movimentação de materiais, inovação nos processos de produção. Todas as iniciativas para tentar reduzir custos devem passar por um processo composto por quatro etapas:

1. Organizar o esforço conjunto com equipes focadas em localizar oportunidades de reduzir custos.
2. Analisar as oportunidades e fazer recomendações às pessoas envolvidas.
3. Decidir quais ações prioritárias devem ser incentivadas.
4. Implementar essas ações de redução de custos.

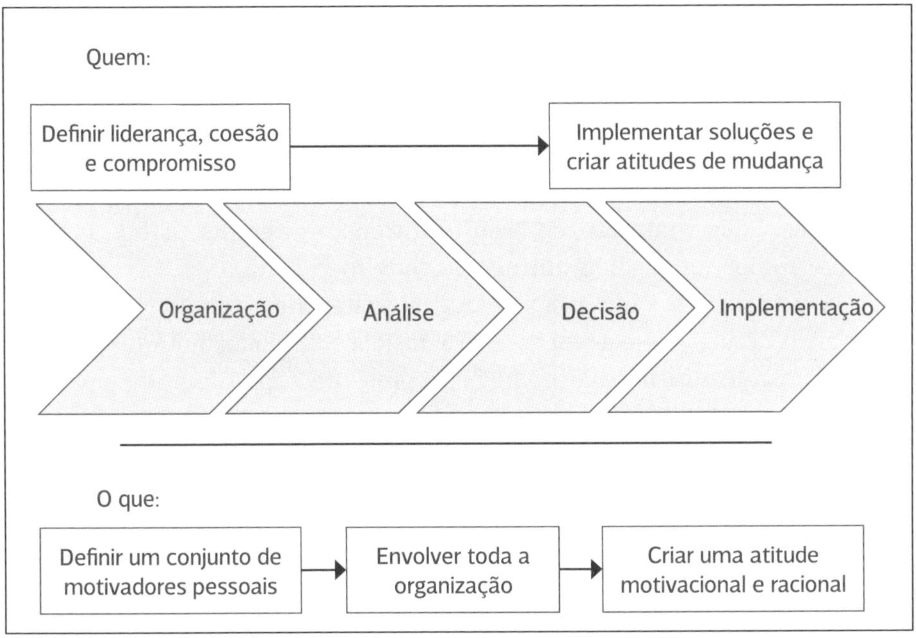

Figura 14 Como organizar um programa de redução de custos.[10]

Após essas etapas, cada equipe deve estar continuamente focada em:

10 Katzenbach, Jon. How to cut costs – and get your employees to help. Booz Allen & Co. Disponível em: <www.booz.com/media/uploads/How_to_Cut_Costs.pdf>. Acesso em: 9 set. 2013.

1. Localizar cada ação ou operação desnecessária.
2. Analisar os meios de simplificação, redução ou eliminação como solução.
3. Verificar as consequências positivas e negativas decorrentes da solução.
4. Propor a solução aos canais competentes.
5. Testar a solução e avaliar sua viabilidade.
6. Implementar a solução.
7. Avaliar os resultados alcançados.

A redução de custos deve ser uma preocupação presente em toda atividade. Deve ser uma responsabilidade pessoal, cotidiana e intransferível de todo colaborador, não importa o seu nível hierárquico ou a área de atividade.

CONTROLE DE ESTOQUES

Verificamos no Capítulo 6 que estocar significa guardar algo para utilização futura. O estoque inclui todo o sortimento de matérias-primas e materiais que a empresa possui e utiliza no processo produtivo. O estoque tende a flutuar no decorrer do tempo e é muito difícil controlá-lo em toda a sua extensão, pois os materiais se transformam rapidamente ao longo do processo produtivo e, a cada momento, podem ser classificados de modo diferente. Além disso, cada material representa um custo diferente, isto é, gradativamente maior na medida em que se movimenta no processo produtivo e recebe acréscimos e inclusões de outros materiais e componentes até se transformar em produto acabado. Além disso, de um lado, quando o estoque é obtido para uso futuro na produção, representa capital parado e passa a ser visto como um mal necessário, exigindo um esforço para controlar e reduzir tal investimento. De outro lado, torna-se também difícil determinar qual é o estoque mínimo e depender da confiabilidade dos fornecedores quanto às entregas aprazadas no futuro.

Dessa maneira, o estoque não pode ser muito grande – pois implica desperdício, espaço ocupado e capital empatado desnecessariamente – nem pode ser muito pequeno – pois envolve risco de falta de materiais no mercado e consequente paralisação da produção, com enormes prejuízos à empresa.

Registros de estoque

Para ser controlado, o estoque deve ser impecavelmente registrado. O fichário de estoque – ou banco de dados sobre estoque de materiais – é um conjunto de documentos ou registros de computador que serve para controlar e analisar o estoque. Cada empresa define o tipo de fichas de estoque (FE) – físicas ou virtuais – de acordo com suas necessidades e seu grau de sofisticação na área. As informações contidas na FE são geralmente as seguintes:

1. Identificação do item:
   - Nome do item.
   - Número ou código do item.
   - Especificação ou descrição do item.
   - Unidade de medida (quilo, metro, unidade).
   - Tipo de utilização (a quem se destina).

2. Controle do item:
   - Lote mínimo.
   - Lote econômico.
   - Utilização semanal ou mensal (demanda).
   - Dias de espera para chegada do pedido de renovação.
   - Fornecedores.
   - Preço unitário.
   - Porcentagem de perda ou rejeição na produção.

3. Rotação do estoque:
   - Pedidos de reposição já efetuados.
   - Recebimentos dos fornecedores do material.
   - Retiradas do material pelos órgãos produtivos.

4. Saldo de estoque:
   - Saldo de estoque (quantidade existente atualmente no estoque).
   - Saldo disponível (quantidade existente + quantidade encomendada e ainda não recebida).
   - Saldo das encomendas (quantidade encomendada e ainda não recebida do fornecedor).
   - Saldo das reservas (quantidade solicitada em OC e ainda não retirada).

5. Custo e valor do estoque:
   - Custo unitário de cada entrada dos fornecedores.
   - Custo total (número de unidades estocadas × custo unitário).

- Custo unitário de cada saída para os órgãos produtivos.
- Saldo monetário em estoque.

A quantidade de informação contida nas FE determina o grau de sofisticação do controle de estoques da empresa. A utilização de programas de computador para essa finalidade é indispensável à medida que o número de itens a serem controlados aumenta.

Classificação ABC

A classificação ABC ou curva de Pareto é um modelo utilizado no controle dos materiais. Parte do princípio de que a maior parte do investimento em materiais está concentrada em um pequeno número de itens. Em outras palavras, uma pequena porcentagem dos materiais representa a maior parte do investimento. Essa classificação divide os estoques em três classes, de acordo com sua quantidade ou seu valor monetário:[11]

1. **Classe A:** envolve poucos itens (de 15 a 20% do total), mas que são responsáveis pela maior parte (80%) do valor do estoque. São os itens menos numerosos, mas mais importantes e que merecem atenção individual pelo seu enorme valor monetário.
2. **Classe B:** envolve grande quantidade dos itens (35 a 40% do total), mas que representam aproximadamente 15% do valor dos estoques. São os itens intermediários e que têm relativa importância no valor global dos estoques.
3. **Classe C:** envolve enorme quantidade de itens (40 a 50% do total), mas que representam um valor desprezível (5 a 10%) do valor dos estoques. São os itens mais numerosos, mas menos importantes, pois respondem com pouca importância do valor global dos estoques.

Com a classificação ABC, torna-se óbvio que a atenção maior da empresa deve se concentrar nos itens de classe A, cujo valor monetário é enorme – chegando a aproximadamente 80% do valor total, merecendo um tratamento especial. Os itens B costumam ser tratados por procedimento semiautomático, enquanto os itens C – que no seu conjunto alcançam 5 a 10% do valor

11 Chiavenato, Idalberto. Gestão de materiais: uma abordagem introdutória. Barueri: Manole, 2014.

total – podem ser tratados por procedimento automático que não exija muito tempo de decisão, pois o seu valor monetário é relativamente pequeno.

Para melhor visualizar a classificação ABC, os itens são colocados em relação crescente de grandeza, acumulando suas porcentagens em relação ao volume global de estoques. Dessa maneira, a curva ABC ou curva de Pareto geralmente apresenta a seguinte configuração em quase todas as empresas:

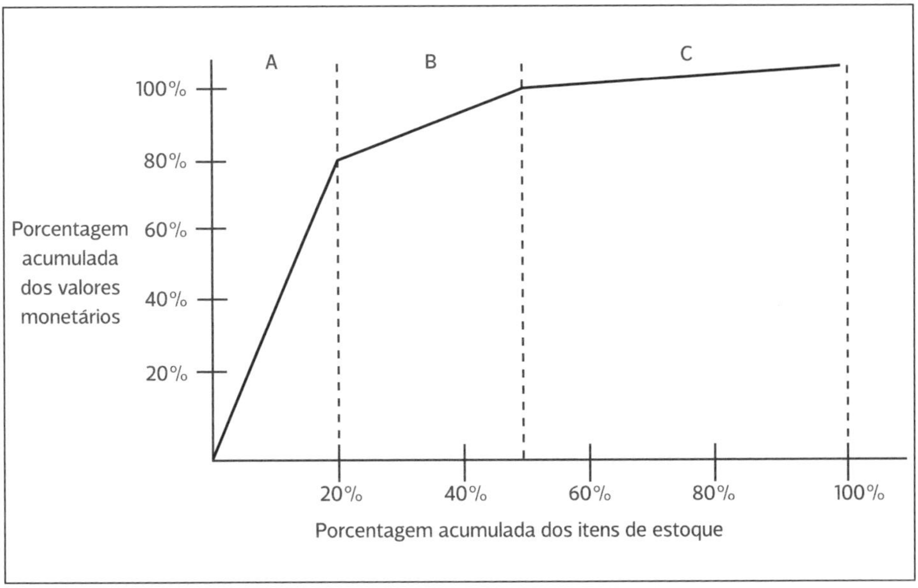

Figura 15 Curva ABC de estoques.

CONTROLE DE QUALIDADE

Qualidade é a adequação a alguns padrões previamente definidos. Esses padrões são denominados "especificações" quando se trata de projetar um produto ou serviço, conforme verificamos no Capítulo 2. Quando essas especificações não são bem definidas, a qualidade torna-se ambígua e a aceitação ou rejeição do produto ou serviço passa a ser discutível. Diz-se que um produto é de alta qualidade quando ele atende exatamente aos padrões estabelecidos e exibe as exatas especificações adotadas. Isso significa que um produto de elevada qualidade serve como elemento de redução de custos. Se o projeto for bem feito, mas a produção não for bem executada, os produtos/serviços serão refugados e rejeitados. Se o projeto e a produção andarem bem, mas as matérias-primas não forem bem inspecionadas na recepção, o produto/serviço final provavelmente não atenderá às especificações e poderá ser refugado. Isso provoca perdas enormes – tanto de material como de trabalho, para não falar em cancelamento de pedidos pela clientela e perda de faturamento –, que podem ser evitadas com uma política de qualidade a ser desenvolvida por todas as áreas da empresa. A política de qualidade precisa contar com o apoio de todo o pessoal e de todas as seções produtivas e de assessoria. O raciocínio básico é de que a qualidade custa dinheiro, mas a sua ausência custa muito mais dinheiro ainda.

Estratégias de qualidade

Algumas empresas adotam meios interessantes e simples para melhorar a qualidade, como:

1. Atender e encantar o cliente com presteza.
2. Ouvir atentamente o cliente.
3. Ouvir as sugestões dos funcionários e saber utilizá-las; eles são os clientes internos.
4. Seguir padrões de excelência.
5. Avaliar e melhorar sempre o desempenho.
6. Solucionar rapidamente os problemas.
7. Criar um excelente ambiente de trabalho.

Afinal, a qualidade é resultado da satisfação no trabalho. Um verdadeiro estado de espírito.

Programas de melhoria da qualidade

A melhoria da qualidade pode ser obtida a partir de pequenos programas que envolvem o pessoal de produção, desde o operário de menor nível até o diretor mais graduado da empresa.

Os principais programas de melhoria da qualidade procuram incluir:

1. **Motivação do pessoal:** por meio de incentivos salariais, concursos internos, etc., para que produzam com qualidade. As pessoas precisam saber que podem melhorar a qualidade de seu trabalho e serem induzidas a isso. A sensibilização quanto à qualidade e a motivação para a excelência são fundamentais para que a produção seja melhor.
2. **Treinamento do pessoal:** por meio de cursos internos, palestras, reuniões, etc., para produzir qualidade. A qualidade é aprendida e deve ser incentivada. Em todo treinamento, deve haver forte indução para melhorar a qualidade do trabalho.

3. **Melhoria de métodos de trabalho:** por meio de reuniões do pessoal com as respectivas chefias, discussões de procedimentos e rotinas, grupos de trabalho, etc. Dados e registros de produção devem ser discutidos e avaliados para buscar oportunidades de melhorar a qualidade.
4. **Aplicações de técnicas de CQ pelos operários:** eles devem passar a controlar a qualidade de seu próprio trabalho. Todo o pessoal deve aprender a lidar com técnicas de CQ.
5. **Trabalho em equipe:** por meio de times, círculos de qualidade, células de produção, faz as pessoas trabalharem em conjunto. O trabalho em equipe fomenta a discussão e a análise dos problemas de produção.

As empresas hoje estão mais preocupadas com orientação para prevenção do que com orientação para detecção de problemas, erros, refugos e retraba-

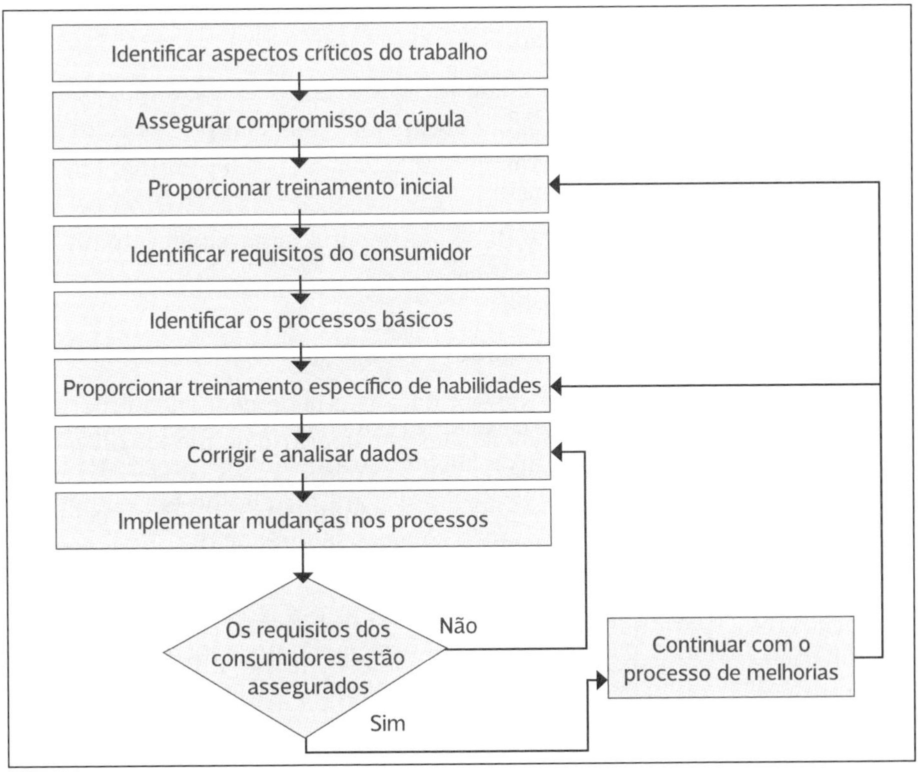

Figura 16 Processo de implementação da melhoria contínua.[12]

12 Adaptada de: Davis, Markland Vickery. Operations management: concepts in manufacturing and services. St. Paul: South-Western College Publ, 1995, p. 742.

lho no processo produtivo. Muitas delas utilizam um processo de melhoria de acordo com suas necessidades. A seguir, um modelo de oito etapas de melhoria.

Tabela 1 Modelo de processo de melhoria contínua em oito etapas[13]

1. Defina o problema no contexto do processo produtivo
2. Identifique, analise e documente o processo
3. Mensure o desempenho atual
4. Compreenda por que o processo está tendo o desempenho atual
5. Desenvolva soluções alternativas e selecione a melhor delas
6. Desenvolva uma estratégia e implemente a alternativa escolhida
7. Avalie os resultados do novo processo
8. Comprometa a todos na continuidade do processo de melhoria

Círculos de controle de qualidade

Os círculos de controle de qualidade (CCQ) surgiram no Japão logo após a Segunda Guerra Mundial e logo foram copiados pelas empresas ocidentais, em função de seus excelentes resultados e de seu caráter eminentemente participativo e envolvente.

O CCQ é um pequeno grupo de trabalhadores organizados voluntariamente e com três objetivos principais:

1. Estudar e difundir os estudos sobre temas de qualidade juntamente com os colegas.
2. Aplicar os resultados de seus estudos no seu trabalho – seja na oficina, na fábrica ou no escritório – a fim de melhorar o ambiente e o próprio trabalho.
3. Desenvolver as habilidades dos colegas para o trabalho em equipe por meio de solidariedade, cooperação e responsabilidade mútua.

O CCQ não deve ser imposto pela direção da empresa, pois é um movimento ascendente – de baixo para cima – e voluntário, já que depende da adesão espontânea do pessoal de produção.

13 Adaptada de: Tenner, Arthut R.; DeToro, Irving J. Total quality management: three steps to continuous improvement. Reading: Addison-Wesley, 1992, p. 109.

Programa de zero defeito

Os programas de zero defeito procuram conscientizar o pessoal que participa direta ou indiretamente do processo produtivo a fazer as coisas bem feitas desde o início. Envolve, portanto, não somente o pessoal de produção, mas todo o pessoal técnico que cria e desenvolve o produto, o pessoal de administração de materiais (compras e suprimentos), o pessoal da engenharia industrial, etc. Os programas de zero defeito eliminam a separação entre a produção (orientada para a execução e a produtividade) e o CQ (orientado para inspeção e localização de produtos/serviços defeituosos).

Os programas de zero defeito apresentam geralmente os seguintes objetivos:

1. Obter a participação e o envolvimento dos operários, que passam a contribuir com ideias e sugestões sobre o seu trabalho.
2. Incrementar reuniões frequentes e periódicas para informar sobre o programa, discutir sua forma de implantação, examinar os erros cometidos e apresentar soluções para evitar problemas futuros.
3. Familiarizar os operários com o produto/serviço para que compreendam a relação entre seu trabalho individual e a finalidade do produto/serviço, de maneira a avaliar as consequências de uma execução descuidada de seu trabalho.
4. Detectar as principais fontes de problemas de qualidade e programar as ações corretivas por meio de treinamento, melhoria de métodos de trabalho, adaptação de máquinas, etc.
5. Analisar os resultados de inspeção de qualidade a partir dos dados fornecidos pelo CQ. Isso exige uma formação relativamente técnica do pessoal, a ser dada por treinamento específico. Exige também estreita colaboração entre o pessoal do CQ e de produção, que quase sempre vivem em situações de confronto. Na medida em que o programa de zero defeito avança, o pessoal de CQ vai alterando a sua função de inspeção e controle para uma função de adestramento das pessoas para produzir qualidade.

Técnicas de CQ

Como a função do CQ é localizar defeitos e apontar soluções, boa parte das técnicas de CQ está baseada no uso de estatísticas. Geralmente, a apresentação dos dados sobre o CQ é feita por meio de gráficos estatísticos, como histograma, curva de Pareto (vista na classificação ABC) e outros gráficos descritivos.

1. **Fluxograma:** é um tipo de diagrama que representa um processo ou algoritmo, mostrando as etapas em caixas de várias espécies conectadas por setas. Trata-se de uma representação diagramática que mostra a solução para um dado problema ou processo. As operações do processo são representadas por caixas ou símbolos e são conectadas por setas que mostram o caminho do fluxo do processo.
2. **Histograma:** gráfico estatístico baseado em uma figura de dupla entrada. No eixo vertical, coloca-se o assunto controlado e, no eixo horizontal, as frequências ou porcentagens verificadas. Pode também ser utilizado para comparações entre seções, como mostra a Figura 17.

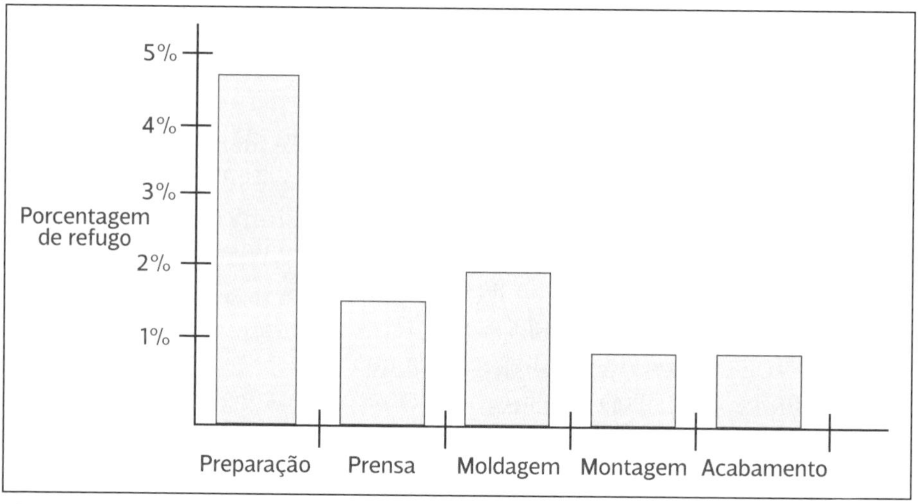

Figura 17 Histograma de porcentagem de refugos no mês.

3. **Curva de Pareto:** é uma curva traçada a partir do ordenamento dos dados de acordo com a sua importância – da maior para a menor – e que são cumulativos para refletir os dados que realmente merecem atenção especial.

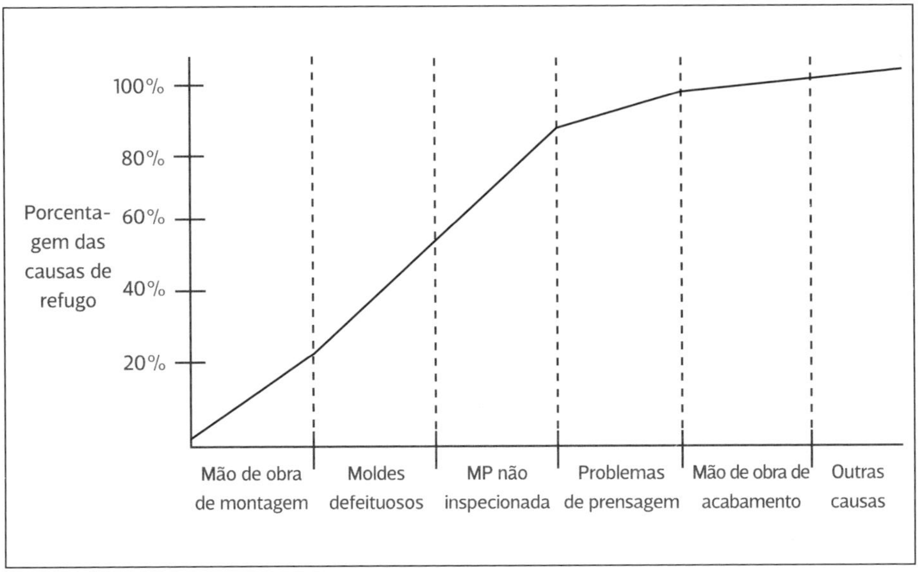

Figura 18 Curva de Pareto das principais causas de refugo.

4. **Diagrama de causa-e-efeito:** quando se trata de identificar e localizar problemas de produção, o diagrama de causa-e-efeito torna-se uma importante ferramenta. Ele tem um formato de espinha de peixe e permite mostrar as causas de problemas de qualidade. É também denominado diagrama de Ishikawa, pois foi criado por Kaoru Ishikawa,[14] na década de 1960, para ilustrar relações entre um resultado final e suas possíveis causas. O diagrama de Ishikawa permite:
   - Determinar a raiz da causa.
   - Encorajar a discussão em grupo por meio de *brainstorming*.
   - Compartilhar ideias sobre possíveis causas de maneira mais simples.
   - Identificar relações entre possíveis causas e sequências causais.
   - Identificar áreas em que a informação e o conhecimento são precários.

Cada causa ou razão de imperfeição é uma fonte de variação, e o diagrama pode revelar relações entre diversas variáveis e apontar possíveis causas em uma visão integrada do processo produtivo. As causas são apontadas em sessões de *brainstorming* e são geralmente agrupadas em categorias maiores para identificar essas fontes de variação.

14 Ishikawa, Kaoru. Guide to quality control. Tóquio: JUSE Press, 1968.

As categorias de causas em geral são seis M (*man*, *methods*, *machines*, *materials*, *measurement*, *milieu*):

1. ***Man or people***: pessoas envolvidas no processo produtivo.
2. ***Methods***: como o processo é desempenhado e quais são os requisitos específicos para executá-lo, como métodos, regras, regulamentos, procedimentos e políticas.
3. ***Machines***: equipamentos, tecnologia, ferramentas, computadores requeridos para a execução do trabalho.
4. ***Materials***: ou matérias-primas, partes, componentes, informação e demais recursos utilizados para produzir o produto final.
5. ***Measurement***: medidas, métricas ou indicadores utilizados na avaliação do processo produtivo ou do produto acabado.
6. ***Milieu***: meio ambiente ou local dentro do qual o trabalho é realizado.

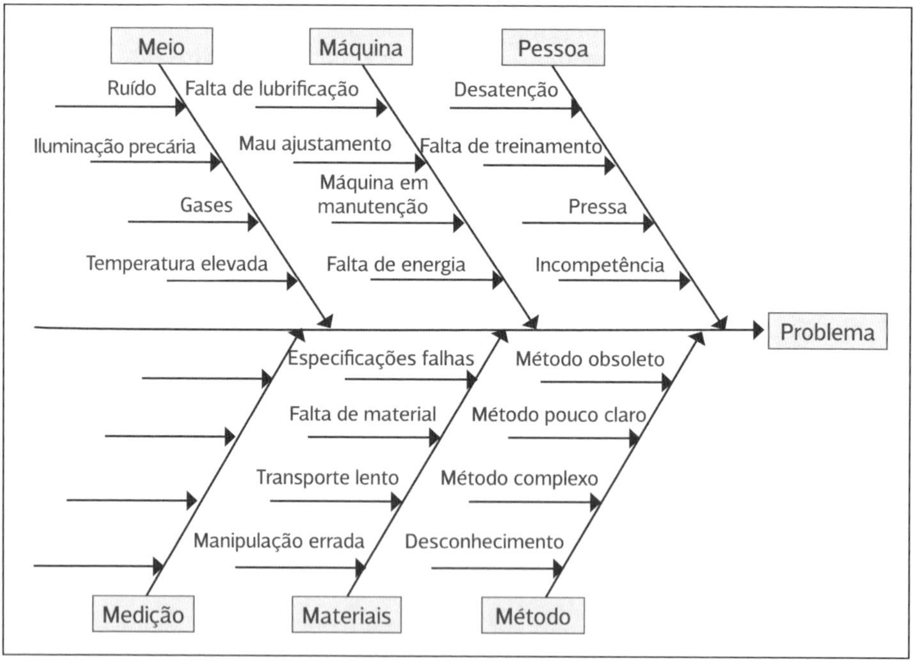

Figura 19 Diagrama de causa-e-efeito de Ishikawa.

Como criar um diagrama de Ishikawa:

1. Defina claramente o efeito a ser analisado. O efeito pode ser um problema a ser resolvido ou um objetivo a ser alcançado.
2. Desenhe uma flecha apontando o efeito.
3. Pense em alguma das categorias de causas. Escreva as categorias principais à esquerda do efeito e acima ou abaixo da flecha principal.
4. Para cada uma das categorias principais, identifique as causas relacionadas a elas.
5. Explore as possíveis causas e coloque-as em suas categorias.
6. Analise o diagrama.

O importante é identificar:

1. As categorias que estão mostrando as possíveis causas.
2. As categorias que requerem investigação mais profunda.
3. Como essas causas podem ser examinadas e testadas.

Ampliações de novas categorias de causas de variações, defeitos ou imperfeições

Posteriormente, outras categorias de causas foram incluídas no diagrama de Ishikawa:

Os 8 P usados nas empresas industriais:

1. *Product*
2. *Process*
3. *Price*
4. *Place/plant*
5. *Promotion*
6. *People/personnel*
7. *Policies*
8. *Procedures*

Os 5 S usados nas empresas de serviços:

1. *Surroundings*
2. *Suppliers*
3. *Systems*
4. *Skills*
5. *Safety*

Uma condição necessária para a ocorrência de um evento específico é uma circunstância em que sua ausência impede que o evento ocorra. Uma condição suficiente é uma circunstância em que o evento pode ocorrer.[15] O diagrama de Ishikawa é criticado por não atentar para essa distinção.[16]

Tipos de controle de qualidade

Para localizar desvios, defeitos, erros ou falhas no processo produtivo, o CQ deve comparar o desempenho com o padrão previamente estabelecido. Essa comparação pode ser feita de duas maneiras:

1. **CQ 100%:** corresponde ao controle total da qualidade. Isso significa que a totalidade dos itens deve ser comparada com o respectivo padrão para verificar se há desvio ou variação. Nesse sentido, toda matéria-prima recebida é inspecionada, todo trabalho de cada seção é verificado, e assim por diante. A inspeção total ou o controle 100% é imprescindível em determinados tipos de produtos de alto valor unitário, nos quais a garantia de qualidade é necessária, ou em empresas que adotam o sistema de produção sob encomenda. Entretanto, a inspeção total exige muito pessoal especializado em CQ, paradas no decorrer de todo o processo produtivo para a devida inspeção e, em consequência, um custo final elevado.
2. **CQ por amostragem:** como o controle total custa caro, muitas empresas adotam o CQ por amostragem, isto é, o CQ por lotes de amostras que são recolhidos aleatoriamente para serem inspecionados. Esse controle amostral substitui, com algumas vantagens, o controle total, pois não interfere no processo produtivo, não requer paradas da produção nem muita quantidade de pessoal especializado em CQ. Se a amostra é aprovada pelo CQ, então todo o lote por extensão é aprovado. Se a amostra for rejeitada, então todo o lote deve ser inspecionado. A amostra deve ser uma parte representativa do universo a ser inspecionado. O CQ por amostragem é largamente utilizado por empresas do ramo alimentício (leite, laticínios, sucos de frutas, massas), do ramo químico e petroquímico (petróleo, combustível, lubrificantes, tintas, vernizes, etc.) e uma infinidade de indústrias que adotam o sistema de produção contínua ou em lotes.

---

15 Copi, Irving M. Introduction to logic. Nova York: Macmillian, 1968, p. 322.

16 Gregory, Frank Hutson. Cause, effect, efficiency and soft systems models. Journal of the Operational Research Society, v. 44, n. 4, p. 333-44, 1992.

CONCLUSÃO

O planejamento e o controle efetuados sobre produção, estoques e quantidades ressaltam a necessidade de localizar problemas de desperdício, ineficiência, baixa produtividade, baixa qualidade e, logo, baixa competitividade no mercado. A sobrevivência da empresa exige que os controles sejam produtivos, isto é, que funcionem de maneira eficaz no sentido de corrigir as falhas e defeitos para melhorar o desempenho das empresas. A melhoria da produtividade e da qualidade certamente conduz a programas de formação e motivação das pessoas para colocá-las em condições de empreender um nível de trabalho que permita à empresa desafiar a competitividade internacional. Assim, não basta apenas controlar as operações sobre recursos. É preciso cuidar – e muito – do treinamento das pessoas, atentar ao seu constante aprendizado e capacitação, dando-lhes oportunidades de aplicar suas competências e, sobretudo, motivá-las e recompensá-las pelos frutos da produtividade e qualidade. Afinal, são as pessoas que realizam, que fazem acontecer e asseguram a competitividade da empresa. Além dos investimentos aplicados em tecnologia e em equipamentos, o retorno é muito maior quando são aplicados no desenvolvimento de talentos humanos.

QUESTÕES PARA REVISÃO

1. Conceitue novamente eficiência.
2. Conceitue novamente eficácia.
3. Explique a noção popular de controle.
4. Conceitue controle do ponto de vista da administração.
5. Quais são as duas finalidades do controle?
6. Descreva as quatro fases do controle.
7. Explique o estabelecimento de padrões.
8. O que é um padrão?
9. Explique os padrões de quantidade. Dê exemplos.
10. Explique os padrões de qualidade. Dê exemplos.
11. Explique os padrões de tempo. Dê exemplos.
12. Explique os padrões de custo. Dê exemplos.
13. Explique a avaliação do desempenho.
14. Explique a comparação do desempenho com o padrão estabelecido.
15. Explique a ação corretiva.
16. Por que o controle é um processo cíclico e repetitivo?
17. Represente graficamente o controle como um processo cíclico e repetitivo.
18. O que é um desvio ou variação?
19. Conceitue controle da produção (CP).
20. Quem efetua o controle da produção?
21. Conceitue novamente retroação.
22. Explique o CP por meio de padrões de quantidade.
23. Explique o volume de produção como controle de quantidade no CP.
24. Explique o número de horas trabalhadas como controle de quantidade no CP.
25. Explique o CP por meio de padrões de tempo.
26. Explique o tempo-padrão de produção como controle de tempo no CP.
27. O que é estudo do trabalho?
28. Explique o estudo médio do método e a medida do trabalho como duas áreas do estudo do trabalho.
29. Explique o tempo-padrão em relação à eficiência.
30. Explique os padrões de rendimento como controle de tempo no CP.
31. Explique o CP por meio de padrões de custo.
32. Explique os custos diretos e indiretos de produção.
33. Conceitue controle de empresas.

34. Quais são as desvantagens de um estoque grande e de um estoque insuficiente?
35. Explique o fichário de estoque (FE) ou banco de dados sobre o estoque.
36. Quais são as informações básicas de uma FE?
37. Explique as informações sobre identificação do item.
38. Explique as informações sobre controle do item.
39. Explique as informações sobre rotação de estoque do item.
40. Explique as informações sobre saldo de estoque do item.
41. Explique as informações sobre custo e valor do estoque do item.
42. Conceitue a classificação ABC.
43. Explique a curva de Pareto.
44. Explique os itens de classe A.
45. Explique os itens de classe B.
46. Explique os itens de classe C.
47. Qual a aplicação prática da classificação ABC?
48. Conceitue qualidade.
49. Conceitue controle de qualidade.
50. Quais são os principais programas de melhoria da qualidade?
51. Explique a motivação do pessoal para produzir qualidade.
52. Explique o treinamento do pessoal para produzir qualidade.
53. Explique a melhoria de métodos de trabalho para produzir qualidade.
54. Explique a aplicação de técnicas de controle de qualidade.
55. Conceitue círculo de controle de qualidade (CCQ).
56. Quais são os principais objetivos do CCQ?
57. Por que o CCQ é participativo?
58. Conceitue o programa zero defeito.
59. Quais são os objetivos do programa zero defeito?
60. Explique as técnicas de CQ.
61. Por que as técnicas de CQ são basicamente estatísticas?
62. Explique histograma.
63. Explique a curva de Pareto em CQ.
64. Quais são os tipos de CQ?
65. Explique o CQ total ou 100%.
66. Explique o CQ por amostragem.
67. Qual é a importância dos controles quanto à eficiência e à produtividade das empresas modernas.

Exercícios

1. Imagine a escola onde você estuda. Como você poderia estabelecer padrões de controle – de quantidade, qualidade, tempo e custos – para o seu funcionamento?
2. Como você poderia estabelecer controles de quantidade, como volume de produção e número de homens/horas trabalhadas, para sua escola?
3. Como você poderia estabelecer controles de qualidade para sua escola?
4. Como você poderia aplicar o histograma e a curva de Pareto para controlar a qualidade de sua escola?
5. Imagine a produção de um sabonete. Elabore um diagrama de Ishikawa para diagnosticar possíveis causas de defeitos.
6. Como você poderia aplicar a classificação ABC em sua escola?

BIBLIOGRAFIA

1. ACTTIVE. Cartilha de Qualidade. Disponível em: <www.pacpme.com.br/pacpme/web/arquivos/CartilhaQualidadeProdutividade.pdf>. Acesso em: 3 set. 2013.
2. Alvarenga Netto, Clóvis. Materiais e processos de produção IV. São Paulo: Universidade de São Paulo, Escola Politécnica da USP, Departamento de Produção, Mai. 2009. Disponível em: <www.usp.br/fau/cursos/graduacao/design/disciplinas/pro2721/09-11_-_Arranjo_Fisico.pdf>. Acesso em: 4 set. 2013.
3. Amaral, Fernando Gonçalves. Processos e *layouts* produtivos. Disponível em: <www.producao.ufrgs.br/arquivos/disciplinas/385_layout_processo_trabalho.pdf>. Acesso em: 3 set. 2013.
4. Amner, Deans. Administração de material. Rio de Janeiro: Livros Técnicos e Científicos, 1979.
5. Ballou, Ronald H. Business logistics management. Upper Saddle River: Prentice Hall, 1985.
6. BCG Perspectives. The product portfolio. Disponível em: <www.bcgperspectives.com/content/classics/strategy_the_product_portfolio/>. Acesso em: 24 abr. 2014.
7. Bell, Bradford S.; Kanar, Adam M.; Kozlowski, Steve W. J. Current issues and future directions in simulation-based training. Cornell/Center for Advanced Human Resource Studies: Cornell University ILR School, 1990.

8. Bergamo Filho, Valentino. Gerência econômica da qualidade através do TQC. São Paulo: Makron Books, 1991.
9. Bhalla, Vikram et al. High-performance organizations: the secrets of their success. Disponível em: <www.bcg.com>. Acesso em: 1 out. 2013.
10. Blackburn, Joseph D. Time-based competition: the next battleground in American manufacturing. Homewood: Business One-Irwin, 1991. p. 69.
11. Buffa, Elwood S. Administração da produção I e II. Rio de Janeiro: Livros Técnicos e Científicos, 1972.
12. Chase, Richard B.; Garvin, David A. The service factory. Harvard Business Review, v. 67, p. 61-9, 1989.
13. Chiavenato, Idalberto. Administração: teoria, processo e prática. 5. ed. Barueri: Manole, 2014.
14. Chiavenato, Idalberto. Administração nos novos tempos: os novos horizontes em administração. 3. ed. Barueri: Manole, 2013.
15. Chiavenato, Idalberto; Cerqueira Neto, Edgard P. Administração estratégica: em busca do desempenho superior. São Paulo: Saraiva, 2003.
16. Chiavenato, Idalberto. Gestão de materiais: uma abordagem introdutória. 3. ed. Barueri: Manole. No prelo.
17. Chiavenato, Idalberto. Gestão de pessoas. 4. ed. Barueri: Manole, 2014.
18. Chiavenato, Idalberto. História da administração. São Paulo: Saraiva, 2003.
19. Chiavenato, Idalberto. Iniciação ao planejamento e controle da produção. Barueri: Manole, 2010.
20. Chiavenato, Idalberto. Introdução à teoria geral da administração. 9. ed. Barueri: Manole, 2014.
21. Chiavenato, Idalberto. Recursos humanos: o capital humano das empresas. Rio de Janeiro: Elsevier/Campus, 2011.
22. Chiavenato, Idalberto; Sapiro, Arão. Planejamento estratégico: da intenção aos resultados. 2. ed. Rio de Janeiro: Elsevier, 2009.
23. Copi, Irving M. Introduction to logic. Nova York: Macmillian, 1968, p. 322.
24. Crosby, Philip. Qualidade: falando sério. São Paulo: Makron Books, 1991.
25. Davis, Markland Vickery. Operations management: concepts in manufacturing and services. St. Paul: South-Western College, 1995.
26. Deming, William Edwards. Qualidade: a revolução da administração. São Paulo: Saraiva, 1990.
27. Dornier, Philippe-Pierre et al. Logística e operações globais: textos e casos. São Paulo: Atlas, 2000.

28. Evans, James R. Production/operations management: quality, performance and value. Minneapolis: West Publishing, 1997.
29. Francis, Richard L.; White, John A. Facility layout and location: an analytical approach. Englewood Cliffs: Prentice Hall, 1974.
30. Gasnier, Daniel. Gestão de materiais: a finalidade dos estoques. Disponível em: <www.portalpeg.eb.mil.br/artigos/materiais.pdf>. Acesso em: 3 set. 2013.
31. Gianesi, Irineu G. N.; Caon, Mauro; Corrêa, Henrique Luiz. Planejamento, programação e controle da produção: MRP II/ERP. São Paulo: Atlas, 1997.
32. Gregory, Frank Hutson. Cause, effect, efficiency and soft systems models. Journal of the Operational Research Society, v. 44, n. 4, p. 333-44, 1992.
33. Hammer, Michael; Champy, James. Reengenharia: um manifesto para a revolução da empresa. Rio de Janeiro: Campus, 1998.
34. Hammer, Michael; Champy, James. Reengineering: the path to change. In: Reengineering the corporation: a manifesto for business revolution. Nova York: Harper Business, 1993. p. 31-49.
35. Harding, Hamish Alan. Administração da produção. São Paulo: Atlas, 1987.
36. Harmon, Roy L.; Peterson, Leroy D. Reinventando a fábrica. Rio de Janeiro: Campus, 1991.
37. Henderson, Bruce D. As origens da estratégia. In: Montgomery, Cynthia; Porter, Michael E. (orgs.). Estratégia: a busca da vantagem competitiva. Rio de Janeiro: Campus, 1998. p. 3-9.
38. Hill, Terry. Manufacturing strategy. Londres: MacMillan, 1995.
39. Ishikawa, Kaoru. Guide to quality control. Tóquio: JUSE Press, 1968.
40. Juran, Joseph M.; Gryna, Frank M. Quality planning and analysis. Nova York: McGraw-Hill Book, 1993. p. 9.
41. Kampis, George. Self-modifying systems in biology and cognitive science. Oxford: Pergamon Press, 1991.
42. Katzenbach, Jon. How to cut costs – and get your employees to help. Booz Allen & Co. Disponível em: <www.booz.com/media/uploads/How_to_Cut_Costs.pdf>. Acesso em: 9 set. 2013.
43. Kaufman, Josh. Manual do CEO: um verdadeiro MBA para o gestor do século XXI. São Paulo: Saraiva, 2012. p. 48-51.
44. Krajewski, Lee J.; Ritzman, Larry P. Operations management: strategy and analysis. Nova York: Addison-Wesley, 1998.
45. Leme, Ruy Aguiar da Silva. Controles na produção. São Paulo: Pioneira, 1967.
46. Machline, Claude et al. Manual de administração da produção. 3. ed. Rio de Janeiro: Fundação Getúlio Vargas, 1976.

47. Madsen, David A. Engineering drawind and design. Clifton Park: Delmar, 2012. p. 10.
48. Magee, John F. Planejamento da produção e controle de estoques. São Paulo: Pioneira, 1967.
49. Martins, Petrônio Garcia; Laugeni, Fernando Piero. Administração da produção. São Paulo: Saraiva, 2005.
50. Mayer, Raymond R. Administração da produção I e II. São Paulo: Atlas, 1972.
51. Mirshawka, Victor. A implantação da qualidade e da produtividade pelo método do dr. Deming. São Paulo: Makron Books, 1991.
52. Moody, Patricia E. Strategic manufacturing: dynamic new directions for the 1990's. Homewood: Dow-Jones Irwin, 1990. p. 191.
53. Narayan, K. Lalit. Computer aided design and manufacturing. Nova Delhi: Prentice Hall of India, 2008. p. 3-4.
54. Oakland, John S. Gerenciamento da qualidade total – TQM. São Paulo: Nobel, 1994. p. 38.
55. Oliverio, José Luiz. Projeto de fábrica: produtos, processos e instalações industriais. São Paulo: Instituto Brasileiro do Livro Científico (IBLC), 1985.
56. Porter, Michael E. Vantagem competitiva: criando e sustentando um desempenho superior. Rio de Janeiro: Campus, 1989.
57. Reis, Dayr Américo. Administração da produção. São Paulo: Atlas, 1978.
58. Riggs, James L. Administração da produção, planejamento, análise e controle. São Paulo: Atlas, 1976.
59. Roncolato, Lívia. Uma mesa, dez empresas. Revista Veja, São Paulo, 4 set. 2013. p. 80.
60. Schonberger, Richard J. Japanese manufacturing techniques. Nova York: The Free Press, 1982.
61. Schroeder, Roger G. Operations management: decision making in the operations function. Nova York: McGraw-Hill, 1993.
62. Shingo, Shigeo. A revolution in manufacturing: the SMED system. Stanford: Productivity Press, 1985.
63. Tenner, Arthut R.; DeToro, Irving J. Total quality management: three steps to continuous improvement. Reading: Addison-Wesley, 1992. p. 109.
64. Thompson, James D.; Bates, Frederick L. Technology, organization and administration. Ithaca: Business and Public Administration School, Cornel University, 1969.

65. Wallace, Thomas F. MRP II: making it happen: the implementer's guide to success with manufacturing resource planning. Essex Junction: Oliver Wright, 1985. p. 5
66. Wheelen, Thomas L.; Hunger, David. Strategic management and business policy. Upper Saddle River: Prentice Hall, 2002.
67. Zacarelli, Sergio Batista. Programação e controle da produção. São Paulo: Pioneira, 1987.
68. Zarifian, Philippe. O modelo da competência. São Paulo: Senac, 2003. p. 193.
69. Zarifian, Philippe. Objetivo competência: por uma nova lógica. São Paulo: Atlas, 2001. p. 197.

Índice remissivo

D

E